「フランスレストラン」に魅せられて

一般社団法人
フランスレストラン文化振興協会（APGF）

代表 **大沢 晴美** 著

コーディネーター　遠山 詳胡子

はじめに ―― 私とフランス料理との出会い

　私がフランス料理と出会ったのは、1979年フランスの大学の学生食堂でした。パリから南へ750㎞、地中海沿岸にあるエロー県県庁所在地のモンペリエ（今はラングドック地方随一の大都市です）の大学に留学したのですが、その町にはレストラン・ユニベルシテ（大学食堂）が3か所あり、当時一食300円くらいで、チケットをまとめて購入すれば昼でも夜でも食べられるので私達外国人留学生にとってはとりわけ有り難い存在でした。

　しかも、カジュアルなセルフサービスではありますが一応立派なコース料理が提供されていました。様々なアントレ（前菜）例えばキッシュとかキャロットラペ、テリーヌ等に続いて、メインも肉料理、魚料理などが数種類あります。そしてチーズかデザート（パティスリー、フルーツなど）を選ぶのです。バゲットは取り放題でした。なにしろ当時の日本の大学食堂ではカレー、丼物、揚げ物、ラーメンなど単品ばかりでしたので、「さすが、フランス！」と感動したものです。

　貧乏な学生でしたから、日々の基本は学生食堂。でも週に1回くらいは地元のお父さんとお母さんがやっているようなビストロに通いました。前菜、メイン、デセールの定食にワイン込みで1,000〜1,500円くらい。大変楽しく美味しく食事をしていました。

　地中海沿岸といえども、冬はとても寒々していて、夏の賑わいがうそのように景色も心も暗くなります。留学生の私はホームシック一歩手前、冬を乗り越えるのは大変でした。

ミシュランガイドの貧乏旅行

　それでも季節が巡ります。眩しい太陽や黄色いミモザが華やかに風景を彩る20代最後の春、本当のフランスとフランス語を学ぶには教室から外に飛び出すしかない！という素晴らしい口実を見つけ、後に連れ合いになる彼と二人、彼が買った中古車（なんと20年落ち）で貧乏旅行に出かけました。モンペリエからカルカソンヌを経て、ポー、ボルドー、ブルターニュ、ノルマンディー、そしてパリはあえて素通りしてリヨン、ブルゴーニュなどを、１か月くらいかけて回りました。

　１日何フランと決めた予算を宿泊と食費に充てて費用を切り詰め、ランチは村のブーランジェで買ったサンドイッチやパテなどをカフェに持ち込んで、ビールなどの飲み物だけをオーダーして済ませていました。当時は有り難いことに持ち込みＯＫだったのです。

　でも夜はミシュランガイドを大いに活用して、「何フランの予算で何を食べようか」と考えながらレストランを探しました。感心したのは、値段が実に正確なこと。ガイドブックに20フランとか30フランと記載されているのですが、実際にそれよりも高かったことはありません。ミシュランガイドは、決して高級店選びのためだけのガイドではありませんでした。近くのカフェから電話で予約して、車の中で一枚だけ持参したワンピースに着替えてレストランへ。貧乏旅行は貧乏なりに充分楽しめたのです。

私の原点となるレストラン体験

　その旅のさなか、メートル・ドテル（給仕長）との素晴らしい出会いもありました。ある時、ブルゴーニュで１つ星のレストランに行きました。初めての星付きレストランです。ブドウ畑の中にある

村はずれの50〜60席ほどの一軒家で、その地方の一番店。恐る恐るドアを開けると、「電話で予約したんですが…」と言う間もなくすぐに恰幅の良いメートル・ドテルがにこやかに出迎えてくれました。まだフランスの田舎ではアジア人が珍しい時代でしたし、日本人は若く見えるので、彼には私達が20歳そこそこの若造に見えたでしょう。それでも躊躇なく一等席のゴンドラシートに案内してくれました。拙いフランス語のオーダーにも、ワインや料理について丁寧に説明してくれました。高級ワインではなくても安価でおいしい地元のワインがあるということも教えられて、本当にリラックスした楽しい時間を過ごしました。「レストランの悦び」を初めて味わった経験だったと思います。フランスのレストランは料理とサービスの両方で成り立っているのだな、と心から納得した出来事でもありました。

　ですから日本に帰っても、フランス料理に関する仕事をしたいと思いました。けれど日本では「フランスといえばファッション」という時代でしたので、まずはファッション業界に入りました。

　その後1980年代半ばには日本にもフランス料理ブームが到来しました。フランスで修行された皆さんがどんどん帰ってきて、オーナーシェフとして予約の取れないほど人気のレストランを誕生させ、美しい盛り付けや斬新な発想で、多くのマスコミに取り上げられるようになりました。私がこの世界に足を踏み入れたのは、ちょうどその頃です。

食の絆
　1990年に「フランス料理文化センター（FFCC）」を立ち上げてフランスの食文化を日本で普及させる活動に携わる一方、レストラ

ンの両輪、料理とサービスのプロフェッショナルの皆さんのお手伝いをする活動を積み重ねてきました。2017年からは新たに「フランスレストラン文化振興協会（APGF）」を立ち上げ、料理・サービスコンクールの継続と継承に注力しています。

　この世界では素人である私の素人なりの考えに耳を傾けてくださる日仏のプロフェッショナルの皆さんと出会い、教えを乞い、背中を押してもらいながら、気が付いてみれば30年の節目を越していました。

　この30年間の活動を私の個人的体験に終わらせることなく、食を通じた絆として共有していきたい、との思いからこの本の出版に至りました。皆さんと共に、さらに「食への思い」を深める一助となることを願っています。

　なお、本文中に出てくる★は、一部を除きフランス版ミシュランガイド（2020年度）を参照いたしました。

　また、ご紹介する方々の肩書きは当時のものです。

大 沢 晴 美

レストランの業務と役割

シェフ・ド・キュイジーヌ/総料理長

スー・シェフ/副総料理長

シェフ・ド・パルティ/部門シェフ

    ソーシエ：ソース担当

    ポワソニエ：魚料理担当

    ビアンド：肉料理担当

    ガルドマンジェ：冷製料理担当（含アミューズ）

    パティシエ：焼き菓子、ペストリー、デザート担当

コミ/料理人のアシスタント

アプランティ/見習い研修生

メートル・ドテル/給仕長

シェフ・ド・ラン/メートル・ドテルの補佐

        （客席の直接サービス担当）

コミ・ド・ラン/シェフ・ド・ランの補佐

シェフ・ソムリエ/ワインなど飲み物全般の管理・接客業務

ソムリエ/シェフ・ソムリエの補佐

    （シェフ・ド・ランと兼務の場合も）

コミ・ソムリエ/ソムリエの補佐

    （コミ・ド・ランと兼務の場合も）

目　次

第4章　日本とフランスの食文化戦略

第1章

フランス食文化の基本

今、私達の中で「食はフランス」というイメージはすっかり定着しているように思います。そしてこれは日本だけではなく、世界的に認められているイメージでもあります。

　フランスはどのようにしてこのイメージを作り上げたのでしょうか？　フランス人がとりわけ食いしん坊だからでしょうか？

　フランスという国は、政治の世界では右から左へと大きく舵が切られることが多々ありましたが、食の重要性は変わることなく認知され続けています。

　それはなぜなのでしょうか。いろいろな切り口で考えてみたいと思います。

食文化を支える3要素

　フランスにとって食は「文化」以上の意味があります。食は観光の柱であり、農業の柱。つまり経済の面からみても国力の源です。

　ですからフランスは、食の力を世界に普及拡大させるために国を挙げてフランス料理のノウハウを広めてきました。

　そして食を巡る3大要素を守り、拡大するシステムを国として作り上げ、3つの制度を確立してきたのです。

　「AOC」と「MOF」と「子どもの味覚教育」です。

AOC（原産地呼称統制制度）

　まず農業を守り食材の品質を守るための、食材の品質格付け制度「AOC（原産地呼称統制制度）」です。

　この制度はワインに始まり、チーズに広がり、さらに野菜や肉や
その他多くの産品に拡大して、現在は計430件以上の農産品がこの
格付けを取得しています。また、フランスからヨーロッパ全体に広
がり、AOCはAOPとしてEUレベルに引き継がれています。

　「良い食材がなければよい料理は作れない」。これは20世紀初頭の
名シェフ、プロスペール・モンタニエの言葉ですが、国境を越えて、
時代を超えて生きている名言だと思います。
　詳細は省きますが、1860年代ワイン用ブドウの苗にフィロキセラ
（ブドウ根アブラムシ）という害虫が大量発生して、フランス全土
のブドウ畑がほとんど全滅する事態が起こってしまいました。
　20年後には「接ぎ木をする」という作戦でこの事態を乗り越えて
いくのですが、ブドウを植えてもすぐにワインが作れるわけではあ
りません。偽ワインが横行したり、悪徳業者が暗躍したりしました。
　ワインがやっと作れるようになると、今度は生産がだぶついたり、
原産地を詐称したり、裁判沙汰が多発したりと、1930年代に至るま
でほぼ70年間にわたって、ワインを巡る政治経済的な大問題が次々

と起こりました。

　こうした事態を終息させるためにAOCが制定されたのが、1935年でした。

　この法律で初めてワインの品質規定が明確に盛り込まれ、「生産地域、ぶどう品種、1ha当たりの収穫量、最低アルコール度数、ブドウ栽培方法、醸造方法」などが規定されたのです。

　つまり「原産地」と「生産者」のノウハウが規定されたことになります。

　フランスの生産者と話をすると、この制度の効果は「良い食材」を認定するだけではないことが分かります。

　AOC認証を取得することで、例えば「ブレスの鶏」のように食材に高い価値を付けることができます。また「ピュイのレンズ豆」のように、消滅しつつあった農産物を復活させるための大きな力になったという例もあります。

　つまりAOCは「種の保存と継承を実現する手段」であり、結果的に「食の未来を保証していく制度」であると言えるでしょう。

　さらに食材を保護することは、その地方の独特の景観を守ることにも繋がります。観光資源を保護することにもなるわけです。

　ワインだけではない、品質の高い農産物が地方再生に大いに活用される所以です。

ゲランドの塩

　フランス料理における塩の大切さは、料理フランス語で「アセゾネ/assaisonner（調味する）」が塩をすること、というところにも表れています。

　「ゲランドの塩/Sel de Guerande」は、第二次世界大戦によって塩田が荒れ果て、誰も担い手がなく、消滅の危機にありました。

　戦後の復興から高度経済成長の時代が来ると、ブルターニュ地方には大型ホテルの建設などリゾート開発の波が押し寄せます。1970年代のことです。

　その時、パリの五月革命（1968年）を担った若者達がやってきて、ゲランドの塩田の復活に取り組みました。

　塩田の復活は地域の自然の復活でもありました。だからこそシェフ達はこれを支持し、連帯する行為の現れとしてゲランドの塩を使うようになったのです。そしてゲランドの塩は、グラン・シェフお墨付きというブランドを確立していきます。

　現在、ゲランド地方は渡り鳥が集う「野鳥の楽園」の国立自然公園として、観光客が訪れる別の意味の「リゾート」となっています。

　かつてリゾートブームの時代には、フランスも日本も「箱もの」を作ることが優先されました。フランスの場合、それに待ったをかけたのが「食」であり、農業でした。

　戦後の食糧難の時代にはアメリカ式大規模生産農法がどんどんフランスに導入されました。しかしそれによって失われてしまう野菜や食があることにいち早く気が付いた人達が、1970年以降10年20年かけてAOCを取得する努力を通じて、本来の「農」を取り戻していったということです。

ブレス鶏

　地元の3つ星シェフ、ジョルジュ・ブラン/George Blancが「鶏大使」を務め、家禽「ブレス鶏/Volaille de Bresse」の評価を世界に広めて、ヴォナス/Vonnasが美食の町として有名になりました。

またブレス鶏は動物がAOCを取得した初めての例（1957年）でした。

　鶏の生産農家を訪ねると、見渡す限りの草原に鶏の群れが放し飼いされています。鶏1羽当たりの放牧面積は10㎡以上と決まっているからです。また、与える飼料は全て限定された地域以内で生産された穀物や乳でなければならず、輸入品はもちろん域外の飼料を与えることも禁止です。餌の栄養価もたんぱく摂取量を4％不足させて、鶏自身が放牧地で虫などのエサを取るようにすることも義務付けられています。

　放牧時間が9週間（鶏）から23週間（去勢鶏）と長いため、約1割はキツネなどに獲られてしまうとのこと。現地を見ると、さもありなんと納得です。

レンズ豆

　フランス語でランティーユ/Lentille。ちょうど凸レンズのような形をしている豆ですが、実はレンズ豆が高級レストランの料理に使われるなんて考えられなかった時代が長く続きました。私がフランスに留学していた1979年当時、学生食堂で最も人気のなかった一品がまさにこのレンズ豆。ごってりとお皿によそわれると、うんざりしたものです。したがって生産者の数も生産量も減少し、失われた野菜になってしまいそうでした。

　ところが、1996年に「ピュイ村のレンズ豆」がAOCを取得すると、様子が一変しました。1990年には1324haを395軒の農家で栽培していましたが、AOC取得後には栽培面積、生産量ともに倍増したのです。2002年には707軒の農家が、3340haでレンズ豆を生産するようになりました。

　ピュイ村は、パリから600km以上離れた山を登ったところにある町です。ロワール川の源流に近いこの山岳地域は標高が600から1200mくらい。昔は火山地帯だったところですから、現在も「赤い土」と呼ばれる土壌が特色です。

　国を問わずその土地土地にはミクロクリマ（微細気候）と呼ばれるその土地限定の独特の気候風土がありますが、ピュイ村の場合は豆の成長の初期段階には冬の厳しい寒さがあり、成長期の夏は燦々（さんさん）と日が照り極端に雨が少ない、という厳しい気候条件です。そしてそのおかげで皮のうすい小粒で風味の良いレンズ豆が獲れるのです。

　畑は87のコミューン（市町村）の地域に限定され、肥料や灌漑（かんがい）は禁止。種まきは3月から4月、収穫は8月1日から9月15日までという厳しい条件が付きますが、乾燥野菜として初めて、1996年にAOC格付けを取りました。

カスレ

　日本のフランス料理を語るときに忘れてはならないのは、アンドレ・パッション/André Pachonさんと「カスレ/Cassoulet」です。

　パッションさんは大阪万博で来日したシェフで、フランス南西部の「カルカッソンヌ」という城塞都市に生まれました。世界遺産に登録されている町ですからテレビなどでご存知の方も多いのではないでしょうか。日本人の奥様と万博で出会い日本に定住し、日本におけるフランス料理発展の功労者でもあります。

　彼のレストランには、なんと2〜3月の2か月で1000人を超えるお客さまが集まります。ただ一品のお料理「カスレ」を食べるためです。

　カスレとは白いんげん豆と鴨や豚などの肉類の煮込み料理です。

カスレの起源は15世紀にさかのぼります。コロンブスの新大陸発見（1492年）のおかげで南アメリカ大陸から様々な食材がヨーロッパ大陸に入ってきますが、その中にトウモロコシがありました。そのトウモロコシに巻き付いてきたのが、「白いんげん豆」です。

　スペインからフランスにも入ってきたのですが、フランス南西部は土壌や天候風土が合っていたのでしょう、白いんげん豆の一大産地となりました。そして生まれた郷土料理がこのカスレでした。

　中世の昔から、村々のパン屋のかまどは村人の台所でもありました。パン焼きが終わった朝、まだかまどは余熱を持っています。日曜の朝教会に行く前に、村人はこのカスレをパン屋に預けて、礼拝が終わるとこれを引き取り、家に帰って日曜日のごちそうとして食べた、と言われています。

　以後この地方はタルブという町を中心に白いんげん豆の集積地として大いに栄えるのですが、戦後やはり危機を迎えます。家畜の飼料となるトウモロコシがアメリカ式大規模生産に変わるにしたがい、白いんげん豆は駆逐（くちく）され、生産は激減しました。先ほどの「レンズ豆」と同じストーリーです。ただ地元で食べるカスレという料理のためにだけ、細々と生産が続けられていたのです。

　そして、やはり地元のシェフ達と若い生産者が頑張りました。この地方のレストランが「カスレこそ、我々の食文化だ」と結束し、カスレをレストランメニューに載せたのです。缶詰めを作ってフランス各地に流通させるという、地元出身で元ラグビーフランス代表選手の実業家も現れました。

　さらには、歴史を紐解（ひもと）いて「カスレの元祖、本家はどこだ？」という争いまで起こりました。実は町によってカスレのレシピが少しずつ違って、ついにはキリスト教の「三位一体」にちなみ、カステ

ルノダリー（神）、カルカッソンヌ（子）、ツールーズ（精霊）の３
都市が、現在でも本家争いを続けています。

　実は私は「フランスの地方の食文化を紹介したい」という思いか
ら、パッションシェフに協力して東京で「カスレ協会」を立ち上げ
た創設メンバーです。今から23年前でした。
　最初のディナーは50名ほどが集まりました。まさか20年後に1000
名を超すイベントになるとは夢にも思いませんでした。

日本のAOC
　農水省が「ＧＩ法」（地理的表示保護制度）を2015年に制定した
ことは皆さんご存知かと思います。神戸ビーフや但馬牛、青森カシ
ス、夕張メロンなど、2020年現在90以上の農産品が登録されています。
　この精神を「地域に長年培われた生産方法や気候、風土、土壌な
どの生産地の特性により、高い品質と評価を獲得するに至った産品
の名称（地理的表示）を知的財産として保護する制度」と謳ってい
ます。そう、この制度はフランス発なのです。
　国は日本の農産品輸出に注力しています。ヨーロッパを市場とし
て見据えるならば、ＧＩの信頼度と認知度を上げ、産品を増やして
いく必要があると思います。AOPに匹敵するＧＩという価値を名実
ともに作り上げていかなければ欧州での競争力はないでしょう。
　今、AOC（AOP）ワイン並みの基準で日本酒を作ろうとする酒
蔵が動き出しています。ブドウと異なり、米は固形物で移動が簡単
なため「原産地」を特定することができないという通説に対して、
米の品種や生産地、水、酵母に至るまでをしっかりと限定して酒作
りをする人達です。ＧＩの転換点となるのではないかと思います。

MOF（フランス最優秀職人）

　1913年に、「手作業による職人の仕事が、匿名性ゆえに危機に瀕している」という論議が始まりました。そして1935年には、「職人仕事」を守り振興するための「MOF試験制度（フランス最優秀職人章）」がフランス文部省による「国家資格」として法制化されました。

　カバーする職種は200以上で、現在MOF取得者は8500名に上ります。食関連では、料理（ガストロノミー）、サービス（メートル・ドテル）、シャルキュトリー（食肉加工食品）・トレトゥール（惣菜）、パティスリー（ケーキなど小麦粉を使った洋菓子）・ブーランジェール（パン）、ショコラティエ（チョコレートを使った菓子）・コンフィズリー（キャンディーやボンボン、キャラメルなどの砂糖菓子）、ソムリエ、バーマンなどがあります。この試験によって、伝統的な技能の伝承が確保されているのです。

　取得すると人間国宝に相当するほどの名誉ですが、日本の「人間国宝」「現代の名工」などとの大きな違いは、オープンな試験を勝ち抜いて取得する「称号」であることです。

　かつては「フランス在住であること」が必須でしたが、現在は26歳以上であれば外国人にも門戸が開かれています。日本人のMOF取得者を心待ちにしているところです。

　日本でこの制度を生み出すことができないでしょうか。日本はフランスと並ぶ食の大国であり、卓越した職人の技を誇る数少ない国です。けれどもいずれの業界でも後継者不足が大きな問題です。

　MOJ（日本最優秀職人章）によって、優れた職人の技をオープンで透明性の高いコンクールで選抜し、これを国が認めるという制

度が確立すれば、挑戦しようという若手の意欲を掻き立て食の世界全体に大きな変化をもたらすことができるのではないでしょうか。

料理人MOF

料理人MOFは、第1回の試験から最終審査まで年をまたいで実施されることもありますが、3〜4年に1回の割合でMOF受章者が出ることになります。2018年は、4月に753名が筆記試験を受験し650名が合格しました。9月の第1次実技審査を通過したのが166名、10月の2次審査合格者が28名、そして11月の最終審査を経て栄えあるMOFを獲得したのはたったの7名でした。

日本から挑戦した『トゥール・ダルジャン/Tour D'argent 東京』のシェフ、ルノー・オジェ/Renaud Augierが見事この栄誉を勝ち取ったことは大きく喧伝されたものです。

2020年は試験年となっていましたが、感染症拡大の影響でスケジュールが変更されています。けれども、2021年にはきっと何名かのシェフがMOFの証である青・白・赤の3色襟のコックコートを着ることが許されるでしょう。

MOFを取れば、たとえ小学校卒であっても大学2年卒業と同じ学歴になります。またシェフ人生は大きく変化し、色々な可能性が出てきます。レストランで働くだけでなく、外食チェーンや食品企業の商品企画コンサルタントなどの副業ができるようになるかもしれません。コンクールのコーチとして招聘されることも多くなるでしょう。

ただし当然のことながら、MOFを取得するまでには多くの難関が待ち構えています。

最初の筆記試験は、ソルボンヌ大学で一斉に受けます。

そこをクリアしたら、各地方で１次実技審査を受けます。

　課題のメニュー自体は簡単なものです。例えば、10分間で卵３個と山盛りのマッシュルームを全部使って、オムレツを作ります。

　しかし、普通に作れば絶対マッシュルームが余ってしまいます。そこでマッシュルームをソースに使うなど現場での創意工夫と判断力が求められるのです。

　２次実技審査では、高い技術力が求められます。例えば、ジャガイモをらせん状に仕上げたガルニチュールをつけた魚料理を仕上げるなどです。一瞬で判断して料理しなければならないので、技術と創意工夫に加えて、瞬発力も必要となります。

　最終審査は１週間前に課題が出て、２品作ります。

　エマニュエル・ルノー/Emanuel Renault『Le Flocon de Sel★★★』が合格した時は、野菜10種類を使った冷製の料理が課題だったそうです。エマニュエルは、超薄切りにした野菜を繊細に重ねあわせてミルフィーユにしました。今は彼のレストランのスペシャリテとして提供されています。他にもMOFの課題料理を自分のスペシャリテにしているシェフが少なくありません。

　なにしろ課題を作る人も審査員も全員がMOF取得者で、審査は極めて厳しいので、そこを通過した「課題料理」への想いは、どのシェフにとっても格別なものなのです。

　また厳しい試験を勝ち抜いた者同士、MOF仲間の連帯感は特別なものがあるようです。

〜独学のグラン・シェフ〜

　現在でも、フランス料理界においては「コンパニオン」(P257参照)という徒弟制度の精神が存在していて、メートル（親方）に教えを乞います。

　MOFを受験するときには、こうした師弟の繋がりでMOFを取得した先輩に指導してもらうことが必須となっています。なぜならMOFの試験の場合、MOFを受章したシェフがコーチとなってトレーニングする必要があるからです。

　では「独学のグラン・シェフ」は存在しないのでしょうか？

　ピザ職人から始めたギィ・マルタン/Guy Martin『ル・グラン・ヴェフール/Le Grand Véfour パリ★★』(P43参照) やレジス・マルコン/Régis Marcon『ジャック・エ・レジス・マルコン/Régis et jacques Marcon サンボネ・ル・フロア★★★』(P34参照) には師に当たるメートルがいません。

　ギィ・マルタンはサヴォア地方の山岳部で「実用プロ向けグルメガイドー 500レシピ付き」（アンリ・バビスキ著）の料理をAからZまで、とにかく全ての材料を集めて自分で作ってみることを独学の方法としました。レジス・マルコンも、独学のシェフです。料理学校に行くことも有名店で修行することもなく、母の食堂を手伝いながら料理の勉強をしました。本のレシピを身の回りの材料で再現してみることが、修行です。母を看取り結婚しても村を離れずにコツコツと自分の料理を追及してきたのでした。

　彼らの場合は「基本」を独学で学び、自己の流儀も独学で作り出した稀な例かもしれません。

サービス人MOF

フランスでは、サービス人も国家資格試験を合格しなければなりません。1993年にはMOFも設けられました。タイトルはMeilleurs Ouvriers Maîtres d'hôtel du Service et des Arts de la Table（フランス最優秀テーブルアートとサービスのメートル・ドテル）。

コンクールでは、ワインや文化、歴史、食材、サービス全般の知識を問う筆記試験、課題論文、デクパージュなどの技術試験、レストラン形式で行われるテーブル審査の3段階で、サービス人としての総合力が審査されます。

子どもの味覚教育

3要素の最後は、子どもの味覚教育です。1970年代に世界的な醸造学者ジャック・ピュイゼ先生（2020年12月に逝去されました）が、ロワール地方に「味覚の学校」を立ち上げ、多くのソムリエやシェフがここで学びました。

そしてそこで、人間の味覚は10歳前後に固まってしまうことなどが確認されました。

1990年には、ファストフードによる食の荒廃と子ども達への影響に警鐘を鳴らし、「味覚の週間」という運動が始まりました。「食べ手の育成」です。食べ手なしにはよい食材も、素晴らしいシェフの技も成り立ちません。未来のお客さまを育てないと、レストランはなくなってしまう、という危機感から多くのシェフやレストランがこの運動に参加しています。

毎年10月第3週の1週間を「味覚の週間」と命名し、シェフ達が

学校を訪ねて子ども達に味覚教育をします。

　それだけではありません。ギィ・マルタンのように、学校に「自分のクラス」をもって定期的に授業を行ったり、レストランに子ども達を招く特別授業を長年継続したりしているシェフもいます。ギィシェフは息子が10歳の時からこの活動を始めていますから、もう30年近くにもなる長期的なライフワークと言えるでしょう。

　日本では学校法人服部学園理事長の服部幸應先生が「食育」をライフワークとされ、また「味覚の一週間®」（実行委員長：瀬古篤子）が2011年から毎年10月に子ども達の味覚教育活動として展開されています。本当に大切なことだと思います。

　フランスは、食を文化、国力の源泉の一つとして育成していくために作り上げたこの「3大要素（食べ手・食材・プロの力）」を循環させながら、「未来の食」を考えているのだということを、日本の私達も学んでいきたいものです。

フランスの勲章制度

　フランスの食文化を支えるという観点では、これらの3要素に加えて、フランス政府による「勲章制度」も大きく貢献していると思います。

　それぞれの勲章には、コマンドゥール/Commandeur、オフィシエ/Officier、シュヴァリエ/Chevalierの3つの等級があります（レジオン・ドヌールには更に上位等級あり）。コマンドゥールは騎士団長、オフィシエは将校、シュヴァリエは騎士という位置付けです。

まるで軍隊みたいですね。

　それは、ナポレオンが作ったからです。フランスの法律の多くは、ナポレオンから始まっているのです。日本人は、日仏間の経済や文化交流の発展への功労者などに与えられます。

レジオン・ドヌール勲章
　最高勲章はレジオン・ドヌール勲章/ L'ordre national de la légion d'honneurで、ナポレオンによって1802年に創設されました。共和国大統領の政令によりフランス政府から与えられる勲章です。勲章は赤いリボンで、17世紀にルイ14世が設けた「聖ルイ勲章」の名残です。
　私は2020年秋に、レジオン・ドヌール勲章の「シュヴァリエ章」叙勲のご連絡をいただきました。日本の女性の受章は食文化に関する分野では初となります。大変名誉なことで、身が引き締まる思いです。

国家功労章
　国家功労賞は1963年に創設されたレジオン・ドヌール勲章と同じく、フランス政府から与えられる勲章です。勲章は青いリボンで、16世紀にアンリ3世によって設けられた「聖霊勲章」の名残です。
　私は2015年に国家功労章の「シュヴァリエ章」を受章しました。

農事功労章
　国家功労章の下に、芸術文化勲章、教育功労章、農事功労章、海事功労章などがあります。
　食文化に大きく関係する「農事功労章」は、農業水産大臣から与

えられる勲章です。1883年に「シュヴァリエ章」が創設されました。

　当時のフランスは農業で支えられていて、約1800万人が農業に従事し貢献していました。そこで発案者であったジャック・メリンヌ農業大臣より「終わりのない仕事、多大なる献身が求められながらも、形として報われない」職業に従事する人々へ与えられるものとして位置付けられました。その後1887年に「オフィシエ章」、1990年に「コマンドゥール章」が創設されました。

　現在は、農業・水産省がフランス農産物対外輸出や外国市場での販売促進、フランスの食文化の普及に特に功績のあったフランス人や外国人に授与する勲章となっています。

　食に関しては、フランス政府は日本の大企業の社長や料理人、サービス人にも等しく農事功労章を授与します。おそらく日本で最も多くの受章者がいるフランスの国家勲章ではないでしょうか。それはフランスが「食」をいかに重視しているかの表れでもあります。

　叙勲式では必ず、フランスの魂とでもいうべきフランス食文化の振興に携（たずさ）わってくれた人に対する、国としての公式の感謝が語られます。また名誉の叙勲がキャリアの終わりではなく、フランスとしてはさらなる貢献を期待しているという意味合いが極めて強く、叙勲者を鼓舞（こぶ）する制度となっています。

　私は、2001年に「シュヴァリエ章」、2010年に「オフィシエ章」、2015年に「コマンドゥール章」を受章しました。

プライベート勲章

　最近は日本でも「シュヴァリエ」という言葉を耳にすることが多くなりました。主にワインのシュヴァリエのことですが、フランス

政府の勲章制度ではありません。シャンパーニュ騎士団やボルドー騎士団、クロヴージョ騎士団、カルバドス等々いずれも生産者や地方がプロモーションのために行っているもので、いわば「プライベート勲章」と言えるでしょう。これは各メーカーが販売促進に寄与してくれた人を推薦することが多いようです。

　また前述した「カスレ協会」やルーアンの伝統料理「ルーアン風仔鴨料理」の普及を目的とした「カナルディエ協会」にも叙勲式があり、料理を軸に地方の食と観光の活性化を図っています。

　フランスの食文化は、このように地方に根差した「プライベート勲章」によって支えられ世界各国に普及しているのです。

地域振興とAOC

　1990年代後半から、フランスは「パリから一歩先のフランス」という観光キャンペーンを張りました。パリに集中する観光客を地方へと導くためです。

　そしてその柱となったのが、「キュイジーヌ・ド・テロワール/Cuisine de Terroir（テロワールの料理）」でした。郷土に根差した食文化はガストロノミーの根幹です。その振興によって観光客をひきつけ、地元の食の継承を図っていこうと地方の関係者が頑張ったのです。

　1970年代に勃興したヌーベル・キュイジーヌの前から、ポール・ボキューズ/Paul Bocuseは「キュイジーヌ・ド・マルシェ/Cuisine de marché（市場からの料理）」を提唱していました。ボキューズの盟友であるアラン・シャペル/Alain Chapelも、常に「食材への

尊重」を語り、地元ミオネーのテロワールを大切にしていました。ちなみにアラン・シャペルは、三國清三シェフ『オテル・ドゥ・ミクニ』や音羽和紀シェフ『オトワレストラン』、渋谷圭紀シェフ『ラ・ベカス』が修行した、偉大なシェフとしても有名です。

シャペルのレストランで修行したアラン・デュカス/Alain Ducasseは地中海テロワールの食材を前面に打ち出して、モナコの超豪華ホテル「オテル・ド・パリ/Hôtel de Paris」の総料理長として着任すると、メインレストラン『ルイ15世』でホテルに初めての3つ星をもたらしました。音羽シェフは帰国以来、生まれ故郷の宇都宮を根拠地に「宇都宮テロワール」のフランス料理を作り続け、次世代の息子さん達もシェフとしてこの意思を受け継いでいます。

いずれも「その地域のその日の食材を大事にする」ということで、そのような総意が「Cuisine de Terroir」と呼ばれることになったのだと思います。時を同じくして、食材生産者の世界でAOC獲得の動きが広がっていきました。

1970年代、学生運動が社会変革に繋がった「パリの五月革命」に関わった人達が地方に帰っていきますが、その人達が「その土地で見捨てられた食材を立ち上げる」という、地に足がついた運動を行いました。前述した「ゲランドの塩」などがまさにその例です。

AOC獲得には10年以上の時間が必要です。ですから1970年代から始まったAOC獲得のための生産者の努力が実り始めるのは80年代になってしまいます。シェフ達が「テロワールの料理」の声を上げていった80年代90年代の料理潮流と無縁ではないでしょう。

地方では、昔から当たり前のように郷土料理が作られていました。ずっと以前からその土地の味（テロワール）である食材やワインが

大事にされていて、どの村のレストランも近くの市場に買い出しに行って、料理を作っていたのですから。

　にもかかわらず80年代から「テロワール」が強調され始めたのは、生産者の努力を受けて地方の名だたるシェフ達が立ち上がったからです。「自分達の地元の食材のすばらしさを伝えたい」という思いや、「そうでなければその地方独特の食材、ひいては風景が変わり、地に根差した食の文化がなくなってしまう」という危機感があったからだと思います。AOCという食材の格付け制度をベースに、行動力のある生産者とそれに呼応していったテロワールのシェフ達の存在が、フランスのガストロノミーを今日に至るまで支えてきていると言えるでしょう。

レジス・マルコン/サンボネ・ピュイ

　独学のグラン・シェフ（P27参照）で紹介したレジス・マルコンは、テロワールの世界でも秀逸の存在です。

　彼が生まれ育ったサンボネ村はパリから555km、標高1200mのフランス中央山岳地帯の山村です。13㎢で人口は260名。リヨンからは車で2時間余り、一番近いTGV（高速列車）のサンテチエンヌ駅から55kmです。

　初めて私がサンボネ村を訪ねたのは1995年です。日本で大規模な「ローヌ・アルプ・オ・ジャポン」というプロモーションが企画され、私が料理イベント全てを取り仕切る運営を任されたからです。来日シェフ達との打ち合わせのために渡仏しサンボネ村も訪ねたのですが、森のくねくねした道を行けども行けども村はなく、心細いこと極まりない。やっと辿り着いた村は、マルコンさんのレストランと、

ニンニク専門店が1軒、中古自動車販売店1軒、移動式理容店が月に1回やってくるだけの本当に何もないところで驚いたものでした。

後にミシュランガイドの3つ星に加えて、「ラ・リスト」(P99参照)という世界レストランランキングで世界4位に輝いた『レジス・エ・ジャック・マルコン』ですが、この時は他人事ながらこんな足の便の悪い寒村までお客さんが来るのかしらと不思議に思ったものです。

ところが食事時になると、どこからか車がどんどんやってきて、レストランは満席。サンテチエンヌやリヨンはもとより、もっと離れたグルノーブルからもお客さんは来ていました。「美味しいものを食べるために時間をかけて移動する」のは、フランスでは当たり前なんだと実感しました。

この村では、なんとフランス革命直後の方が人口が多かったのです。最多が1886年の756人で、50年代以降どんどん人口が流出し、冷害にも悩まされ、最少が1990年の180人でした。

実はまさにこの年、マルコンさんはミシュランガイドで1つ星を獲得して世に出ました。

身の回りにあったのは何か？ 自然です。森のキノコ、そして野原に自生する自然のハーブ。やがて「キノコの魔術師」「森の魔術師」と呼ばれるようになる名シェフですが、キノコとハーブに対する知識の豊かさは一朝一夕の物ではなく、長年自分の故郷の自然やテロワールと向き合ってきた結果なのだと思います。

植物学者と共同でキノコの本やハーブの本を出版するほどで、学者と同等の知識を持っているだけではなく、これらの食材を生かして、本当に美味しいスペシャリテを生み出しています。

MOFにチャレンジし続けても手が届かなかった孤高のマルコンさんでしたが、ついに陽が当たる時が来ます。1995年に「ボキューズ・ドール・コンクール」で優勝。一躍、注目を浴びることになるのです。ここで注目すべきなのは、メインの付け合わせに「マルガリドゥー」という、郷土の女料理人が残し当時は失われてしまっていた郷土料理を料理文献から発掘し、コンクール料理として再現した点です。サンボネの料理人として生きるという、自負が感じられる作品です。

　この女性の名前を冠した一品は、今もなお彼の３つ星レストランの料理の一部として客に提供されています。マルガリドゥーも郷土料理も、生き続けているのです。

　レンズ豆の普及にも尽力しました。

　ピュイ村のシェフ達に「地元の食材で美味しい料理を作り、お客さまに提供しよう」と、呼びかけたのです。レンズ豆の生産者達もこれに呼応し、厳格な栽培方法をしっかりと根付かせ、品質を守りつつ畑を復活して生産を増やす道を選びました。日本でマルコンさんが講習会をやる時にも、必ず「ピュイのレンズ豆」を使用したレシピを紹介しています。また、いつもレンズ豆を生かすレシピを考えていて、日本でぜんざいを食べたら早速レンズ豆のデザートレシピを考案したのには驚きました。

　最新のミシュランガイドを見ると、「ピュイのレンズ豆」をあしらった料理が何品も紹介されています。また「新米」ならぬ「新豆祭り」を復活させ、８月には新レンズ豆を祝うお祭りがピュイ村をはじめ近隣の村々で繰り広げられています。

　一時は廃村の危機にあった村と近隣が、手を携えて地域の創生に努力し、成功している例だと思います。ここで大切なのは「手を携えて」という点です。世界に冠たる３つ星レストランであっても、マルコンさんは近隣の郷土料理の泥臭い店のオーナーやシェフ達となんの隔てもなくお付き合いし、ともに地域の再生をリードしていく姿勢が素晴らしいと思います。いわば、高級料亭もそば屋も居酒屋も定食屋も、みんなが一緒になって、地元のスペシャリテを原動力に地域活性化を推進している姿なのです。

　観光客にとっては、昼も夜も高級３つ星料理を食べたいわけではありません。昼はカジュアルにとか、今日は地元の田舎料理をとか、観光を支える食というのは多様性が必要です。そういう意味でも地元の食材を守りその価値を広く世間に知らしめることで「生産者が活き、地元が活きる」マルコンさんの活動は素晴らしいと思います。

　またマルコンさんは、食材を守ることは自然を守ること、地域の景観を守り、かつ観光価値を高めることに繋がっている、と語っていらっしゃいました。なるほどと思います。

　今、観光の流れは「自然」に向いています。いろいろありすぎる時代、情報もありすぎる時代に、何もないところだからこそ観光リゾートになり得るのかもしれません。

　マルコンさんは1995年に「ローヌ・アルプ・オ・ジャポン」で初来日し、阪神・淡路大震災のチャリティーガラディナーにも参加していただきました。最終日にはチャリティーの売り上げを持参して、神戸市役所訪問にも同行してくれました。

　2011年の東日本大震災の折りには、ご子息のジャックさんが大阪

に来日する予定でしたがまさか来てくれるとは思わなかったところ、たった一人で来日され大阪での賞味会を当初の予定通り実施して、そのギャラを赤十字に寄付して帰られました。

　父と息子が、同じように日本の大変な災害を目の当たりにし、心を痛めてできる限りの支援をしてくださったわけで、何かご縁を感じるところでもあります。

　また、初来日して以降、来日を重ねて多くの日本人料理人から父のように慕われる人格者でもあります。

ミシェル・ゲレ/ルーアン

　ルーアン/Rouenの「カナルディエ協会」は、ルーアンの郷土料理「仔鴨のルーアン風/Canton à la Rouennaise」を継承し、世界に広げていく活動をしています。

　さて、それはどんな鴨料理なのでしょう。

　パリの代名詞セーヌ河は、川下のルーアンでは幅200mにも達します。（河口では900m）橋がまだなかった頃は、右岸と左岸を結ぶ渡し舟（バック）が唯一の交通手段でした。

　右岸に住む農民が左岸のマルシェに出す野菜や鴨を舟に積んで出発したところ、荷物の下敷きになった鴨は窒息してしまいました。当時は鶏も鴨も生きたままマルシェで売買されていましたから、もう売り物になりません。

　農民は仕方なくルーアンのレストランにこれを安く引き取ってもらいました。料理人はこの窒息鴨を軽くローストし、ガラからエキスを絞り取って赤ワインソースのつなぎにする料理を考案しました。

　というのが、ルーアンに伝わる「伝説」で、つまり「鴨の血入り

ソース」料理です。かの有名なレストラン『トゥール・ダルジャン』のスペシャリテですが、その起源はルーアンの地方料理だったと、現地では言われているのです。

とはいえ、この料理はルーアンでも一時期失われていました。1970年代、世はなべて「ヌーベル・キュイジーヌ」の時代で、客席でメートル・ドテルの腕前を披露する古典的な料理は衰退の一途。これを復活させたのがルーアンの名門レストランの老シェフ、ミシェル・ゲレ/Michel Guéretでした。

第2次世界大戦の傷跡深いルーアンの町に活気を取り戻すためにはルーアンのテロワールに根差した「食」が大切と考え、地元のシェフ仲間にこのレシピを広げ、ルーアン市長と共に1986年「カナルディエ協会」を立ち上げたのです。今や会員はフランスのほか、イギリス、アメリカなど世界に広がりました。

1993年には日本支部を設立、毎年食事会や講習会、認定審査を開催しています。ちなみに私は支部長を務めさせていただいています。

会員には、この料理を愛する愛好家「食べる人」と「作る人」の2つの資格があります。

特徴的なのは、シェフとメートル・ドテルの二人三脚が不可欠な一品だということです。

鴨を捌き「カナール・プレス」という華麗な器具を駆使して鴨のエキスを絞り、ソースを仕上げて、皿への盛り付けまでするという、メートル・ドテルの仕事がクローズアップされるからです。

レストランガイド

　フランスレストランの評価として世界的に有名なのは、ご存知の通り「ミシュランガイド/le Guide Michelin」（1900年創刊）です。

　その後、ヌーベル・キュイジーヌの旗振り役として、「ゴ・エ・ミヨ/Gault et Millau」（1969年創刊）も評価されるようになりました。ですから1980 ～ 90年代当時は、クラッシック料理は「ミシュランガイド」、新しい料理は「ゴ・エ・ミヨ」という区分けでした。

　しかしその後ミシュランの姿勢がゴ・エ・ミヨに近寄った形となり、現代のミシュランガイドになってきたように思います。

　「ミシュランで3つ星を獲りたいのなら、素材の質、料理技術の高さ、味付けの完成度、独創性、常に安定したクオリティなど、全体の一貫性などが求められますよ」というような指針があります。その道に長けたコンサルタントもいます。

　食材に対しても、厳しい審査があります。レストランの玄関には必ずメニューが張り出していますが、そこには食材も明記してあります。ある店で、ロワール産アスパラガスと書いてあったのに実はチリ産だったことがありました。当然のことながらそこは星を失いました。

　私は、ミシュランガイドの編集長を2度日本に招聘しました。30年以上調査委員をやってから編集長になり、「ミシュランガイド2000年版」を最後に引退されたベルナール・ネジュレーヌ/Bernard Nagelaineさんです。

　彼の編集長時代は、ゴ・エ・ミヨが評価する新しいタイプの料理はなかなか評価されませんでした。また、オーナーシェフでなければ3つ星は獲れない、ホテル内のレストランは2つ星まで、といっ

た不文律があったようです。一応建前では料理が全てということですが、サービス人の仕事ぶり、また男女別のお化粧室などもきちんとチェックされていました。

　こうしたミシュランの伝統が良くも悪くも様変わりしたのは2000年以降です。東京版ミシュランガイドでは、店内に男女別トイレのない銀座の鮨店に３つ星が付きました。

　日本のミシュランガイドの対象はフランス料理だけでなく、一品料理、鮨、ラーメンなどなど多岐にわたります。一方フランスでは99％がフランス料理です。他にイタリア料理、スペイン料理、日本料理などもありますが、本当に数えるほどしかありません。

星からの脱却

　現在のフランスは、レストランの地域差が広がっているように感じます。今はパリ、リヨン、コートダジュール、アルプスが元気です。アルザスは90年代が最盛でしたが、今は星を失くして寂しい感じです。

　かつては個人のオーナーシェフが３つ星レストランを保持していましたが、はっきり言って、今３つ星レストラン１軒で収支を合わせていくのは難しい時代です。1980年代や90年代には70席、80席もあるような大箱の３つ星レストランがありました。けれども近年では20席、30席の規模でないと３つ星は獲れないと言われています。客の数よりスタッフの人数の方が多いのが、当たり前になってしまいました。これではバックに大きな資本を持つか、あるいはビストロなど多店舗展開をするかしか、３つ星レストランを支える道はありません。

レストランそのものの在り方が様変わりしたように思います。

2000年を超えたあたりから、ミシュランガイドの星を獲ることを目的としないフランス人シェフも多くなりました。「レストランは、お客さまが求めるものを作り続ければいい」という、お客さま目線と経営方針がその根底にあります。

例えば『ラ・ピラミッド/La Pyramide』のパトリック・アンリルー /Patrick Henrirouxさんです。彼は近年、3つ星取得を第一の目的にはしていないようです。3つ星レストランの条件を満たそうとすると、スタッフは客の1.5倍必要となります。席数も限られてきます。潤沢な資金を持つオーナーというバックがある雇われシェフであれば、それも可能でしょう。しかし経営感覚の鋭いオーナーシェフであるからこそ、彼はそれを見切ったのだと思います（P288参照）。

振り返ってみると、『ラ・コート・ドール/La Côte d'Or』のベルナール・ロワゾー /Bernard Loiseauさんは、まさにそのジレンマで亡くなられたのかもしれません（P286参照）。

アンリルーさんのように、今の若い世代のフランス人シェフ達は、「3つの星の夢」を持つ人が少なくなってきたように思います。

2020年に日本人で初めてフランスのミシュランガイドで3つ星を獲った小林圭さんは例外中の例外です。彼はフランスで3つ星を獲る！という明確な目標を持ち、それを実現しました（P104参照）。私も本当に嬉しくて誇らしい気持ちでした。

今、多くの若手フランス人シェフが3つ星よりも欲しいもの、それはMOFかもしれません。星はレストランに付くものですが、MOFは個人が生涯持ち続けられるものだからです。

私が薦めるレストラン

ル・グラン・ヴェフールのサービス陣

　現代のレストラン文化を支えているのは、メートル・ドテルです。ヌーベル・キュイジーヌの時代から、レストランの料理は「皿盛り」が主流となり、サービス方法は激変しました。けれども邸宅の主人役を務めるメートルの文化は、今日も脈々と受け継がれています。

　これを本当に実感できるのが、パリ、パレ・ロワイヤルの名店『ル・グラン・ヴェフール』です。フランス革命前のカフェを前身とするこの店は、ナポレオンやヴィクトル・ユゴーなど歴史的な有名人が自分の定席を持っていました。「今日のお席はジャン・コクトーです」と案内してくれるように、かつての顧客の銘板が座席の背に今も残されています。

　ここでは、素晴らしい料理人とサービス人の二人三脚を目の当たりにすることができます。メートル・ドテル達を束ねるディレクターのクリスチャン・ダヴィッド/Christian Davidさんは、「私はお客さまに料理の説明をし、ワインの相談にのり、場合によってはお客さまの前で肉や魚を切り分けてお皿に盛り付けまでします。何よりも大切なのは、お客さまにレストランで十分にリラックスして楽しんでいただくことです。そのためには、お客さまの心のひだを読み取る洞察力や会話力が必要です」、と言います。

　彼は30年以上グラン・ヴェフールの顔としてサービスの前線に立ち、そのプロとしての生涯を全うし、2018年に引退しました。

ラムロワーズ──次世代へのバトンタッチ

　フランスに旅する機会があったら、ちょっと地方に足を延ばしてみませんか。フランスのいろんな顔が見えてきます。

　パリ・リヨン駅から高速鉄道TGVに乗って２時間でワイン王国ブルゴーニュの都、ボーヌに着きます。町の人口は約２万人で、そのほとんどがワイン関係の仕事に就いています。いつ訪ねてもこの町は、ワインというよりも味噌蔵から漂ってくるようなブドウの発酵臭に包まれています。

　数あるワインの酒造を見学、試飲。普段手の届かないシャンベルタンやモンラッシェの名前に惹かれて酒蔵巡りにはまってしまうと、あっという間に日が暮れてしまいます。

　そろそろお腹もすいてきました。もっと飲んでいたい気持ちを振り切って国道74号をシャロン・シュル・ソーヌ方面へと16kmほど走るとシャニーという、何もない小さな村に着きます。正確には、ブルゴーニュ地方を代表する３つ星レストラン『メゾン　ラムロワーズ/Maison Lameloise』を除けば、なのですが。

　ミシュランガイドによる３つ星の定義は「そのために旅行する価値のある卓超した料理」です。2020年版では、３つ星はフランス全土で29軒ですが、そのうちパリにあるのは10軒で、半数以上が地方に散っています。

　ラムロワーズは、地方の３つ星レストランに欠かせない宿泊用の部屋も16室完備した「オーベルジュ」です。レストランの３代目オーナーシェフだったジャック・ラムロワーズ/Jacques Lameloiseは、

アラン・シャペル、トロワグロ/Troisgrosなど名シェフ達の店で修行を積み、1979年に３つ星の仲間入りをしました。

　ブルゴーニュ地方を代表する３つ星シェフとして何度も日本に来ていただいた方で、明るくひょうきんな人柄はフランス人シェフの間でも人気者でした。

　彼のレストランには、大きな思い出があります。

　1992年のことだったでしょうか。食事が終わって厨房を訪ねると、壁に大きな張り紙がしてありました。

　Le Plaisir de faire plaisir aux autres（他人を喜ばせる悦び）

　まさにレストランオーナーとして「シェフとしてお客さまを楽しませることが楽しいんだ！」という意思表明でした。まだ食の業界では新米だった私に、「レストランに携わるプロフェッショナルの人達を少しでも支える仕事をしたい」と心底思わせた一言として、忘れることができません。

　ラムロワーズの料理の特徴は、骨太さと率直さそれに繊細さでした。エスカルゴはブルゴーニュ地方の伝統料理で、普通はニンニクとバターでソテーして、パセリを散らします。しかしラムロワーズではソテーしたエスカルゴをパリパリした春巻きの皮に包んでオーブンで焼き、ピューレ状パセリの鮮やかなグリーンソースを添えるのです。テロワールに根を下ろした３つ星料理です。

　けれども、ジャック・ラムロワーズには後継者がいませんでした。息子は別の仕事をしています。レストランはどうなるのか、と多くの心配をよそに新たな後継者が決まったのは2009年のことでした。それはエリック・プラ/Eric Pratで、当時は『レジス・エ・ジャック・マルコン』で料理長/chef de cuisineを務めていました。2004年に

MOFを取得しています。

　エリックさんは『Maison Lameloise』の店名は変えずに、オーナーシェフとして３つ星を守り続けています。

　今、1980年代から頑張り続けたシェフ達が、次世代へとバトンタッチの時期を迎えています。かつては父から息子へと引き継がれた名店の歴史でしたが、今やシェフの息子が料理人の道に進むとばかりは限りません。歴史と伝統をどのように引き継いでいくのかという一つの答えがラムロワーズだと思います。

ラ・トネル──地域密着型のレストラン

　フランスのレストランと一口に言っても、全てに星の付くような格式があるわけではもちろんありません。かつて、こんな田舎の普通のレストランと出会いました。

　パリのベルサイユ門から西の方向にあたるセーブル方面に車を20分も走らせると、ベッドタウンのシャビルの街に着きます。小ぶりの一戸建て住宅が並び、落ち着いた佇まいです。

　その真ん中にレストラン『ラ・トネル/La Tonnelle』はありました。その名の通り、薔薇のトンネルが庭先を飾る小さな店です。

　フランスは個人主義が徹底した国です。子どもが成人してしまうと親と同居することは稀です。ですが日曜だけは家族が集まってのランチとなるのです。ラ・トネルも昼間は親と子供達、孫達の家族で溢れます。そして夜は打って変わって、家族がいない（かもしれない）老人達がテーブルのほとんどを埋めます。

　開店した時どうやってお客さまに来てもらうか思案したオーナーのフランク・オベール/Franck Aubertさんは、移動の不自由な老人の送迎サービスをすることにしたのですが、これが口コミで広まり、当たりました。

　会計をする老人に向かってオベールさんが声を掛けます。
「まだ足し算はできますか？」
「あんたの会計は信用できないから、ボケるわけいかんだろう」
「ボケたら真っ先に教えてくださいね。ゼロを一つ足しておきますから」
　これで、店内は大爆笑です。

　ラ・トネルはいつも明るい店でした。
「レストランはスーパーマーケットと違い、食べ物を売るところじゃない。お客さまは楽しむために来ているんです」。
　日曜日のディナー客に対しては、レストランとしては珍しい、デザートの持ち帰りのサービスもやっていました。

～ホームパーティー成功の３つの鍵～

　ホームパーティー成功の秘訣は？　という質問をいただくことが
よくあります。成功の鍵は３つあります。

　第1の鍵は、招待客同士が話しやすい環境を作ってあげることで
す。そのためには、立っていても座っていても自由で席が決まって
いないアペリティフ（食前酒）の時間が大切になります。ホストあ
るいはホステスが招待客同士を引き合わせ、会話のきっかけを作っ
てあげ、これを受けて、まだ面識のない客同士が会話に花を咲かせ
てこそ、アペリティフが食卓への前奏曲となるのです。

　第2の鍵は席次です。プロトコールに則（のっと）り、かつ客同士の会話が
弾むような席の配置に成功したら、もうパーティーは7割方は成功
です。

　残る3割は、ホストであるご主人の仕事ぶりです。

　これが第3の鍵となります。

　ホステスはできる限り席を立たないで、お客さまと共に会話を楽
しんでください。お皿運びに忙殺されるなど、とんでもないことな
のです。

　そこで、多くのホームパーティーでは大皿盛りの料理が登場しま
す。前菜にはテリーヌなどの手がかからないもの、メインはロース
トチキンなど、続いて3種類のチーズも大皿で。そしてデザート。

　とてもシンプルな構成です。

　ホストのご主人はソムリエでもあり、また大皿に盛り付けられた
丸ごとの料理を切り捌き、取り分けるメートル・ドテルでもありま
す。ですからその技能はとても大事です。

あるパーティー

　私が実際に体験したホームパーティーの様子をご紹介しましょう。

　フランスでは、カフェでお茶をご一緒にというお付き合いが、遅かれ早かれ家でランチ、ディナーというお付き合いになります。

　10年来の友人デュボアさん一家の夕食に招かれたときのことです。「8時頃から気楽な友人達で」。到着するとデュボア氏が居間でシェリー、ウイスキーなどの食前酒をサービスしています。ここで大切なのは食前の、スポーツのようなおしゃべりです。

　初対面の人を引き合わせてくれるのはデュボア夫人。9時を回って食卓へ。デュボア家の子ども達が挨拶に出てきますが、フランスは大人社会です、子ども達の夕飯はすでに済ませてあるのですぐに子ども部屋に引っ込みます。

　食卓の席順を決めるのは、ホストであるご主人の役目です。

　デュボア氏と夫人が向かい合って座り、その両脇にカップルはわざと離して、男女が互い違いに座るよう配置します。

　さてお料理ですが、ホステスである夫人が客のそばを離れないとあって、凝ったものや銘々皿への盛り付けは敬遠。今日は魚のテリーヌの前菜に続いて、鶏のローストにマッシュポテトを添えたもの、そしてサラダとチーズ、デザートはチョコレートムース。

　いずれも大皿で丸ごと食卓に出し、ホストがメートル・ドテルのように切り分けて客に勧めます。ホステスはもっぱら客との会話を担当して、夫婦で息の合ったところを見せるのです。さらにワインサービスもホストの仕事です。デザートが終わるとやっと一息つくデュボア氏ですが、それでも仕事は終わりません。「居間でコーヒーと食後酒を」と、暖炉の火をかき立てます。

〜ワインはアルコールではない？〜

　「私、アルコールを飲まないんです」というフランス人がいても、ワイングラスを引っ込めないでください。彼らにとって、ワインはアルコールではないんです。

　アルコールと言えば、コニャックやアルマニャックなどの蒸留酒やベネディクテイン、シャルトリューズといった甘口のリキュール類を指します。そしてそれらのアルコールは普通、食後酒としていただきます。

　ノルマンディーの田舎のレストランで、結婚式のディナーに招かれた時のことです。「今日のメニューリスト」が渡されました。オードブル、魚、肉、チーズ、デザートのフルコースなのですが、魚料理と肉料理の間に見慣れない料理がありました。「トゥルーノルマン/Trou normand（ノルマンディーの穴）」です。

　いったいどんな郷土料理かと待っていたら、なんとカルバドスの瓶が食卓に置かれました。カルバドスとはリンゴを材料にした蒸留酒で、ブドウ畑のないノルマンディー地方の名物です。ノルマンディーの穴は、「胃袋に隙間をつくる」というわけだったのです。

　このように魚と肉という二つのメインディッシュの間に、消化を助けるアルコールを出す伝統は、他の地方にもあります。

　例えばワインの産地ブルゴーニュ地方では、ワインの搾りかすを蒸留した「マール」というブランデーが一升瓶でどーんとテーブルに登場します。ちなみにコニャック地方で造られるブランデーだけが、コニャックと呼ばれます。

第 2 章

日本のフランス料理の源流

私がこの仕事に携わることになった頃、日本はフランス料理ブームに沸いていました。

　この1980年代のブームは一体どこから来たのだろう？

　今、日本のフランス料理人が世界で活躍できるのはなぜだろう？

　そもそもどうして、日本でフランス食文化＝ガストロノミーフランセーズが発展することができるのだろう？

　私は30年にわたって、いつもこの自問自答を抱えながら仕事をしてきたと思います。幸い多くの先達のお話を聞く機会にも恵まれたことで、私なりの答えを紡ぎ出すに至りました。

　この章は「日本のフランス料理の隆盛の意味」を、私なりの捉え方で紹介したいと思います。

皇室晩餐会（1874年）

　明治時代幕開けの頃、ヨーロッパの公式晩餐会はどの国でもフランス料理が出されていました。日本でも近代化以降、皇室の正式な晩餐会では、必ずフランス料理が供されています。

　1874年9月22日、初めて駐日の外国人公使を招いた午餐会のメニューは、クラシックなフランス料理のオンパレードでした。その時のメニューは「天皇の料理番」秋山徳蔵のメニューコレクションとして保存されています。

　以来、国賓を招いた食卓に供されたフランス料理のメニューは多岐にわたり、今日に至っているのです。

東京オリンピック・パラリンピック（1964年）

ホテルのフランス料理とビュッフェの開花

　今のフランス料理は、東京オリンピックから始まったと言われています。特にホテルのフランス料理については東京オリンピック抜きでは語れません。

　開催国日本としては、海外からのお客さまにふさわしい料理を出す必要があります。

　それを実現するべく中心となったのは、「帝国ホテル」の村上信夫シェフです。パリのホテル「リッツ」で研修し、帰国後帝国ホテルのメインダイニング料理長となった村上シェフが、オリンピック女子選手村食堂の総料理長として、300人以上の料理人を統括しました。男子選手村食堂を担当したのは「日活国際ホテル」の馬場久シェフでした。

　ここから本格的なフランス料理が一気に広がっていったのです。

　村上シェフはまた、スウェーデンの「スモーガスボード」にヒントを得て、日本独自の「バイキング」を生み出しました。これが、現在のビュッフェスタイルのバンケットの隆盛へと繋がっています。

　その後、街場にも洋食屋と一線を画す本格フランス料理レストランができますが、それは社会的エリートが行く『マキシム・ド・パリ』『シド』『東京會舘プルニエ』『銀座レカン』などで、一般の人が本格的なフランス料理を楽しむようになるのは、80年代に入ってからです。

日本人パティシエのパイオニア

　お菓子でも、大きな変化がありました。

　東京オリンピックを控えた1963年、「ホテルオークラ」はフランスからパティシエ、アンドレ・ルコント/André Lecomteさんを招聘しました。ルコントさんは後に独立して、「全てフランス同様の味」を掲げたフランス菓子ブティックを開店しましたが、多くの日本人パティシエを育てた功労者でもあります。

　一方、日本人パティシエのパイオニアと言うべき人が加藤信シェフです。「ホテルニューグランド」でパティスリーを学んで東京オリンピックの1964年に渡欧し、スイス・ローザンヌの今も昔も変わらないデラックスホテル「ボー・リバージュ/Beau Rivage」でサカンド・パティスリーシェフにまで上り詰めました。1970年大阪万博の年に料理研修に来ていた村上シェフと出会い、このご縁で「帝国ホテル」へ行くことになります。

　初めはレストランのシェフパティシエという条件だったのですが、実際にはホテル全体を統括するシェフパティシエ。34歳の若さでした。加藤さんは26年間を帝国ホテルでシェフパティシエとして活躍し、その後学校や協会を通じて後進の指導に当たりました。

　世界的に有名なパティスリーコンクール「クープ・ド・モンド/Coupe de Monde」の第1回（1989年）には自ら選手として参加し、以後選手団派遣に尽力しました。日本チームは1991年に初優勝し、以後優勝、入賞を重ね、スターパティシエがマスコミにも登場する時代になりました。加藤シェフは世界に「日本人パティシエ」の実力を認めさせるに至った功労者の一人だと思います。

　ところで、キュイジニエ（料理人）が作るデセールとパティシエが作るスイーツには、大きな違いがあります。

　作業を進めながら修正が可能な料理人と、厳密な配合が絶対なパティシエ。作業場も、料理人がCUISINE（厨房）なら、パティシエはLABORATOIRE（ラボ：研究所）。

　使われるフランス語の意味も、全く違います。ブランシール/Blanchirは、調理ではさっと湯がく、パティスリーでは卵を白くなるまで立てる、といった具合です。

　そもそも調理過程で食材の変化に対応していく料理人と、きちんと配合を管理し、オーブンに入れたらもう手を加えられないパティシエではメンタリティーが違うのではないでしょうか。

　もっとも、3つ星シェフのヤニック・アレノ/Yanick Allenoや、MOFシェフのクリストフ・ルール/Christophe Roule『Le 9 eme ART リヨン★★』のようにパティシエ出身のシェフもいて、精緻華麗な世界を作っています。

　レストランで出すデザートは持ち帰れません。一方パティシエが作るスイーツは、店頭売りが基本です。ですから、同じパティシエであってもレストランデセールが得意なパティシエと、店頭売りのパティシエがいるわけですね。

　フランスのフェランディ校でもパティシエのコースは2種類ありますが、やはり多くの若者は、ブティックのオーナーパティシエを目指すようです。

大阪万国博覧会 (1970年)

　1970年の大阪万博博覧会は、日本のフランス料理にとってもエポックメイキングだったと思います。フランス館やカナダ館、ベルギー館などのパビリオンで初めて本場のフランス料理に接したという料理人が少なくありませんでした。

　そして、多くの料理人がその素晴らしさに感銘を受け、片道切符でフランスを目指して旅立ちました。ビザの問題で働けないので、スイスやベルギーの厨房で力を蓄えたという若者達もいました。

　私の知人は後に京都のレストランのオーナーシェフになりましたが、どうしてもフランスで勉強がしたくて、日本を飛び出しました。スイスで働いていたけれど、なんとしてもフランスの厨房に入りたくて「密入国」し、レストランを回ってなんとか雇ってもらうためのノウハウを身に付けた、という剛の者です。

　彼は何も言わずに（言いたくてもフランス語がしゃべれない）裏口から厨房に入り込み、いきなり洗い物をしたそうです。当然そこには洗い場専門がいるわけで、邪魔にされると今度はコミ（料理人のアシスタント）に交じって野菜の下ごしらえをするのです。追い出されても、何度もこれを繰り返しているうちに、手の足りないシェフから仕事が与えられるようになったようです。当然非合法労働/clindestinで、現在では不可能な働き方です。ドイツ、シベリア経由で帰国した時には、手には10円玉しかなかったという、まさにサバイバルな修行です。

　一方、正規の手続きを取って入国し、仕事の実力で堂々とシェフ

を張り、ミシュランの星を獲得した中村勝宏シェフもいます。

決して誉められたものではない私の知人と中村シェフの間には、天と地との差があるものの、共通していたのは「フランス料理を本場で学びたい」という熱い思いであり、何よりも見知らぬ国と文化への好奇心だったのではないでしょうか。

大阪万博は、日本のフランス料理界が素晴らしい人材を得る機会ともなりました。それは第1章カスレの項（P21参照）でも紹介したアンドレ・パッションさんです。

彼はカナダ館のシェフとして来日したのですが、日本人女性と結婚し、その後日本に定住して、レストラン『イル・ド・フランス』を開店し、本場の「フランス地方料理」を提供しました。

このシェフの下でフランス料理のABCを学んだ日本人料理人は多数います。今では日本の街場のレストランのパパとして、多くのシェフ達に慕われています。

1980年代はフランスレストランブーム

1970年代をフランスで過ごした日本人料理人達は、クラシックとヌーベルの劇的な交差を見たことになります。

海外（主にフランス）で修行した料理人達が1970年代後半から帰国し、30代のレストラン料理人の会「クラブ・デ・トラント/Club des Trentes（30代クラブ）」を結成します。

そしてバブルとともに、日本にフランス料理ブームが来ます。井上旭シェフ『シェ・イノ』、坂井宏之シェフ『ラ・ロシェル』、北岡尚信シェフ『プティポワン』、石鍋裕シェフ『クイーン・アリス』、

少し遅れて三國清三シェフ『ビストロ サカナザ』がマスコミの寵児_{ちょう}となっていったのです。

　また90年代に入ると、パリのゴブラン通りに住んでパリの店で働いていた日本人シェフ達が中心となり、中村勝宏シェフを会長に「ゴブラン会」が結成されました。料理人だけでなく食文化に興味を持つ「食べ手」にも門戸を開いた画期的な会で、年に一度の集まりは美食を楽しむだけではなく、毎年中身の濃い「講演会」を開催するなど、広い意味での「食文化」の発展に貢献しています。

　若い世代では、スターシェフ達に憧れたフランス料理人志望者や渡仏希望者が増えていきましたが、時代が「片道切符」の渡仏を許さなくなりました。労働ビザなしの非合法労働の取り締まりが厳しくなったからです。

　さて洗練された盛り付けで料理の世界観を一変させたヌーベル・キュイジーヌがフランスで最も盛り上がったのは1975〜80年代で、80年代後半にはほとんど終わっていたと言えるでしょう。そしてヌーベル・キュイジーヌの後に、「テロワールの時代」が来たように思います。

　しかしバブル期の日本では、どこに行っても「ヌーベル、ヌーベル」と大流行でした。

　その後の日本人シェフの活躍は、これからの章で詳しくご紹介します。

対談　中村勝宏シェフ ・ 下野隆祥氏

中村勝宏：ゴブラン会 会長
　　　　　　　フランス農事功労章協会 終身名誉会長
下野隆祥：ジンマーマン商会 代表取締役
　　　　　　　メートル・ド・セルヴィスの会 顧問
大沢晴美：APGF 代表（司会）

大沢　今日はお忙しいところ、ありがとうございます。お二人には
　コンクールの立ち上げ当初から審査委員長としてご尽力いただき
　心から感謝申し上げます。まずはお二人の自己紹介からお願いし
　てよろしいですか。

タイユヴァン・ロブションの立役者

下野　私は昭和21年 4 月 2 日に東京の中野で生まれ、練馬で育ち、
　高校卒業して世田谷に引っ越しました。大学進学するつもりが、
　アルバイトが楽しくなってきて、赤坂の東京ヒルトンホテルの
　『プロンジェ』で 3 年間働いてました。裏方にいるとホテルのシ
　ステムのこととかよく分かりましたね。その後、日本教育テレビ
　（現テレビ朝日）の一階の喫茶室に入社しましたが、「お酒の勉強
　をしたい」と言ったら、一緒に働いていた人が相模大野（神奈川
　県）の在日米陸軍病院の将校クラブで以前仕事をしてたので、そ
　こを紹介してくれました。将校クラブはやはりそれなりの雰囲気
　の場所で、そこでバーテンダーとサービスの仕事をしていたんで
　す。 1 年くらい経った頃、先輩から銀座の『マキシム・ド・パリ』
　でソムリエを探していると聞いたので、すぐに手を挙げて1970
　年にそちらに移動しました。

大沢 『マキシム・ド・パリ』は66年オープンでしたから、最盛期の頃ですね。ピエール・トロワグロ/Pierre Troisgrosシェフ（2020年9月逝去）はまだいらしたのですか？

下野 いえ、トロワグロさんとかパティシエのロランさんとか当初はいらしたんですが、私が行った頃の総料理長はミルゴンさんで、メートル・ドテルはシャルル・ボードンでした。一番印象的だったのは、オイルショックでした。劇的に客層が変わったんです。当時は8割が外国人でした。なにしろ1ドル360円の時代でしたから、ドル建てで給料をもらってた人にとっては、マキシムは安かったと思います。それが270〜80円になって、外国人顧客がばったり来なくなって店は閑古鳥ですよ。取り戻すのに1年近くかかったんじゃないかな。

大沢 その頃からソムリエって称号はあったんですか？

下野 パレスホテルにいた浅田勝美さんがソムリエ協会を立ち上げようという創世期だったので、ソムリエってタイトルで仕事をしていたのは何人もいなかったと思いますね。

中村 マキシムだからこそ、ソムリエってタイトルが通用してたんじゃないかな。

大沢 確かにそうですね。

下野 4年半後、シェフ・ソーシエ（ソース担当）の中野さんから「京都で『レストランリヨン』の総料理長になるんだけど、関西でソムリエ探してくれない？」と頼まれたんですが、探しあぐねて私が3年間だけという約束で同行することにしたんです。

大沢 だから下野さんは京都に詳しいんですね。

下野 結局4年間そこにいました。そろそろ東京に帰りたいと言ったら、中野さんが芝にある東京プリンスホテルのソムリエを紹

介してくれたんですが、大きい組織は自信なかったし、人間関係が大変だと思って。その後銀座のレストラン『レカン』を紹介されて、それから城さんと一緒に11年間やりました。1990年、あるゴルフ場オーナーから「ロンドンでレストランやるので、やってくれないか？」という話をいただきました。その頃はバブルがはじける寸前でした。自分がどこまで通用するのか知りたいと思って、この話をお受けしたのですが、50歳のチャレンジでした。

中村　それはすごいチャレンジでしたね。

下野　はい、そうなんです。ロンドンでは、設計段階から建設会社とか大工と一緒に綿密に準備して立ち上げました。1年弱でオープンするんですけど、そのすぐあとに湾岸戦争が勃発して、ロンドンは景気良くなかったですね。お手上げでした。

大沢　その頃ってサッチャーの時代でしょうか。

下野　そうです。で、結局いろいろ事情もあって2年で帰国したんですけど、しばらくは仕事ないですよね。でもたまたま升本さんがイベントを企画するときに、小沢さんからお声をかけていただきました。当時ライセンスビジネスだった「日本オールドパー」というウイスキーを輸入する会社があって、その会社から招待いただいたフランス旅行の通訳が小沢さんだったのが、最初のご縁です。その小沢さんから電話があって、升本が20数人集めて1945年〜80年代物の試飲会をやりたいと。一人50万円くらいの内容かな。せっかくのイベントですから、ソムリエの田崎真也さん、木村克巳さん、高橋時丸さん、野田宏子さんとかを誘って一緒にやったんです。その日の晩に有楽町の『アピシウス』でディナーもやって、そこでもソムリエが10人くらい協力してくれました。大変面白いディナーで、料理は「クラブ・デ・トラント」

の面々に頼んだんですよ。

中村　それは素晴らしいなぁ。

下野　恵比寿の『タイユヴァン・ロブション』に入ったきっかけは、サッポロビール関係の仕事をしていた方の紹介でした。立ち上げにあたって支配人になる人がいないということで、その方がタイユヴァン・ロブション専務の清瀬さんに「升本にこのような人がいるよ」と私のことを話され、清瀬さんから升本へ電話があって、「（私を）欲しい」となったんです。自分としてはお願いして升本の社員になったのだから自分から言い出せなかったんですが、社長が「どうする？」って聞いてくれたんですね。こんなすごいプロジェクトは一生に一度巡り合えるかどうかなので、「やりたい！」と言って許してもらったんです。1993年準備室から入社して、設計から関わらせてもらいました。バーやキャッシャーなどの場所も変えてもらいましたね。94年1～2月は2か月かけてフランスで、カトラリー、お皿、テーブルクロス、家具を買い付けました。で、その年の12月にオープンしたんです。

中村　それは、ご自身にとって本当に貴重なプロジェクトでしたね。

大沢　『タイユヴァン/Taillevent パリ』のオーナー、ジャン・クロード・ブリナ/Jean Claude Vrinatさんは3つ星レストランの名オーナーとして当時とても有名でしたね。彼はパリ商工会議所がやっているHEC（高等ビジネススクール）の卒業生で本来、経営畑の方です。けれども料理はもちろん、ワインにも精通していらっしゃいました。商工会議所経由で日本にシャトーレストランができることは早い時期に聞いていたんです。そこで私、「サービスコンクールを立ちあげるので協力してほしい」って、ロブションに行ったんですよね。アンドレ・ソレール/Andre Solerさんがフラ

ンスから来ていて、まだ出来上がっていないシャトーレストラン
を見せてくださって、大変興奮していたのを覚えています。けれ
ども、でもそこにサービスを仕切る日本人がいらっしゃるとは
知らなかったです。そういえば、FFCCの福岡さんがパリの『ル・
グラン・ヴェフール』で研修していた時に下野さんが食事にいら
してすごく緊張した、って言ってました。

下野　フランスに買い付けに行ったときに、タイユヴァンに予約し
　　てもらって３つ星のレストランに４～５軒行ったんですよ。そ
　　の時ですね。大変いい席に座らせてもらいました。

大沢　あそこは素晴らしいサービスをする店ですよね。

下野　こじんまりしてるけど、歴史を感じる店です。

中村　レイモン・オリヴェール/Raymond Oliverからオーナーが代
　　わったら、絨毯が変わってガラッと雰囲気も明るくなりましたね。
　　普通フランスの３つ星レストランは一人では入れてくれないけ
　　ど、ル・グラン・ヴェフールだけは、お昼は一人でも入れてくれ
　　た。だから何度も通ってて、すごく思い入れがあるんですよ。隅
　　の席に座らせられたけどね。

日本人初のミシュラン星獲得まで

大沢　中村シェフにも、フランス料理との出会い、きっかけを伺い
　　たいのですが。

中村　僕のきっかけはとっても単純です。高校を出たら自分一人で
　　生きてゆく、一歩家を出たらもう帰って来ないという思いがあっ
　　て、そのために食いっぱぐれない仕事はなんだろうと考えた末に、
　　食の世界を選びました。祖母は厳格なクリスチャンでした。小さ
　　い頃はクリスマスの２～３日前に神父さんが鹿児島市内から来

てくれて、父の本家の病院でささやかなクリスマス会が行われて
ました。毎回幻灯機で「キリストの誕生の物語」を見せられて、
その後みんなが持ち寄ったクリスマスのプレゼントを交換してい
たんです。でも僕が一番楽しみにしていたのは、クリスマスカー
ドをもらうことでした。アメリカのクリスマスカードには、クリ
スマスツリーに暖炉、いっぱいのプレゼント、トナカイのそりで
サンタが雪道を駆けていく風景など、すごく詩情あふれる絵が描
かれてて、豊かな素晴らしい世界だなぁと、西洋に憧れましたね。

大沢 その気持ち、分かります。私の田舎で、独身の老婦人の英語
の先生が敬虔なクリスチャンで布教されていた時期があって、そ
の方からカードをもらっていました。それを見て西洋文化への憧
れを刺激されたと思います。文字が読めるようになって、日本で
はなくてイギリスの児童文学を、図書室を読破するくらい読んで
ましたね。児玉先生というお名前とお顔まで思い出しました。

中村 だからでしょうかね、料理人になろうと思ったとき、全くの
迷いなく西洋料理だと思いました。ただ田舎で身近に西洋料理な
んかなかったので、高校の就職担当の先生に「西洋料理やりた
い！」と言ったら、先生も戸惑って「どうしたらいいんだ？」と
聞かれました。それを母に話したら、「都会にはホテルがあって
そこには西洋料理があるから、ホテルを探してもらえ」。そこで、
京都ホテルと箱根のホテル小涌園を紹介してもらいました。でも
京都ホテルの面接は福岡で家から遠く、小涌園は鹿児島市内で近
かったので小涌園を受けました。面接で「料理人になりたい」と
言ったら、「皿洗いからでも大丈夫か？」「大丈夫です！」という
ことで決まりました。あの頃は、バスでの社員旅行などが最盛期
でした。こじんまりしていていいホテルでしたね。でも今でこそ

語れますが、当時は地下の休憩室でお偉い料理人達が賭博していて、それがとても異様な雰囲気でした。それで「ここにいても大丈夫か？真っ当な料理人になれないんじゃないか？」と葛藤があって、でも出たいけど、どうしていいか分からない。そしたら先輩が横浜プリンスホテルを紹介してくれたので、思い切って箱根を出ました。そこでは元日本郵船で料理長をなさっていた田村さんという方が料理長で、特別な晩餐会の時にはフランス語でメニューを書くわけですよ。当時は西洋料理の本場がフランスだと知りませんでした。そこですぐ横浜・伊勢佐木町の有隣堂書店にフランス語の辞書を買いに行きました。近くにすごく小さな洋書専門店もあって、たまに英語の料理書もおいてありました。ある時タイムライフ社から出た本にフランスの『トゥール・ダルジャン』や、フランスのグラン・シェフ、アレクサンドル・デュメイン/Alexandre Dumaineが立っているレストラン『コート・ドール』の厨房の写真が載ってました。初めて見た本場の厨房に興奮して、「あ！フランスに行かなきゃ!!」と、決意したわけです。

大沢　デュメインの写真で、行かなきゃ！と思ったわけですか？

スイスで学ぶ

中村　そう。写真を眺めてその厨房の雰囲気をまざまざと想像し、本場で本物のフランス料理を知りたいと決心しました。そうこうするうちに先輩がスイスのチューリッヒにあるホテル・アスコットに行くことになって、「１年経ったら呼んでやるから勉強しろ」って言われたんです。で、１年経って手紙を出したら、先輩が総支配人の名前を知らせてくれて、「俺も一人で頑張ったから、お前も一人で頑張れ」と言われました。そこでフロントの友達に英

訳を頼んで、3年間総支配人に一方的に手紙を出し続けたら、根負けしたんでしょうね、働けることになりました。

大沢　3年もかかったんですね。

中村　まぁ、当時はそう簡単には行けませんでしたからね。1年スイスで頑張って、フランスになんとしてでも行こう、とただそれだけを思ってました。スイスに行ってみると、料理長はすごく厳格な方でしたが、とてもいい仕事をしていました。でもシェフが読み上げるオーダーはドイツ語で、慣れるまで大変でしたよ。実は横浜で働いているとき、休日に精肉店に3年間通って肉のおろし方を勉強していました。最後の方は大きな問屋さんで枝付き骨付きの半身の牛肉をプロ並みにおろせるようになっていたわけです。で、ホテル・アスコットではとりあえずガルドマンジェ（冷製料理担当）だったけど、みんな肉の仕分けがへたくそだったので、そのうちすっかり任されるようになったんです。1か月後に総料理長がバカンスから帰ってきて、僕の仕事を2～3日じっと見てて、ソーシエという実際に料理を作る重要なポストに就くことになりました。半年間経った頃、総支配人に呼ばれて、いきなり書類を示され、サインをさせられました。なんだろう？と思ったら、「君を明日からシェフ・ソーシエ（ソース部門のシェフ）に抜擢する」と言われ、給料も倍くらいになりました。でも、「いや、困ったことになった」と思いましたね。

大沢　だって、フランスに行くつもりだったんですもんね。

中村　それもありますが、シェフ・ソーシエはナンバー3のポストで、それだけの実力があるわけじゃなく自信もないから、グラン・シェフに「できません」って言ったら、「それなら明日から来なくていい」って言われてしまって、それから毎日が必死にの

たうちまわる日々でした。その後思い切って「フランスに行きたい！」と申し出たら、最初は怒られましたが、なんとか粘って無事に辞めることができました。その時就業証明書/certificateを発行していただき、そこに総支配人と総料理長がドイツ語で僕に対する評価をびっしり書いてくれました。ドイツ語だから何が書いてあるかその時は分かんなかったんですけど、「彼はまじめで、技術も優れており、何月何日にシェフ・ソーシエに抜擢した」など詳しく書いてくれてました。それを持ってパリに行ったわけです。スイスにいる間、ミシュランガイドを買って辞書を片手にフランス全土の有名レストランに求職の手紙を出してたんですが、どこからも返事は来なかったですね。唯一『オーベルジュ・ド・リル/Auberge de L'Ill』のエーベルラン/Herberlinさんから断りの手紙をいただきましたが、それでもとても嬉しかった。実は休憩時間にドイツ語を習っていたジュネーブ出身のおばあちゃんに、ドイツ語そっちのけでフランス語の手紙の書き方を教えてもらって、全部で300通くらい出したんですよ。結局どこもダメで、おばあちゃんにも随分心配かけちゃったけど、それでもパリに行かねば！と思いましたね。

パリで働く意味

大沢 全然仕事の当てもなく、ですか？

中村 そうです。パリへ行って、断られたレストランや星付きの有名レストランに直に行って、「シェフに会わせてくれ！」って。でもアポも取ってないので怒られたり、断られたりしましたね。会ってくれても言葉も分かんないし、なかなかうまくいきませんでした。私は大阪万博の年1970年に日本を発って、71年にパリ

に来たんですけど、万博のフランス館で働いていたソムリエの小笠原信之さんや料理人の小西さんが、フランス政府の肝入りでパリで働いてました。そこで小西さんを探し出して「決して迷惑をかけませんから」とお願いして、労働省のお役人を紹介していただきました。そこに一方的に何度も出向いて『ソフィテル・パリ/Sofitel Paris』という若手が頑張って1つ星獲ったホテルのレストランを紹介してもらったんですが、これもフランス語ができないからという理由でダメでした。その後紹介されたのが『ルレ・ガストロノミック/Relais Gastronomique Paris Est』で、当時パリを代表する2つ星レストランです。

大沢 パリ東駅にあった名店ですね。

中村 そうです。ガルドマンジェとして雇っていただきました。暮れにシャンパンやワインを15〜6本プレゼントされて、びっくり！これは各部門シェフへのプレゼントだったんですね。それで自分は部門シェフだったのか、と気が付いたわけです。でも持って帰れないから若手のみんなに配ったら、グラン・シェフから怒られてしまいました。そのうちミシュランガイド2つ星から1つ星に落ちてしまいました。レストランで星が落ちるとはどういうことか、身をもって知ることになります。とてもショックで打ちのめされましたが、この経験は自分にとって生涯の糧となりましたね。今でも様々な意味で良き教訓となってます。と同時に、ミシュランガイドを通じて地方にも素晴らしいレストランがあることも知っていたので、地方へ行こうと考えてパリでも毎月手紙を書き続けてました。とりわけ断りの返事をくれたエーベルランさんには再三アプローチしていました。すると、「今は空きがないけれど、とにかくアルザスのレストランを紹介するから来い」と。

そして『オーザルム・ド・フランス/Aux armes de France』から連絡をもらって、すぐに行きました。そしたら初日にスタッフ全員を集めて「新しいシェフ・ポワソニエ（魚料理担当シェフ）」と紹介され、これも予期せぬことで慌てました。夏のバカンスシーズンは多忙を極めましたね。年が明けて新しいシーズンが始まると、今度はシェフ・ソーシエも兼ねて、厨房全体を仕切ることになってしまいました。その店は当時アルザスを代表する2つ星で、オーナーシェフのガルトナー/Gaertnerさんはかのフェルナン・ポワン/Fernand Pointさんの弟子でした。アルザスには約2年間いたんですけど、僕はパリで初めて勤めたレストランで星を落としていたから、毎日が必死でした。そしてようやくエーベルランさんから手紙をいただき、いよいよ3つ星で働けるようになりましたが、主人のビール・ガルトネールさんから「あとひと夏いてくれ。そしたら俺が責任もって、3つ星のピラミッドまたはボキューズに入れてやるから」と、引き留められました。自分としても一方的に出ていくことはできませんでした。ようやく1年後、コートダジュールの3つ星レストランの『ロアジス/L'Oagis』で働くことになりました。本当は、『ポール・ボキューズ』や『ラ・ピラミッド』に行きたかったんですけどね。でも結果的にはすべてに感謝です。

労働ビザを取得する

大沢　中村さんは、パリではオーナーが中村さんを確保しておきたくて労働ビザを取ってくれて、給料ももらっていましたよね。労働ビザってお金もかかるし、弁護士に頼むような手続きを踏まなければならないと聞いています。

中村　その通りで、大変だったと思いますよ。でも地方の２つ星
　　　３つ星になると、シェフはその土地の名士なんですよ。それで、
　　　顧客に市長や村長さん達行政関係の人がいて融通が利くんです。
　　　僕はトロワグロさんのレストランで、８月の１か月間だけ無給の
　　　研修者として働きました。終わるとピエールさんから「残って働
　　　いてくれ」と申し入れがありましたが、僕の信条は精一杯働いて
　　　その対価をいただくことだったのでそれ以上は働きませんでした。

大沢　その頃のトロワグロさんの店とかは、給料ナシの研修者しか
　　　いないんですよね。たくさんの日本人が厨房で仕事をしてるけど、
　　　本当にビザ取ったのは数えるほどしかいないんですよ。

中村　『ロアジス』ではアルザスの後1973年の12月から働いて、半
　　　年後にシェフ・ソーシエに抜擢されました。初めての日本人だか
　　　ら常に厳しい目で見られていましたね。でも結果的には、そのこ
　　　とが自分の原動力になってさらに上を目指せたと思います。

大沢　『ロアジス』は３つ星ですから、そこで日本人の中村さんが
　　　上に立つのは大変だったと思います。でも、仕事の完成度は、分
　　　かっちゃう。プロの技術は誰が見ても現れてしまうので、認めら
　　　れたんでしょうね。サービスもそうですよね。

下野　そうですね。その通りです。

中村　名店をいろいろ回ったけれど、やはりトップのグラン・シェ
　　　フをやりたいと思い、『ラ・マレー /La Marée』のグラン・シェ
　　　フ、ジャガー・ルイヤーさんに相談したところ、パリ７区の『ル・
　　　ブルドネ/Le Bourdonnais』を紹介されたので、面接に行きました。
　　　オーナーは「HIRO」という名前のフランス人だと思っていたので、
　　　日本人が来てびっくりしてました。そしていよいよグラン・シェ
　　　フとして働くことになりましたが、当初はお客さまは少ないし、

若いギャルソン（サービス人）はちゃんとした料理説明ができないので、私が出ていくとお客さまは日本人がシェフだと知ってびっくりしてましたね。でも食べてみたら安いなりに美味しいということでお客さまがお客さまを呼んでくれて、半年後には予約でいっぱいになるようになりました。その頃ミシュランガイドにノミネートされているって噂が立ったんですが、まさかそんな馬鹿な！と思っていたら、ある日ミシュランの調査員が食後に名乗り、厨房を見に入ってきました。そして「カーブ（ワイン庫）も見たい」と言われたので地下に連れて行きました。でも安いワインばかりでカーブ内はスカスカ。困ったなぁと思いましたが、それでも「料理に合わせてロワールのワインを中心に揃えています」と、説明したものです。

星を獲得

下野 その後、星を獲ったでしょう。日本ですごく話題になったんですよ。都内のレストランではサービスも含め、みんな知ってましたよ。

中村 そうでしたか。まさかと思っていたら本当に星が付き、大変なことになったと思いましたね。多くの人が花束を持って来るたびにオーナーはシャンパンを開けて大騒ぎ。でも自分はミシュランの星の厳しさを知っているから、明日からの星の重みを考えると全然喜べなかったですね。お客さまも昼夜いっぱいとなって、毎日必死です。毎日15時間働いて寝る暇もない。毎年暮れにミシュランから確認のリストが来るんです。スペシャリテは変わってないか、駐車場はどうなっているか、など10項目ありました。それが来ると星が継続することになるので、ほっとしたものです。

それでも気が休まることはなかったですね。

大沢　日本人のお客さまも増えたでしょう？

中村　そう、有り難いことでした。でも日本の方はよく写真を撮られますが、当時はスマホじゃなかったのでフラッシュが目立つわけです。オーナーは周りに迷惑だから止めて欲しいんですよ。でも僕としてはせっかくおいでいただけたのだから撮らせてあげたい。それでいつも喧嘩でした。そんな中、折々の日曜日のランチにいらっしゃる日本人ご夫妻がおられました。フランス語がとてもエレガントで、ワインにも詳しく、オーナーがとても気を遣っていました。ある時タイミングよくご挨拶に伺ってみたら、なんとNHKのパリ支局長として長年パリに住まわれていた磯村尚徳ご夫妻でした。それから今でも折々にご指導いただいています。

大沢　磯村さんには2012年「クープ・ジョルジュ・バティストサービス世界コンクール東京大会」実行委員会の総裁を務めていただきました。

日本人のアイデンティティ

大沢　日本人がフランス人の舌を満足させるのって、どこがポイントなんでしょう？

中村　僕達は日本の味噌、醤油といった日本料理の原点ともいうべき味覚の風土の中で育ってきました。でもそうした中にありながらも、日本の西洋料理の基盤は多くの先輩方のおかげでできていたわけです。僕はスイスですごく勉強になったし、本場のフランスでは料理だけじゃなく、日々の生活のすべてが自分の糧となりました。料理を理解するにはまずフランスの風土を理解しなくてはならないし、また各地方を知らずしてフランス料理を語ること

はできないから、やはり時間は必要でした。そのうえでただ一つ
だけ言えることは、日本人のアイデンティティは本人の努力次第
で、誰でも無限の可能性を秘めているということです。味覚や盛
り付けなども含めて日本料理は四季を通じて全ての「五感」を大
事にするけど、そうした日本人としての潜在意識のおかげで、異
国のフランス料理を作るうえでフランスの本場でもなんらかの力
が発揮されると思いますね。今回パリの小林圭さんが日本人とし
てミシュランで３つ星を獲るという歴史的な快挙を達成しまし
たが、小林さんの原動力の一つとしてもそうしたものがあったん
じゃないでしょうか。それをさらに進化させ、フランスの風土の
中に彼自身の揺るぎない個性としてのまぎれもないフランス料理
を構築され、それが３つ星として認められたのではないかと思
います。

大沢　サービスでも、日本人の感性みたいなことありますか？シャ
トーに、クリスチャン・ドレピイーヌさんというサービス人がい
らしたじゃないですか。パリの『トゥール・ダルジャン』からい
らしたフランス人の名メートル・ドテルと言われていました。や
はり感性の違いとかありますか？

下野　ありますね。所作がなんか違うんですよね。それにこんなに
細かいところまで気付くんだ！と思いましたね。

お客さまは神様

中村　フランスのサービス人は、まさにサービスのプロフェッショ
ナルですね。いかなる時もお客さまの前では徹底してギャルソン
としての仕事をやり遂げます。トップに立つメートル・ドテルは
全てのことに精通し、いわば人生の達人ですね。日本にも下野さ

んみたいな素晴らしい方もおられますが、そうしてそのあたりの
プロ意識が日本はまだ足りないように思われます。

下野 そうそう。フランスのサービス人はお客さまの前では表情が
さっと変わりますもんね。

中村 日本には、元々料亭文化があって、お客さまへの見事な奉仕
精神は培_{つちか}われているわけだから、そこにプロとしての意識がしっ
かり根付くともっと素晴らしいものができるんじゃないか、と期
待しています。

大沢 フランスのお店のマダムも、本当にいい笑顔ですよね。例え
ばジルさんとこのシルビーなんか、本当にお客さまの前では美し
いし、オーダーも「今日はジルがね…」とか言ってその日のお薦
めを売り込んで、メモも取らないです。でも厨房に行くまでに顔
が変わるらしいですよ。厨房では矢継ぎ早やにオーダーを伝えて
シェフとやりあうとか。私達の知らないマダムのもう一つの顔が
あるんですって。

中村 それはもう、どこでもそうですよ。表面上はオーナーシェフ
が目立ってますが、地方に行けば行くほど実質的にマダムが仕切
っているレストランが多いですね。そこでは、お客さまは神様！
って感じ。なぜかというと、お客さまの意向が最優先だからです。

下野 そうなんですよ。だから厨房としては「こんな面倒くさいも
の、誰が作るんだ！」ってことになるんです。そうするとサービ
ス人が「食べるものはお客さまが決める！」って言うんです。ま
さに日本の「お客さまは神様です」そのものですよね。

フランス人の教養

大沢 日本人とフランス人のオーダーの仕方って違いますよね。

下野 『マキシム・ド・パリ』では、食べるものはお客さまが決めていましたね。メニューを見ると、お肉、ガルニチュール（付け合わせ）とかバラバラにあって、私はこの肉をセニョン（ミディアム・レア）に焼いて、ソースはこれにしてくれって、全部決めるお客さまがほとんどでした。

中村 フランスで働いていた時、オーダーを見ると日本人かどうかすぐに分かるわけ。例えば5人テーブルだったら、フランス人はある程度ばらばらだけど、でもある一定の配慮がある。だけど日本人の場合は、いろいろと知りたい、食べたいという思いが強いから全部バラバラってことが珍しくなくて、だから厨房は大変でした。

下野 例えば今日はこれが美味しいからどうですか？って、オーダーを集約して厨房に負担かからないように提案するんだけど、日本人はみんなが違うものを頼んで、少しづつ食べようかって感じなんですよ。

大沢 フランス人って、そういうことをどこで学ぶのかしら。

下野 習慣じゃないですかねぇ。あれが食べたいからこの店に行こうという感じは、今の時季はこれが旬だからあの店に食べに行こうという日本と似ているんですけどね。

中村 フランスで星付きの有名レストランなどでは、スマートなお客さまは前菜を2種類チョイスして、サービス人に半分ずつ盛り付けてもらって二皿にシェアしてもらう。メイン料理は一皿を一人で食べる。それってなかなか賢くていい方法だと思って、自分もよくやってました。

下野 いいですよねぇ。しかも目の前で他の人のお皿に手を伸ばすこともしないで、一人で一皿完結するんです。

大沢　そういうのって、学校で学ぶことはないけど、レストランで食べる機会が多くて、サービス人との会話などから、なんとなく身に付いてくるってことなんですよね。

中村　例えばメイン料理が肉だった場合、前菜は野菜系と魚介類を一皿ずつ頼み、それを盛り合わせではなく1/2皿ずつサービスしてもらう。するととても豊かなコースになるし、賢く美味しく食べられますよね。これはお客さまが無理を言って頼むのではなく、むしろギャルソンが薦めてくれます。それは、いかにお客さまに満足していただけるかという配慮だと思います。また田舎でもちゃんとしたレストランに行くときはジャケットを着て、ネクタイを締めてっていうスタイルでしたね。

大沢　そういう教養って大事だなぁ、って思います。

料理とサービス

下野　最近のサービス人で料理について質問してくる人は、滅多にいないんですよ。だから自分が提供している料理に関する知識が圧倒的に少ないですよね。私なんかマキシム、京都、レカン、ロブション、どの店でも暇があると料理を教えてもらいに厨房にへばりついてました。そうでないと料理が理解できないですから。例えば城さんは仕事が終わってから夜中に、調理のスタッフと一緒にソースの作り方を何度も何度も教えてくれました。それを見ていると、なるほどって感じで説明にも力が入ります。

中村　僕は逆に、フランスでサービスの重要性をしっかり学んできました。また当然のことですが、お客さまに料理を美味しいと思ってもらえるにはサービスの力があってこそで、絶対に欠かせないと思っていますね。

下野 サービス人が厨房にいたら邪魔だなぁと思われる時もあると思うんだけど。

中村 いや、それはないと思います。もしそういうシェフがいたとすれば、出来の悪い二流三流のシェフですね。自分の料理を知っていただくために逆にウェルカムですよ。確かに昔はそんな保守的な料理人もいました。むしろ今は、そこまで熱心に聞いてくるサービス人が少ない気もしますね。

大沢 料理を作るのも、サービス人が出す時間を逆算するので、両方が一体化していないと美味しいものが提供できないですよね。

下野 お客さまの食べるタイミングとかペースを見て、テーブル毎の特徴をしょっちゅうコミ・ド・ラン（シェフ・ド・ラン《メートル・ドテルの補佐役》の補佐）を走らせて厨房に伝えてました。

中村 それはお互いのいい仕事をするうえでものすごく大切で、北海道の洞爺湖サミットの時は、私も総料理長としてサービス側との徹底したディスカッションは欠かせないものでしたね。それがないとお互いに安心して仕事ができませんから。

下野 レストランって面白いんですよ。例えば50人くらい座ってるでしょ。リズムがいいとパターンができてきて、配膳の順番が自然と決まってくるんです。それを厨房に上手く伝えると、厨房がスムーズに動き出す。その日の雰囲気、お客さまの組み合わせ、それって1回しかないですよ、その日だけ。そこでどこのテーブルのペースをメインにしたらリズムができるのかが、ある時期分かってくるんです。そうすると、厨房もいい感じに回りだして料理も素晴らしいのが出てきたりして。そういう経験が、何度もあります。

中村 要は、いかにお客さまに満足していただけるか、その一点で

サービスと調理が一体とならねばならないという、その思いが大切ですね。『トロワグロ』で働いていたときのことですが、最も忙しいサービスピークの時はすごい状態になるんだけど、そうした時オーナーシェフのジャン・トロワグロが大声で、「止めろー！」と一喝。ほんの３〜５分なんだけど、一度全部止めて、メートル・ドテルとオーダーシートを整理して、仕切り直し。だから料理の出し方が混んでくると、「ジャンさん今日はやるかな？そろそろやるかな？」と思っているうちに「止めろー！」。面白かったですねぇ。

大沢　それって大事ですよね。サービス人が楽しくやっていて、料理も美味しい、そういう盛り上がりってお客さまも感じるんですよ。まるで劇場みたいに、今日はいいね！今日はなんか違うね！という雰囲気が伝わってくるのね。

中村　大きなレストランになればなるほど、リーダーのグラン・シェフとメートル・ドテルの采配次第でその空気をいかようにも作っていくことが可能になるんです。今の３つ星レストランなどではお客さまの食べ具合などを見られるシステムがあって、正確なサービスが行われてトラブルは少なくなっているようです。

大沢　レストランの目的は「お客さまの幸せ」ですよね。残していく言葉は多くの場合、「美味しかったわ」。だけど、それはサービスとか空気感とか全部含めて「良い時間を過ごしたわ！」という意味なんですよ。

下野　私は「楽しかった！」と言われるのが一番嬉しいですね。お客さまとの一体感もありますしね。どんな美味しい料理も空気感がなくちゃ。それを演出するのもサービス人の仕事です。

中村　そういった意味では、フランスではお客さまの会話が多くて、

食の場を心から楽しむいい雰囲気が自然と作られていくんだけど、日本では比較的少ないですね。

下野 空気感を作るのも私達の役目だから、例えばお客さま同士の配置も考えます。この人とこの人は近い席じゃないほうがいいなとか、気にしますね。

中村 それもとても大切ですね。昔はお客さまの前でカッティングやフランベなどがあって、それが自然とサービス人との会話にも繋がっていたけど、今の皿盛りだと会話も減るし、ちょっと寂しいですね。

大沢 ソースをかけるだけでも全然違うと思うんですよ。そこでの一言二言なり、それが会話に繋がったりするから、そういう努力をレストランにはしてもらいたいですね。もしかしたら、お客さま自体が会話の楽しさを知らないんじゃないかしら。

下野 例えば料理は料理できちんと食べていただいて、最後のデザートで、クレープシュゼットを作りましょうか？とか。それだけでも全然違ってくるんですよね。

大沢 若い人ってちょっと距離感が縮まると、めちゃくちゃ近づいてくるじゃないですか。そうすると若い人達の世界観も変わってくるかもしれませんね。

コースメニューの功罪

大沢 私が危機感を持っているのは、今東京の若いオーナーシェフもたくさん星を獲っているけど、多くの店はコースメニュー１本だけで、それにペアリングのワインを付ける。すると客はもう一切サービス人やソムリエに相談する必要がないわけですよ。そうすると、あちこち食べ歩いていてもア・ラ・カルトで自分の食

べたいものを頼んで、それに合わせてワインを頼むなんてことはできないと思う。あれはお客さまを育ててないと思いますよ。

中村 そこは現実的な側面が厳しいこともあるでしょう。オーナーシェフのレストランが増えて定着してきていることは嬉しいんだけど、様々な課題はあります。やっとオーナーシェフになって店を持続させようとすると、人件費や家賃のことも考えるし、食材の効率化も考えたら精一杯やっていても経営的に余裕がないんだと思います。ホテルでさえ余裕がなくなりましたからね。とくに今は感染症の影響でとても厳しく、世知辛くなってきました。

大沢 確かに、食材とか時短とか考えたらそれも仕方ないと思います。でも年に1回くらいはグランメゾンでア・ラ・カルトという経験をしないと、お客さまが育たないですよね。お客さまとサービス人との会話の機会もなくなってしまうし、それでいいのかしらと思ったりもします。

下野 よくはないですよね。料理人もそれは知っているんですよ。知っているけど、なかなか経済的にできない。

大沢 本当はホテルのレストランには高いお金をとってもいいからア・ラ・カルトをやってほしかったけど、感染症とかあると仕方ないのかなぁ。あと、サービスの人も料理人も懐が深くならないんじゃないか、引き出しが増えないんじゃないか、と心配なんです。例えば一流シェフのレストランでも、コースメニューだけだとサービスの人はシェフの料理説明だけを伝えてくるだけで、それがサービスの仕事だと思っているんですよね。

中村 フランスでいい時代を知っている人は、みんなそう思うでしょうね。第2のベル・エポックと言われた70年代はレストラン業界も全盛期で、ギャルソンが技術を活かす場が当然のこととし

て成り立ってました。それでチップを立派にいただけるということも当たり前でしたね。

下野　私がマキシムにいた時代も、お皿の上に乗った料理って一つもなくて、私達サービス人が最後の仕上げをしてました。それが普通でしたね。

中村　その後皿盛りが一気に増えてから変わりました。あれはオーナーシェフにとっては、とても合理的で経済的なんですよ。目の前で料理を捌くギャルソンもいらないし、ソースだってソースポットにたくさん入れなくても無駄なくきれいに使える。付け合わせだって、余裕をもって用意して、食べないのに「いかがですか？」って回ったりしなくて済むし。でもそれによって、今まで立派に構築されてきたレストランでの「サービス文化」が退化してしまいました。また今少しずつその気運が高まってきていたのに、感染拡大で大変な状況になってしまい、残念です。

キャリアパス

大沢　だからね、そういう技術とか知識が途切れてしまってはいけないって、フランスも1967年くらいからサービスのコンクールが始まっているわけですよね。パリのフェランディ校なんかでも、一時はサービスの生徒が激減しちゃって。今は増えてきましたけど、それは先のキャリアが見えるようになってきたからだと言われています。フランスの場合、管理者の人は、いつもはマネジメントをしてても、いったん誰かが休んだりするとさっとその場に入って仕事ができる技術を持っているじゃないですか。最初からサービス、マネジメントと道が分かれてしまっているのではなく、現場のサービスから始まって進んでいくうちに総支配人になる人

も出てくる。キャリアパス（進むべき道）がフランスでははっき
り見えているんだろうなと思います。

下野　私、いつも思うんですけど、サービスの技術はしょせん技術。
一番大事なのは、お客さまにきちっと食事してもらってその報酬
をきちっと払ってもらうこと。それに付随するのが技術だから、
技術よりもっと大事なことがあるよ、っていつも話しているんで
すよ。

大沢　そういうレストランのサービスでは、目標になる人って必要
ですよね。

下野　そういう意味では大沢さんが始めたコンクールによって、キ
ャリアや給料が上がるとか近い将来が見えてくると思います。サ
ービスの世界大会で宮崎辰君が優勝しましたが、仕事に対するス
テータスが、少しアップしてきたのかなって思いますね。

中村　料理も同じで、コンクールは本人だけじゃなく、属している
店や企業の評価もアップします。最近はいろんな理由で参加者が
減少傾向にありますが、でもそうしたコンクールでのスキルアッ
プの場は守ってゆかねばなりませんね。

お客さまの変化

大沢　料理やサービスって進化しているでしょうか？

下野　そうですね。進化というより変化しているでしょうね。

中村　時代の進化と共にその変化の速度が速くて、付いて行くのも
大変ですよ。（笑）

下野　もう一つは、レストランに来るお客さまが変わってきてます
ね。『マキシム・ド・パリ』で最初の頃私がもらっていた給料が
１か月35,000円くらいでした。で、マキシムの一食も35,000円。

今は給料30〜40万円の給料をもらっている人達が35,000円の料理を食べに来ているわけだから、レストランに対する利用の仕方や求め方も変わってきていて、それが今のレストランの有り様になっているんじゃないかなと思いますね。

中村　昔と決定的に違うのは、食に関する情報があふれていて、お客さまはそれを簡単に利用していることです。昔は敷居が高いと思っていたレストランでも、今の方達は何の躊躇もなくいらっしゃいます。これはこれで多くの客層に来ていただけるようになったのでいいことでもありますが、僕達の対応の在り方も変化してきているように感じられますね。

下野　今のお客さまはサービスのスタッフとの関係を濃厚にしたくないのかなと感じます。昔は顔見知りになって、あなたにずっとサービスをしてもらいたいというお客さまがいて、それがサービスする私達のステータスにもなっていたんですけど、今は関係性が希薄になってきましたね。

中村　もっと踏み込んで言うと、日本では東京を中心に各地に様々な形態のレストランが多くあって、各メディアでもよく取り上げられていますが、そうしたお店を回遊するお客さまが増えてきて、それが逆にステータスになっている面もあります。

大沢　そういえばあるレストランに行ったとき、カウンターだから隣の方のお話も聞こえるんだけど、その時は名古屋から女性の二人組がいらしていたんですね。わざわざ名古屋からだなんてと感心していたら、まさにそれが回遊で、私はあそこの店は行った、まだ行ってないという話ばかりで、そのレストランの料理やサービスの話ではないんですよ。

下野　そんな風にあっちこっち行くと、味の基準はどこになるのか

なって、思ってしまいますよ。昔は行きつけの店がスタンダード
になって、それと比べていいとか悪いとか軽いとか重いとかあっ
たんですけど。サービスでは、その人がいるからその店に行くっ
てことがありましたね。私なんかマキシム辞めてから、あちこち
３〜４軒変わりましたけど、ずーっとくっついて来てくれるお
客さまがいらっしゃるんです。京都で働いていた時もそうでした。
そういう繋がりがすごくあったんですよ。

中村　昔はそういう一つの絆を大切にされていたお客さまが多かっ
たと思います。またそうしたお客さまから多くのことを学び育て
ていただきました。ですからそうしたお客さまが増える努力は昔
も今も変わらないはずです。店が安定するには、そうした顧客を
得るための努力が不可欠ですよね。感染症が拡大してもなんとか
レストランを保たれているところはそうした店で、むしろお客さ
まが気遣って来てくださっているようです。

下野　私が『レカン』にいたときには、お客さまが子供を中学生・
高校生くらいから連れて来ていて、お子さんが適齢期になると、
その結婚式をレカンでやってくれないかというお話を何件かもら
ったことがありますよ。

大沢　何代にもわたるお客さまがいるんだから、まずはレストラン
に長続きしてもらいたいと思いますね。継続していくことが大事。
フランスも今は世代の変わり目にきていて、廃業も出てきていま
す。私達の世代までは子どもが後継ぎになることが多かったです
けど、第三者に譲って、それでも古いお客さまが来ると前のグラ
ン・シェフが顔を出してくれるという店もありますよね。子ども
が継がなくても、店を継続させる道を模索しているんだと思いま
す。日本のお店も是非続いてもらいたいと思います。残念ながら

『マキシム・ド・パリ』とか芝公園にあった『クレッセント』とか素晴らしいお店がなくなると、本当に寂しいですよ。継続していく道はいろいろあると思うんですけどね。

日本のテロワール

中村　一つだけ変わってきたことは、料理人とかサービス人がオーナーの店が増えてきていて、とてもいいことだと思います。昔はホテルのレストランが組織として余裕があってリードしていたけど、今は街場のレストランがそれぞれのカテゴリーで頑張っていると思います。

大沢　地方のオーナーシェフも増えているし、目立ちますよね。森の中にポツンとあるレストランとかもあるし。

中村　本物をちゃんと評価してもらえる時代になってきた、ということですね。

大沢　若い料理人さんは、フランスの田舎のレストランで勉強することも多いので、田舎でやることが当たり前って感じなんでしょうね。だから地方はこれから伸びてくると思います。

下野　食材も近場にあるから、いいものが得やすいですしね。

中村　地方では、料理人やサービス人、食材の生産者、そして食べるお客さまが一体となっていて、都会では得られない環境の中で本物を追求することができます。そこに大きな魅力がありますね。

大沢　パソナが淡路島に移転したりとかそういう流れになると、地方にもフランス料理を食べる層が増えてくるかなと思いますね。今までよりも層が厚くなって、未来が明るいかなと思います。

中村　世間が安定してくれば、地方の魅力が倍増してくるんじゃないかな。地方にも、フランス料理を食べたことなかったけど食べ

てみたら美味しかったって思って受け入れる土壌があると思うんです。それには高級ばかりじゃなく、安くて美味しくて気軽に食べられるビストロ的なカテゴリーの料理がもっと増えて欲しいものです。生産者もシェフも、一緒にいろいろやっていくことにやりがいが出てくると思います。

大沢　日本のテロワールの食文化が花開いていきますね。

中村　元々日本料理ではそうした地方の風土に根付いた食文化がありましたよね。日本のフランス料理は高級フランス料理から出発したので地方ではこれまであまりなかっただけで、これからはフランス料理も幅広くしっかり定着していくと思います。

下野　ワインもそうです。山梨県の勝沼だけじゃなく、日本中で作っていて、そのために地元のソムリエが広報活動していて、いい形になってきていますよね。

大沢　日本全国で作ってる日本酒もやっと格付けが取れるようになりました。これまでは酒米の原産地を特定しないからAOPの格付け外でヨーロッパ市場では売りにくい、という事情もあったんですけど、ＧＩを取る日本酒が出てきましたね。福井でも新しい県産酒米の品種「さかほまれ」を使用して、17の蔵元が一斉に新しい酒を発売するというチャレンジをし始めてます。日本酒は日本各地で作っていますから、フランス料理と日本酒が連動していくと地域の活性化に繋がると思っているんです。

中村　私も何人かとお付き合いがありますが、地方で頑張っている酒造家さんでは、米作りを含め近代的な設備の中で先進的な技術を導入しながらも、伝統的な方法もしっかり継承されています。

大沢　そういうものをヨーロッパ並みの食材の品質保証を日本で広げて、ワインとかと対等に勝負ができるようにするのが大事です

よね。実際にワイングラスに日本酒を入れて提供するレストラン
や、日本酒の勉強をしているソムリエも増えてきてます。

中村　今までは日本は制度的にがんじがらめだったけど、今は少し
ずつ規制緩和されているからこれからが楽しみです。

大沢　日本の食文化は、レベルが高いし深いし。こんな国、世界中
にないですよね。

調理師専門学校

中村　10年以上前までは、東京と地方では技術と感性の格差があ
りすぎて、コンクールでもそれらが目立ってたけど、今は格差が
すごく縮まってきました。優秀な料理人が東京だけでなく地方に
出向き定住して、地方全体の活性化に努力している。それが一番
嬉しいことですね。

下野　サービスコンクールの審査委員長になった1998年に、事前
講習会のために北海道から鹿児島まで10か所くらい回ったんで
す。あらかじめこういうものを用意してくれって頼んでおいて行
ってから食材の打ち合わせをするんだけど、サービスに対する理
解度の落差がありすぎて、驚きました。例えば「スズキのフラン
ベをやりますので、スズキを用意してください」と言うと、生の
スズキが出てきて絶句しましたね。

中村　ちょっと言いにくいんだけど、傾向として先生のレベルが低
かったんですね。それが今はどんどん改革されて、とても良くな
ってきています。あとよく言っていることですが、学校の教材や
テキストを全国的に統一することで、さらなるレベルアップが図
られると思います。

下野　調理師専門学校の目的そのものが違うんですよ。入学してく

る学生さんと親は調理師免許を取って調理技術を習得するのが目的なんですが、カリキュラムの6〜7割は座学で、その中で衛生学に関する授業が6〜7割です。昭和33年に調理師法が施行されたときは「調理の業務に従事する者の資質を向上させることにより調理技術の合理的な発達を図り、もって国民の食生活の向上に資する」となっていますが、レストランを開くにあたっては調理師の免許は必須ではないんです。そのあたりの認識の違いがあったと思いますね。

大沢 目的が違うんですね。なるほど、納得しました。

下野 実は調理師免許は1年で取れるんですけど、2年課程を選ぶ人が圧倒的で、短大感覚なんです。いきなり就職するんじゃなくて、2年間くらいクッションおいて、その間に考えようって思うみたいです。

大沢 この技術を身に付けようという意識がなくても調理師専門学校にくる人が少なくないんですね。

下野 そう。学費も安くないんですけどね。

中村 学校によってバラツキはありますが、せっかく調理師専門学校を出ても業界に残る人はとても少なくなります。すごくもったいないですね。親御さんは一生懸命働いて学校行かせて、それなのに簡単に辞めて他の職業に変わるなんて、親御さんが気の毒だなって思いますよ。以前は業界では厳しく教えてましたけど、今はなんとかこの道で頑張ってもらいたいから、どの職場でも親身に丁寧に教えているんだけど、それでも簡単に辞める若者が多いです。それと、下野さんがおっしゃったように2年課程が増えていますが、各学校で2年生としてのレベルをいかに確保させられるかも問われてくると思いますね。

大沢 職場が変わるのは分かるけど、職業自体が変わるでしょ。

下野 考えてみたら私が若い時も、そんなものだったと思いますよ。なんか違う仕事をしたいなぁ、と思ったことありますよ。

中村 僕は田舎から出てきたものだから、とにかくこの道で頑張らねば！と、日々のたうち回っていたけど、今の人は考え方が違いますからね。

下野 今は学生の親御さんが私の息子・娘の世代ですからね、学生は孫みたいなものです。3世代違うと気風が全然違いますね。

中村 でもほんの一握りだけど、目覚めて、やろう！と懸命に努力している若者がいて有り難い。無条件で応援したくなります。

コンクール

大沢 そういう意味でも、人材の育成って大事ですよね。

下野 ソムリエは、講習会などで後輩を育てていますね。サービスでも講習会をやっていて技術的なことを教えて、コンクールもやっているんですけど、圧倒的にソムリエの人数が多いので、規模が違います。日本ソムリエ協会会員のソムリエは15000人以上いますから。会長の田崎真也さんなんか全国を回って、熱心ですよ。

中村 やはりサービスも料理も、若い人達にしっかりと教えて伝えていくことが、私達の義務でもありますね。

大沢 やっぱり私達はそういう場を作り続けなければと、あらためて思います。そういう若い人のためにもコンクールという目標を大事にしたいですよね。コンクールに参加する人は、まず間違いなく向上心があります。

下野 コンクールにくる若い人は、昔も今もそうですね。

中村 ステータスが高いコンクールほど、落ちた人がものすごく

悔しがるし、「なんで落ちたんだ？」ってしつこく聞いてきます。昔は会社から適当に選ばれて「行ってこい」と言われて参加して、そこで初めて目覚める人もいましたが、それはそれで素晴らしい。今、コンクールで問題点を挙げるならば、ホテルも街場のレストランも経営的に余裕が少なく、コンクールに出場させる機会が減少傾向にあることです。

下野　各地のJR系ホテルグループでコンクールをしていますよね。

中村　以前はその必要性を説いてサービス部門も実施していたけど、今はちょっとお休みしてます。とにかくサービスと料理は一体なんですよ。また、復活させたいです。

大沢　志を持ってフランスに行く人も多いと思いますが、国内外のコンクールを経て先に進む人も結構いますものね。

中村　僕はどっちでもいいと思います。コンクールの機会を我がものにするのも大切な一つの方法です。ただ、コンクール慣れはしてもらいたくないんです。あくまでも謙虚に、自分の持ってないものを得られる機会でもあり、自分の今のレベルを知りさらに向上させるいい機会でもあると考えて欲しい。そして国内にとどまらず、世界のレベルを目指してもらいたいと思います。コンクールは技術のみならず料理人としての人間性を高める場であることも理解してもらいたいですね。

コンクールの審査

大沢　これからのコンクールでのポイントは何だと思われますか？

下野　メニューは事前に分かっているわけですから、どう仕事の段取りをするかですね。お客さんへの説明やサービスのシミュレーションと、それがうまくいかなかったときの対応力が問われます。

くじ引きでペアになるコミ・ド・ランの能力を見定めることも大事で、そのうえでどこでどこまで任せられるか、というコミの使い方も大事です。

大沢　コンクールのサービスを見ていると、カジュアルな雰囲気、きちんとした雰囲気とかサービス人の個性の違いが出ていますね。

下野　技術的なことは、立っている審査員が見ていれば分かるので、あとは座って食べている着席審査員の方の評価だと思います。

大沢　料理に関しては、いかがでしょうか。

中村　本質的なところは変わらないでしょうね。テーマが決まっているわけだから。いかにその料理の本質を真っ当に理解して、本番でどこまで実力を出せるかってことです。その折々の付け焼き刃的な技術じゃダメで、日頃の自分自身の料理作りに対する姿勢が大切でしょう。テーマがあったとしても、基本に則って、そこにいかに自分の個性をプラスできるか、その完成度が問われます。コンクールのレベルが高くなればなるほど、審査のレベルも高くて、極めて真っ当に審査してます。今では料理そのものが盛り付けや技術も含めて進化していて、基本そのものも時代に沿って少しずつ進化してるんですね。そこをしっかり理解して把握しておかなきゃならない。後はいかに徹底して練習するかです。そして最も大切なことは、料理技術のみならず、日頃料理人としての感性をいかに高めていけるかです。でもこればかりはテキストもなく、自分自身の心の有り様に繋がっているので、難しいところでもありますね。コンクールでトップを取る作品は、媚びたところがなく、すべてに凛とした品格があります。

下野　そうです。おっしゃる通りです。

大沢　私はゼロからコンクールを立ち上げたときに、「何が大事か？

それは審査員だ！」と考えましたね。料理に関しては中村シェフとか小野シェフとかにご協力いただきましたし、サービスはフランスから来てもらって、日本の皆さんにも全ての団体を網羅してそれこそBMC（全国宴会支配人協議会）やRMC（レストラン支配人協議会）やHRS（日本ホテル・レストランサービス技能協会）の会長などに審査員として入ってもらいました。そこで、フランス人と日本人とカップルになってもらったんですね。当時の日本の重鎮の方の多くはドメスティックなサービスだったので、サービスのテクニックも考え方もフランス人とかなり違ってたように思います。でも毎年コンクールをやっていくうちに、だんだんすり合わせができてきました。そのあたりは下野先生もご覧になっていたのでご存知だと思いますが、少しずつ齟齬がなくなってきましたよね。

下野 コンセンサスがだんだんできてくるんですよ。1回目、2回目、3回目あたりだと、何を基準にしていいのか分からない。だから実際点数を見てみると評価がバラバラなんです。これはダメだ、審査の基準を統一しないといけない、ということになって、4回目、5回目になってくると、常識的にこれくらいの点数というのがほぼ固まってきましたね。それ以降は特にこうしてくれと言わなくても審査の平均点が揃ってくるようになって、その点はすごく嬉しかったです。

大沢 サービスコンクールが定着した感じでしたね。

中村 このコンクールが素晴らしいと一貫して思っているのは、料理もサービスも最初の頃から審査員がフランスの本場である程度の経験をしている人と、現代のフランスのトップクラスのグラン・シェフだってことです。最初からレベルが高くて、いい緊張感が

醸し出されていました。すると自然と参加者も熱心な調理人やサービス人が集まってくるんです。また、いきなりコンクールではなくて、講習会をやったってことも素晴らしいですよね。意欲ある人は講習を受け、国内コンクールに挑戦して、なおかつそれで完結するんじゃなくて、フランスの世界大会に出られるという大舞台が整っていて、それはすごいやりがいになると思います。

日本人シェフの活躍

中村 今は世界大会に日本人が出ると、ある意味脅威と感じてもらえる雰囲気になってきました。それはまさに日本人のレベルが確実に上がっているからこそですね。

大沢 そして多くの人が後輩を育ててきたっていうのが、素晴らしいですよね。

中村 フランス全土で日本人シェフがミシュランガイドの星を獲っているしね。はっきり言って3つ星を獲るにはもっと時間がかかると思ってました。でも考えてみると私が初めての1つ星を獲って41年目のことなので、決して早いのではなかったわけです。すごい時代になってきたなと思います。

大沢 シャンパーニュ地方のランスでは、田中一行君が頑張ってますね。中村シェフに渡仏前の国内コースを見ていただいた時なんて、田中君はフライパンで炒め料理みたいなのを作っていたじゃないですか。それが今では2つ星ですからね。

中村 大したもんです。フランスに渡り、本人が覚醒したんでしょうね。そしてあくなき情熱を持続して、努力し続けてきた結果ですよ。常に留まることなく継続してゆくことの厳しい壁と向き合い続けることになりますが、ぜひ頑張って欲しいものです。

今後の展望

大沢 日本にもフランスのMOFみたいなものがあるといいですよね。

中村 ゆくゆくはそういったものが必要になりますよ。それがため
に我が国には食文化への真っ当な評価と理解をもってほしいです。
フランス共和国は自国の料理を国策として重要視しています。言
い換えれば自国の食文化に絶大な誇りを持ち、かつ様々な策を積
極的に施しながら守り続けています。MOFはその代表的な役割
を担っていますね。ぜひ我が国のお役人方にもそういうことを知
ってもらいたいですね。

大沢 フランスの「食は国家戦略」という点は、大統領が変わって
も変わらないですよね。

中村 それは変わりようがないまでに確立されているということで
すね。そこに日本との決定的な違いを感じます。

大沢 日本でも、腰を据えて取り組んでくれる人がほしいです。

下野 財務省のお役人と話をしていてですね、彼らも海外に出向で
行くわけですけど、勉強はできるけど食の常識的なことをご存じ
ない方もいらっしゃると思います。例えばフランスに行って食事
に招かれて、どうやって食べるの？ってことなんですよ。なので、
建物を建て替える計画があるらしいのですが、「その中にレスト
ランを作んなきゃダメだよ」って言っているんですよ。

大沢 だいたい、役所の食堂はカレーとかそんなものしかないです
ものね。フランスの国会議事堂なんかちゃんとしたレストランが
あるのに。

下野 そうなんです。日常的にレストランでランチとかディナーと
か食べていれば、慣れるんですよ。

大沢 東大の駒場キャンパスって2年間の教養学部じゃないです

か。彼らはすごく試験勉強はしてきてるけど、レストランでの「食育」が必要じゃないかって考えた『ルベ・ソン・ヴェール』の伊藤シェフがそのキャンパスで頑張っているんです。東大生の味覚の教育をしないと、食の文化が身に付いていないエリート官僚になってしまうから。

中村　ブリア・サヴァラン/Brillat Savarin（1755-1828）のアフォリズムの一つ一つに素晴らしい真実が述べられてますが、国の在り方と人間形成の中で食がいかに重要なものであるか、もう少し知ってもらいたいですね。最近は日本料理の伝統やその技術、食材がアピールされて、とてもいいことだと思います。でも日本人によるフランス料理も頑張っています。フランス本国ではフランス人が日本人の技術とフランス料理の感性を支持し、ミシュランガイドの星を30個近くも与えてくれています。フランスの食文化が世界でトップなのは、国が先頭に立ち、料理人とサービス人、食材の生産者、そしてお客さまが一体だからなんですよ。それぞれがそれぞれの立場で尊敬しあい、長い歴史の間、記録として本を書き残し、食を「文化」として捉える世界が形成されています。日本の食文化は石毛直道先生の多くの本で書かれてますが、江戸時代など世界的にもトップの食文化の土壌があったのに、今は少し停滞していると思いませんか？

大沢　料理を作る人のレベルはすごく高いのに、食べる方の人がだんだんダメになっているのかもしれないですね。昔は食通という方がいらした時代があったと聞いているのに。フランスの場合は、子供の味覚教育の背景には食材の格付け制度がありますよね。

中村　小学生に対する味覚教育など、まさに先々を見つめた食の教育の在り方だと思います。やっと日本でも盛んになりつつありま

すね。また、食材も含めて食文化を立派に維持し残していくために様々な制度が確立されてます。そろそろ日本でもそうしたものを作るべきじゃないかと思います。また、一言申し上げておきたいのは、サービスの方々もそうでしょうが、僕達料理人は良きお客さまから多くのものをいただき育てられている一面もあります。私達がやっていることは些細なことかもしれませんが、それを積み重ねて進化させていくことが大切ですね。そして、これからの人に託していきたいものです。最後に、食に関わる者として大事にしていきたいことがあります。私はFAO（国際食糧農業機関）の日本の親善大使を拝命しています。国連では持続可能なより良い国際社会を実現するために17の目標を定めたSDGsに取り組み、日本でもその活動が広く知られてくるようになりました。中でも世界の飢餓の撲滅に積極的に取り組んでいて、その先にある「食品ロス」や廃棄の削減に向けての活動です。一つだけ紹介すると、今世界で食材、食品として生産される1／3（約13億t）が様々な理由でロス廃棄されています。世界の8億2000万人の飢餓人口の1／4が救われます。私達食に関わる者はこうした問題もしっかり認識して、小さくても自分ができることをまず実行していかなければなりませんよね。

大沢 食品ロスの問題は、講習会やコンクールでも大切にしたいテーマです。そんな意味でも、皆さんのお話などをまとめたこの本が、これからの人に託していくツールになるといいなと思っています。今日はありがとうございました。

第3章

日本のフランス料理の現状

ミシュランガイドでは、東京が「最も多くの星が集まる都市」として喧伝されました。今や、世界は日本食ブームだということは衆目の一致するところでしょう。2013年には「和食：日本人の伝統的な食文化」がユネスコ無形文化遺産に登録されました。

　フランス料理の世界でも、大きな波が来ています。
　1979年に日本人シェフとして初めてフランスのレストランでミシュランの星を手にした中村勝宏シェフから40年以上の時を経て、今やフランス在住のたくさんの日本人シェフがフランス料理店で星を手にしているのです。
　2020年版フランス版ミシュランガイドの日本人シェフは、小林圭シェフの３つ星を筆頭に、２つ星が２名、１つ星レストランは10名を越えています。

　ミシュランだけではありません。若手の発掘において自他ともに認める情報収集力を誇るゴ・エ・ミヨは、「2016年若手の希望シェフ」にシャンパーニュ地方ランスの日本人田中一行シェフを選出して、ミシュラン２つ星（2020年）への道筋をつけました。

　このように「日本の食の職人」は和・洋を問わず順風満帆のように見えます。
　けれど、この順風の航海はどこまで続くのでしょうか。
　これからどう生き残っていくのか、どう展開していくのか、職人として心身の力量を試される時となるでしょう。

世界トップ1000レストラン「La Liste」

「La Liste」は、2015年12月にフランス発で創設されたレストラン世界ランキングです。創設者は元駐日フランス大使で、フランスの永世大使として食と観光のトップを務めているフィリップ・フォール大使です。駐日フランス大使時代には、私も大変お世話になりました。ご本人が相当な食通で、突然携帯電話が鳴りレストラン情報を聞かれたことが何度もあります。またフランス人シェフ達との交流も多彩で、私が招聘したフランス人シェフ達とも日本で旧交を温めていらっしゃいました。

この世界ランキングはあくまでもプライベートに立ち上げられた事業ですが、食と観光を大きな柱としているフランスが陰になり日向になり、これをバックアップしているように思えます。

2018年5月と2019年9月には、駐日フランス大使公邸で表彰式が行われました。2019年に発表された「世界の1000レストラン」では、トップ1000入りした日本のレストラン数は135軒と世界最多です。ちなみにフランスは3位でした。

実は2015年発表の初年度から、日本は3年連続トップです。まさに「美食の国・日本」の面目躍如です。当日は日本料理・フランス料理・中国料理・イタリア料理とジャンルを超えたトップ・シェフが、食文化の担い手としてフランス大使公邸に招待されたのです。

なお、毎年のランキング発表はパリの外務省迎賓館で12月に行われます。2017年には、マクロン大統領がランキング入りした世界のシェフ達をエリゼ宮に招待しました。レストラン文化が食文化を担う、というフランスの考え方がよく表れていると思います。

最近の若手料理人

　ナマコを食するたびに、「これを最初に食べた人はすごい」としみじみ思います。人の好奇心は社会と文明を発展させてきました。

　1970年代にフランスを目指して海を渡った若者達を突き動かしたものは、情熱と好奇心でした。そしてそれが、現在の日本の食状況の礎となっているのです。

　けれども最近の日本の若手シェフ達は、ほとばしるような好奇心を失い、内向きになっているような気がします。以前に比べてフランスに行きたいという情熱が薄まっているのではないでしょうか。

　かつてはコツコツと貯金して、仕事を辞めてでも渡仏したいという若者が多かったのですが、今では会社派遣であっても行きたがらない人もいると聞いています。

　インターネットで簡単に情報が手に入るし、日本の生活が便利だというのも理解できます。でも実際に移住して、異文化と直に触れ、実際に口にして味わうことでこそ感じられるものが、必ずあるはずです。

若手フランス人シェフ

　一方フランスでは、日本の料理文化に興味を持つ若者達が増えています。来日して実際に日本の食を体験してみたいという若手料理人の熱度はとても高いのです。

　2010年3月11日、農林水産省の後援を得て、パリ・フェランディ校で、日本料理講習会が開催されました。大きな特色は「フランス食材を使った日本料理講習会」であったことです。

　冒頭、1990年代から定期的にフェランディ校で日本料理講習会をまさに手弁当で行ってきた『青柳』の小山裕久氏は、「フランスの日本理解がここまで来た」という感慨とともに、「我々の交流は第2ステージに来た」と述べられました。

　午前中は同校「上級バチュラークラス」の生徒を対象とした実習授業です。『京都吉兆 嵐山本店』の徳岡邦夫氏が「昆布と鶏から出汁を取る方法と旨味」を、『銀座天一』の料理長が「野菜と海鮮、かき揚げ」を課題に行いました。

　午後は、プロのシェフ達が対象です。デモンストレーションでは小山氏が加わり、「昆布締めのヒラメとオマール海老のはたたき」の実演、解説、試食を行いました。

　日本食材を持ち込むことなく、あえてフランス食材を用いたがゆえに、同じ料理人同士がフランス料理のテクニックと日本料理のテクニックの違いを語り合う交流も生まれました。結果、それぞれの技術が生み出された源の、料理の本質的な考え方に迫ることができたのではないでしょうか。

　例えば、フランス料理の考え方の基本が食材の「旨味を100％引き出す」ための理論であるなら、日本料理は「あえて100％引き出すことを避ける」という考え方です。それを徳岡氏は冷水に昆布を浸ける出汁の取り方で示しました。

　また小山氏は、和包丁と洋包丁の違いと、「切るという動作の日仏の違い」がいかに料理に影響を与えるかを示しました。

　1970年代から21世紀に入ってもなお、一方的にフランスに学んできた日本人の料理人は、今初めて対等な交流の緒に就いたのではないかと思います。こうした互いの違いを尊重しあう交流こそが、日仏両国で新たなクリエイティビティを生み出していくでしょう。

日本人シェフの大活躍

　近年、フランスガストロノミーの分野において、日本人シェフの活躍は目覚ましいものがあります。

　2018年「テタンジェ国際料理コンクール」で、関谷健一郎シェフ『ラトリエ・ロビュション東京』が優勝しました。

　2019年12月リヨンで開催された「パテ・クルート国際コンクール」では、塚本治シェフ『セルリアンタワー東急ホテル』が優勝しました。

　そして「プロスペール・モンタニエ国際料理コンクール」では2019年2020年と日本代表が連覇を果たしました。

　こうした結果から、今や「日本人シェフは世界一のフランス料理人」の声がフランス人シェフ達の間からも出てくるほどです。

　これは日本の「チーム力」の勝利、とも言えるでしょう。私達は40年来、様々な協会やコンクールなどの活動を通じてフランス料理のノウハウの普及活動を積み重ねてきました。2世代にわたる活動の継承が、今ようやく花開いているのだと言えるでしょう。

プロスペール・モンタニエ国際料理コンクール

　「プロスペール・モンタニエ国際料理コンクール」は、フランス料理界の「ゴンクール賞」と称される、フランスで最高の権威を誇る料理コンクールです。ちなみにゴンクール賞とはフランス文学賞最高峰であり、ノーベル文学賞や芥川賞と並ぶ世界の8大文学賞のひとつです。

　唯一フランス大統領の後援を得ている料理コンクールでもあり、

フランスで最も長い歴史があります。あのジョエル・ロブション／Joel Robuchonも優勝者の一人として名を連ねています。

　2012年第62回コンクールでは、当時「ホテル・ムーリス　パリ」の副料理長だった杉本雄シェフ（現帝国ホテル東京料理長）が日本人として初めて優勝しました。2014年には隈元香己シェフ「ホテルメトロポリタンエドモント」、2019年には林啓一郎シェフ『プレスキル』が5年ぶりに優勝して話題になりました。

　2020年2月3日、記念すべき節目を迎えた「第70回プロスペール・モンタニエ国際料理コンクール」では、レストラン『アサヒナガストロノーム』に勤める安達晃一シェフが優勝を果たしました。日本人として4人目の素晴らしい快挙です。

　ちなみに安達シェフがこのコンクールの日本代表権を獲得したのは、2015年11月18日に行われた第16回「メートル・キュイジニエ・ド・フランス "ジャン・シリンジャー杯"」（主催（当時）：フランス料理文化センター（FFCC））で優勝したからです。

　せっかくの機会なので、「第70回プロスペール・モンタニエ国際料理コンクール」の詳細をご紹介しましょう。

≪課題≫
前　菜：仔羊の内臓のベアティーユ
メイン：舌平目のスフレと3種類のガルニチュール
　　　　（直径20cmのヴォルオヴァン他2種類）
　8人前を用意し、メインはプラトーでのプレゼンテーション。
　前菜・メイン共にとてもクラシックな料理課題で、とりわけ仔

羊の内臓料理は日本はもとよりフランスのレストランでも、今やほとんど提供されることはありません。

≪審査委員≫

　コンクール70周年とあって厨房審査委員、試食審査委員共に全員がモンタニエコンクールの優勝者のみで構成されていました。

　審査委員長はジャン・フランソワ・ジラルダン/Jean Francois GIRARDIN（1981年優勝/1993年MOF）で、MOF協会の会長でもあります。

　試食審査委員は最年長80歳を迎えた1955年優勝者ギイ・ルロゲ（元ホテル・リッツ総料理長）から30代の若手優勝者まで、まさに3世代の錚々たる優勝者が揃っていました。

フランス版ミシュラン 日本人初の3つ星獲得

　2020年1月末、パリで「フランスミシュランガイド2020年版」の発表があり、小林圭シェフが日本人シェフとして初めて3つ星に昇格して、大きな話題を呼びました。

　彼は長野や東京のレストランで修行した後、1999年に渡仏しました。南仏やアルザス地方の星付きレストランで地方料理を中心に学び、アラン・デュカスのレストラン『アラン・デュカス・オ・プラザ・アテネ』での7年間を経て、2011年パリに『レストラン ケイ』をオープンしました。

　それは「名ソシエ」として長年2つ星を守ってきたMOFジェラール・ベッソン/Gérard Bessonシェフの店を買い取ったという大

冒険だったのです。

　私はベッソンシェフとは1990年からお付き合いをしており、引退
されるというお話はかなり前からお聞きしていましたが、2010年
「FFCC20周年ガラディナー」の席上で、小林シェフを紹介された
のです。「ケイがコック・エロン（ベッソンシェフのレストランの
ある通りの名前）の主になるんだ！」と。「ケイは素晴らしい料理
人だ。3つ星を目指しているよ」とも伺いました。

　日本人シェフが？と大変驚いたものでしたが、ベッソンシェフの
予想通りその翌年には1つ星を獲得して注目を集め、2017年には2
つ星、そして2020年には3つ星となったのです。

　その発表の直後パリでベッソンシェフにお会いした時には我が息
子の快挙のように喜んでいらして、その姿がとても強く印象に残っ
ています。

　私も早速お祝いの連絡をしたところ、小林圭シェフ自身は決して
舞い上がるのではなく、「先輩達が頑張ってくれたから今の僕達が
ある。中村シェフから今までに時間がかかりすぎて申し訳ない思い
がある」という、先人に対する感謝の言葉が心に残りました。

日本のテロワール

　地方創生において、食材や料理は大きな観光資源です。

　かねてから私は「日本では、地方の食材をフランスのように上手に活かしきれていない」と感じていました。でもようやく、テロワール（地域独特の気候、風土と文化）に根付いて、自分の才能を開花させるシェフ達が地方でも登場してきました。

　しかしながら、まだまだ広く周知してもらえる機会に恵まれていません。日本のミシュランガイドでもメディアでも、紹介されるのはやはり主に大都市圏のお店となりがちです。

　フランスのミシュランガイドは、1900年の発刊以来「自動車で地方の美味しいレストランに行くためのツール」というコンセプトを守っていますから、伝統的に地方店の比重は圧倒的に高いです。ぜひ日本のミシュランガイドも県単位のガイドブックではなく、全国版を出版することで地方全体への注目度を上げてほしいと思います。

　ここでいくつか事例をご紹介したいと思います。基本的に地方の観光産業は地方自治体が動かなければなかなか前に進みませんので、各自治体に対する提言という意味も込めたいと思います。

広島県は人材育成

　広島県には宮島という世界遺産の観光地があります。しかしなかなか滞在や宿泊に結び付かない、というのが広島県の悩みでした。

　そこで広島県は、随分前から観光資源として食に注目し、レスト

ランの人材育成の後援をすることにしました。そしてその活動を継続していくという、強い意志も持っています。

　根底にあるのは「富裕層の観光客が滞在するには、食が欠かせない」という認識です。確かにお好み焼きやもみじ饅頭は有名ですが、それは日帰りでもOK。また元々広島の食材は美味しいので、牡蠣のように生でそのまま食べても焼いて食べても十分満足できますが、それだけでは多様性に欠けてしまい、観光客を滞在型に引っ張るエンジンとはなりにくいのです。

　広島の食レベル向上を目指して6年前から開催しているのが「広島シェフコンクール」です。洋食（フランス料理）と和食（日本料理）の部門があり、広島県外者であっても将来県内で働くという条件下では応募が可能です。

　28歳以下の広島の未来を背負う有能な若き料理人を見出し、育成するプログラムですが、そこにはいくつかのルールがあります。

　まずは、広島の食材を使った料理コンクールで入賞することです。

　そして、フランス料理部門入賞者は「フランス料理留学コース＠フェランディ校/パリ」に参加して、フランスで1年間修行することです。これは義務というよりご褒美ですね。

　この留学コースについては後述しますが、フェランディ校で極めて内容の濃い講習を受けた後は、フランス全土に散らばる星付きレストランでの現場研修となります。とはいえ、広島の参加者は年齢が若く現場経験も長くありません。

　留学コースでは、研修先レストランと研修生のマッチングが一番大きな課題です。そこで若い彼らには最初は1つ星クラスでオーナーシェフが父親のように親身になって面倒を見てくれる店を紹介し

ます。多くは地方の町の一番店で、料理もクラシックな傾向が強い
からです。

　次に、２つ星で技術的に高いレベルの料理を学びます。

　そして最高峰の３つ星レストランで今のトップレストランに求め
られるものの厳しさを体感し、大人数の厨房の組織体制を学びます。

　最後のルールは、帰国したら最低８年間は広島県内で仕事をする
ことです。実際に広島で働いてもらうために、留学の費用は一応貸
し付けの形にして、８年間勤務したら返済を免除するという仕組み
です。留学費用は、１年間滞在して保険や飛行機代を加えると300
万円位になりますが、広島県は毎年１〜３人を送り出しています。

　第１回優勝者の小竹淳也君は、留学中にアレクサンドル・ゴチエ
/Alexandre Gauthierの『ラ・グルヌイエール/La Grenouillère★★』
（P307参照）で１年間修行しました。本来なら帰国するところです
が、シェフに労働ビザを取得してもらい、その後３年間同店で働き
ました。帰国してからは約束通り地元広島で仕事していましたが、
現在は2019年のフェランディ留学生である外山和巳君とともに、江
田島で新しいレストランを立ち上げる準備に勤しんでいます。ゴチ
エシェフも楽しみに待っているそうです。

　外山君は東京在住でしたが、すでに広島に移住しました。もとも
と地方でフランス料理をやりたいと思い、広島のコンクールに応募
したそうで、留学コースのプログラムでフランスの地方レストラン
数件での修行を経て、ますますその意識を高めたとか。

　日本でもこうして地方を目指す若手料理人が出てきたことは、本
当に嬉しいことです。

広島県の取り組みはそれだけではありません。

彼らの研修先となったレストランのフランス人グラン・シェフを毎年招待して、国宝級の寺院での特別賞味会や講習会、パネルディスカッションなどを開催しています。この催しは広島のシェフ達とフランスの有名シェフの交流の場でもあり、またフランス人シェフが広島の食と風土を発見する機会ともなっています。

毎年この事業のコーディネートをしていますが、まず事前に広島の食材やお酒、地元作家の作品（陶磁器）などの情報をフランスに送ります。シェフの個性を生かした新しいレシピを考えてもらうのですが、同じ食材を前にして、地元のシェフとは全く異なる料理を発想することも珍しくありません。それは食材の生産者にとっても「目からウロコ」です。

シェフが来日すると、かつてのお弟子さんであるコンクール入賞者や地元のシェフ達が集まって共に料理を作り、これを提供するという、オンリーワンの美食のイベントとなっています。

2019年に広島県が主催したイベントの会場は、宮島中央部弥山の大聖院でした。メイン料理の「鶏胸肉のベルベーヌ風味」を盛り付けた皿には宮島のシンボルであるモミジの葉が配されて、後方には宮島の風景が広がります。小竹君とゴチエシェフのコラボレーションです。

こうした本当に長い目で見た人材育成と観光を結び付けた日仏交流の肝が据わった企画は、他の地方自治体にもぜひ追随してもらいたいものだと思います。

青森県八戸はブイヤベースで

　青森県八戸は「八戸ブイヤベースフェスタ」というユニークなイベントで、八戸の食を盛り上げています。コーディネーターは結婚によって八戸に移住した早狩理絵さんです。彼女とはFFCC時代に共に仕事をしてきましたが、東京を離れても食文化振興の仕事ができることを自ら示してくれました。

　ブイヤベースは、マルセイユの有名な郷土料理です。本来はレストランの高級料理ではなく、漁師が自前で作ったと言われる煮込み料理で、材料も地中海沿岸で獲れる地元の魚です。

　八戸は自他ともに認める魚の町、けれども2011年の東日本大震災では港も大きな被害を受けました。八戸の魚の価値向上による震災からの復興、そして八戸発新しい魚食文化の発信を目指して2012年に第１回フェスタを開催しました。地元八戸港に水揚げされる魚介類を最低４種類以上使って、野菜（ハーブ類、にんにく、トマト等）もできるだけ地元産のものを使います。

　以降、毎年フランス大使館の後援を得て、２月１日から３月末まで、地元14店のレストランが一斉に「私のブイヤベース」を提供しています。２か月間での提供食数は約１万食、累積提供食数はなんと８万食です。近年は東京近郊での出張イベントも開催しています。フェスタによって八戸の魚介を多くの人に知ってもらい、観光客の足が途絶えがちな冬の観光コンテンツとする、という目的もしっかりと果たしているのです。

　特筆すべきは、協力体制です。在日フランス大使館、八戸市、八戸商工会議所などが後援し、地元の金融機関や新聞社、漁業組合、ホテルなど幅広い業種の企業が協賛しています。

新潟で故郷への恩返し

2020年8月、新潟市内『Restaurant ISO』のオーナーシェフ磯部冬人君から、久しぶりかつ嬉しい電話をもらいました。

それは「今年出版される新潟ミシュランガイドで1つ星をもらった!」というニュースでした。ガイドブックの在り方については諸々意見がありますが、シェフにとっては大きな成果です。店の将来のためにも本当に嬉しい知らせでした。

新潟県長岡市に生まれた磯部君は、子どもの時には「手品師」になりたかったとか。みんなを喜ばせる仕事だからです。長じて自分のクリエイティビティを活かす「画家」になりたいとも考えました。

でも、いずれの職業もどうやら食べていくには難しそうだと思い至り、人を喜ばせなおかつ自分の創作力を生かせる仕事として「料理人」になろうと考えついたそうです。

フランスで日本人シェフとして初めてミシュランガイドの星を獲得した中村勝宏シェフに憧れてホテルエドモントに就職しますが、2年半経つとフランスへの思いが募り、単身渡仏します。フランスに行きさえすれば料理の修行ができるのではないかと考えたのです。

フランスでは語学学校には通えますが、ビザの関係でレストラン研修はできません。その時「フェランディ校/パリ」留学の話を耳にして、フランスからFFCCに電話をかけてきました。その時のことはよく覚えています。多くの料理人達の電話相談に乗ってきましたが、国際電話での相談はさすがに私も初めてでしたから。

フェランディ校留学を果たしたのは、1999年24歳の時でした。「世界が広がった」と言います。本人によれば「ガストロノミーなフランス料理に至るための道筋が見えた」のです。何が大切なのか、何

を学んでいくべきなのかが掴めた、ということでしょう。

研修先は『アラン・シャペル★★』、『ラ・ピラミッド★★』、『ラ・パルムドール ホテルマルチネス/La palme D'Or -Hôtel Marrtinez★★』などの名店のほか、リモージュに近い田舎町で伝統的なレストランをファミリーで経営している『ラ・コネット/La Cognette★』など多岐にわたりました。

とりわけ『アラン・シャペル』のフィリップ・ジュスシェフに深く感銘を受け、帰国後ワーキングビザを取得して再渡仏し、『アラン・シャペル』で働くことができるようになりました。

ジュスシェフは、しばらくの間神戸ポートピアホテルのレストラン『シャペル』にシェフとして赴任していました。1990年秋にアラン・シャペルが急逝すると、フランスに呼び戻されて本店のシェフに就任し、その後店がクローズするまで店を支え続けた人です。

1995年「ローヌ・アルプ・オ・ジャポン」以来何度も来日してもらいましたが、本当に誠実で控えめな人柄で、磯部君だけではなく多くの日本人料理人がファンになりました。「シャペルの料理哲学」をまさに体現して継承していたシェフだったと思います。

帰国してから、磯部君はいくつかの職場でシェフを務めました。ここで大きな出会いに恵まれます。ソムリエの世界の重鎮、熱田貴さんです。熱田さんのレストラン『東京グリンツイング』には私も随分お世話になりましたが、素晴らしいワインとサービスには美味しい料理が必須です。

磯部君はこの店で５年間、シェフを務めました。料理は本当に自由にさせてもらい、ただ「ワインに合う料理を」とだけ求められた

そうです。「熱田さんと熱田さんを慕って集まるお客さんのおかげ
で、フランス料理とワインを学ぶことができただけではなく、大き
な意味の『フランスの食文化』に触れることができたように思う」と、
磯部君は述懐します。

　熱田さんは、日本で多くの優秀なソムリエを育成しただけではな
く、若い料理人の目をも開かせてくれたのです。

　次の出会いは『ラ・ネージュ東館』の塩島和子マダムです。
　私が塩島マダムに磯部君を紹介したのは、磯部君が将来故郷に帰
ってレストランのオーナーシェフになるという夢を持っていたから
です。まだフランスと東京でしか仕事をしたことがないのにいきな
り地方でオーナーシェフになるのは難しいのではないか、地方での
「雇われシェフ」の経験が必要ではないか、と考えたのです。
　また、塩島マダムは「本物」を愛する人です。『ラ・ネージュ東館』
のしつらえはフランスの高級オーベルジュを彷彿とさせます。お客
さまも「本物でかつ地元の食材を活かした」フランス料理を求めます。
　ここで磯部君の料理は大きく進歩しました。「白馬（長野県）で
なければ食べられないフランス料理」を探求し、評判をとるように
なったのです。彼が28歳から33歳までの間、塩島マダムはオーナー
であるだけでなく厳しい食べ手であり、サービスを通じたお客さま
との繋ぎ手であり、また母親の役割も果たしてくれたと思います。
　ところで、マダムと私の唯一の心配事は「お嫁さん」でした。
　レストランを立ち上げる前に、ぜひともいいパートナーを見つけ
てほしい。けれども彼は生産者の農家のおばあさんには可愛がられ
るけど、若い人とは…。農家に娘や孫はいないのかしら？　どこに
も遊びに出かけないしとにかく厨房にこもって料理ばかりで、これ

では出会いもないじゃない！と、二人でやきもきしたものです。

　白馬で初めて「日本テロワール」の料理に目覚めた５年間を経て、いよいよ独立を目指して新潟に帰りました。佐渡の旅館のフランス料理レストランでシェフを務め、佐渡の食材や新潟の食材をしっかり勉強し、そして新潟市内の元老舗そば店を居抜きで購入して『レストラン イソ』をオープンしました。

　この報告に来た時なんと婚約者を同行してくれたので、これなら大丈夫、とひと安心したことでした。けれども新潟でビストロではなく正統派フランス料理で行くという方針には正直、経営は大丈夫だろうか、お客さまは来てくれるだろうかと、心配でもありました。

　実際、開店当初は新潟でフランス料理は求められていないのかと悩んだ時期もあったそうです。けれども４年半経ってリピーターのお客さまが付き、「新潟でこんな料理を作ってくれてありがとう」という声をいただくことまであるそうです。食べ手の応援団は、最も大事です。

　また、鮑やノドグロなどはその土地でしか扱えない鮮度と質を大切にしていたので、魚屋さんも「地元の店を応援したい」と、いい食材を回してくれるようになったと言います。生産者との繋がりが東京より深く濃いのも、テロワールの料理を支える大切な要素なのでしょう。

　最後に料理への思いを聞くと、「故郷への恩返しです。フランスや東京で学んできたフランス料理を、故郷の地でお客さまに楽しんでいただきたい。そしてフランス料理が日本各地の“故郷”にもっと広がりを持っていければと願っている」と明言してくれました。

　日本のテロワールは、彼らの手によって継承されていくのだと思います。頑張れ！

宮崎も食材で勝負

　私が勝手に「愛弟子の一人」と思っているのが八田淳君です。

　1992年FFCCマスターコース（若手対象のフェランディ校留学）卒業生ですから30年近いお付き合いということになります。

　1年間の留学では、ロワールの当時の名店『ジャン・バルデ/Jean Bardet★★』を筆頭に、ノルマンディー地方の都ルーアンでは「カナルディエ協会」主催者であるミシェル・ゲレ老シェフの店『オテル・ド・ディエップ/Hôtel de Diêppe』などで腕を磨きました。

　帰国後ホテル勤務を経て再渡仏。アルザス、ロワール、コートダジュール、バスクなどの地方を回り、ビストロの本場パリへ。勉強を重ねた3年間でした。

　帰国後は東京ディズニーリゾートのホテルに勤務。順調にキャリアを積んでいく中で、料理コンクールにも挑戦しました。

　2008年「第13回メートル・キュイジニエ・ド・フランス"ジャン・シリンジャー杯"」では2位に入賞します。日仏交流150周年を祝う記念の年で、フランスからは7名のグラン・シェフが来日して審査に当たった大会でした。

　そして2年後、生まれ故郷の宮崎に帰って店をやる、という話を聞きました。当時はこのままホテルで上を目指すものと思っていましたから、正直「なんてもったいない」と思ったものです。

　2013年10月に八田君は、宮崎市で『bistroマルハチ』という店を開きました。

「売り」はフランスから直輸入したロティスリーオーブン。鶏や鴨、季節にはジビエなど。丸ごとの見事な食材をテリテリ焼いて豪快なフランス料理を供しています。

フランス地方料理を手掛けつつ、フランス料理の原点パテ・クルートコンクールにも挑戦しました。パテ・クルートとは、パテを生地で包んだ最もベーシックなシャルキュトリーであり、フランス料理でもあります。ですからこのコンクールの参加者はフランスでも、料理人とシャルキチエの2分野にまたがっています。

さて、テロワールの話ですね。

八田君は「テロワールの料理を作るために宮崎に帰る」という意識は全くなかったそうです。けれども日々の仕事で扱う食材は90%が地元食材。毎日の仕事の積み重ねから自然と「テロワール」を実感するという話を聞かせてくれました。たしかに流通に時間がかかると、食材は必ず劣化します。それなら地元のものの方が絶対美味しいはずです。

最近注目しているのは、野菜です。宮崎の野菜はとても力があって、ブランド野菜も少なくありません。また、宮崎の人は経験的に野菜の美味しさをよく知っているのです。

そこで、メインで野菜を出すこともあります。例えば「綾のニンジンのムース」。宮崎市から山に向かって30kmほどの綾町で獲れたニンジンに必要以上に手を加えないようにして、味付けは塩のみ。しかもその塩は、県北の角川町で取れる美味しい塩です。

宮崎の魚は東京でも注目されていて、『ロオジエ』や『エスキス』など銀座の有名レストランでも使っています。また京都の鱧の8割

は「金鱧」といって、宮崎産です。伊勢海老も圧倒的な獲れ高を誇っていて、大分県南部から宮崎南部までの海岸線は伊勢海老街道と呼ばれています。

お肉も負けていません。宮崎牛は今や全国区ですが、豚も鶏もブランド銘柄を持つほど美味しい。なにより素晴らしいのは、ジビエです。宮崎は風習的にジビエを食べ慣れているので、雉の養殖やウリボーの加工場がありますし、イノシシや鹿なども豊富なので、安くていい状態で手に入れることができるそうです。まさに、食材の宝庫です。

とはいえ、八田君も東京で働いているときは、宮崎のことをそこまで知らなかったようです。また、宮崎の食材を東京で使ってはいたけど、東京では味が微妙に違っていたとか。

独立以来、日々身近にある食材に接し、「東京は、なんでもあるけど本物はなんにもない」と実感するようになり「本当のテロワールを味わいに来てほしい！」と、胸を張るまでになりました。

週末は地元のお客さまが来てくださり、遠路東京からもお客さまが来てくださるのは、地元にしっかりと根を張った証だと思います。

今は新商材の開発にも取り組んでいて、例えば「めひかり」という魚のアンチョビや魚醤を展開したいと準備しています。

その土地にいるからこそ本物の食材と出会い、その食材に敬意を表し、料理の世界をさらに広げている八田君は、日本テロワールの担い手の一人です。

日本のガストロノミーの課題

　世界は大きく変化しています。エスコフィエやモンタニエの時代には考えられなかった地球環境の変化は、今やだれの目にも明らかです。

　私達の子ども時代、これほど多くのアレルギー患者がいたでしょうか。また食材の変化も著しいものがあります。

　イワシなどは季節になると一山幾らで売られていました。また福井県出身の私にとってサバは庶民の魚で、子供時代は食卓に上るとがっかりしたものです。今のような「ブランドサバ」になるとは、想像もつきませんでした。

　どうやら、私達は豊かな自然に甘えすぎていたようです。もっともっと自然の恵みを大切にして、そして地球の未来を丁寧に考えなければならないときが来ているのでしょう。

　フランスでは例えば、マグロはシェフ達の申し合わせで一定期間レストランでは提供しない時期がありました。料理コンクールでも「食材の無駄」は大きな失点となります。

　「持続可能なガストロノミー（食にまつわる文化）」が求められているのは、日本も同じです。そしてシェフ達だけではなく、「食べ手」である私達も同じ目的を共有していくことが、ガストロノミーを次世代に繋ぐために不可欠だと思います。

第 4 章

日本とフランスの食文化戦略

私は料理学校に通った経験がありませんし料理人でもありません
から、日本のフランス料理に関わる人材育成について語る資格があ
るとは思っていません。けれども、フランスのメソッドについては
少しお話しできるのではないかと思っています。

　私は1980年代半ばからパリの「フェランディ校」とお付き合いす
るようになり、教授を日本に招聘して講習会を開催する一方、フラ
ンス料理留学を運営してきました。
　運営といっても事務仕事だけではなく、日本人プロ料理人の研修
生をフェランディに連れて行き、フランス料理実習授業では厨房に
入って、講師となった教授やシェフ達と日本人研修生の「通訳」を
務めました。今までのフランス滞在全時間の50%以上はフェランデ
ィ校にいたことになるのではないでしょうか。カウンターパートと
なる校長先生も、現在のブルノ・ド・モンテ氏で４代目となりました。
　つまり、かなり多くの時間をフランスにおけるプロフェッショナ
ル人材育成の現場で過ごしていたことになります。
　そして、フェランディ校が所属するパリ商工会議所とのお付き
合いに発展しました。1990年には「フランス料理文化センター
（FFCC）」がパリ商工会議所と東京ガス株式会社（以下、東京ガス）
の提携合意により設立されました。過去のガラディナーではパリ商
工会議所会頭が何人も参加してくれましたし、フランスでの活動に
ついても、様々な支援をいただきました。
　なぜパリ商工会議所は、日本のフランス食文化振興にそこまで注
力してくれるのでしょうか？
　この章は、この問いに対する私なりの答えです。

フランスの戦略

　日本で私が関わったフランス料理教育は、フランスとの協働なくして成し得ませんでした。そこでまず、フランスにおける「食戦略」の概要をお伝えしたいと思います。

　ざっくり言うと、「モノ」については「フランス政府」、「ひと」については「商工会議所」という棲み分けが見られます。

≪モノ≫

　日本では1980年代に「クラブ・デ・トラント」に代表される多くのフランス料理の帰国シェフが有名になり、「フランス料理ブーム」がやってきました。

　それに呼応するかのように、フランス政府は1985年にSOPEXA-Japon（在日フランス食品振興会）を立ち上げ、フォアグラに代表されるフランス農産品の日本向け輸出に注力するようになります。

フランス食品振興会（SOPEXA）

　SOPEXAとは、フランス産の農林水産物などの存在価値を高め、輸出促進を図るために1961年に設立されたフランス政府の外郭団体で、日本におけるフランス料理の発展に大きな足跡を残しています。

　2007年に完全民間団体となり、2011年からはフランスだけでなく世界各国の農産物や食品、飲料を取り扱う一般企業になりました。

　日本では、1980年代に帰国した多くのシェフをバックアップする

という目的もあって、1986年にSOPEXAによるコンクールが日本で開催されました。それは「フランス食材を使用した、日本人が作る、日本のフランス料理コンクール」です。3つ星シェフ、ジョエル・ロブション『ジャマン/JAMIN パリ』と、小野正吉「ホテルオークラ東京」の二大巨匠がコンクールの運営を担い、日本のトップ・シェフがこぞって参加しました。

また、日本で初めての「ソムリエコンクール」を開催し、今日の日本ソムリエ協会の基礎となる人材を輩出しました。その後、ワインブームは定着していったのです。

≪ひと≫

一方、民間を束ねる「パリ商工会議所」は人材養成を担いました。「モノ」が動くためには、「ひと」が必要だからです。

フランス料理人がいない限りフランス食材が必要とされず、それでは商圏は広がりません。ノウハウのないところにいくらフォアグラを買え、といったところで購買量は上がらないからです。

フランス料理のノウハウを担うプロがしっかり育ってこそ、フランス食材の輸出が見込めるわけです。
そしてプロが使えばやがて一般にも購買の層が広がっていきます。

パリ商工会議所

　商工会議所といっても、日本のそれとはかなり性格が異なります。巨大な半官半民の組織として独立していて、強大な権限・権力を持っています。空港やパリ近郊の大規模な見本市会場を運営するなど、「独自に営利事業を行う組織」でもあります。また、大統領が外国を訪問するときには必ず、会頭が同行して民間レベルの交渉に当たっています。パリだけでなくフランス各地で商工会議所が活動しており、それぞれ大きな力を持っています。例えばマルセイユのマルセイユ空港は現地の商工会議所によって運営されています。リヨンの空港や見本市会場なども、全て地元商工会議所の運営です。

　ミッテラン大統領以降、フランスは地方分権が進み、地方議会が大きな予算をもって地方の運営をしています。この当時フランスには22地方があり（現在は統合が進み13地方）、それぞれが地方商工会議所と連携しながら「地方振興」に尽力していたのです。

　とりわけ観光の振興は大きな課題で、ローヌ・アルプ地方観光局は1995年当時すでにヨーロッパ大都市だけではなく、ニューヨークや日本でもイベントを行っていました。

　もう一つの特色が「人材育成」です。なにしろ商工会議所の創設者はあのナポレオンです。ですから、軍人養成学校に始まり、現在は様々なプロフェッショナルの養成学校を直轄で運営しています。

　ビジネス系ではHEC（高等商業学院）を筆頭に、革細工や木工、コンピューター、写真など、現代でも各種スペシャリストを養成する学校を10校ほど運営しています。例えば革細工では、最高級ブランド「エルメス」に就職できるほどのレベルです。

フェランディ校

　そして、会頭自らが「我々パリ商工会議所の宝だ」と称するのが、食の分野を網羅する「フェランディ校」です。フランスは資格がものをいう国です。料理人はもちろんのこと鮮魚店から精肉店まで、食に関わるありとあらゆる分野で国家試験があります。

　フェランディ校はこれらの国家試験を網羅する、食の全分野のプロフェッショナル養成を担うトップクラスの学校なのです。

　フェランディ校には、CAP（職業適性証）などの取得を目指す若い学生が約1000人、またそれとは別にプロが企業研修という形で年間延べ3000人、テーマ別の講座を受講しています。調理技術は日進月歩で新しい器材もどんどん開発されていきますから、現場の料理人達も時代に即したノウハウをキャッチアップしていく必要があるのです。

　学生の場合、6月に国家試験があります。座学と実習の二本立てで、試験会場校の先生だけではなく、他校の先生達が試験官として来校し、実地試験を監督するシステムです。調理師専門学校を卒業すれば自動的に調理師免許が取れる日本とは趣が全く異なります。

　フェランディ校は常に90％以上の合格率を誇っていますが、中には合格率が一桁という学校もあります。

　プロの場合は、テーマ別の短期研修で、再教育をしています。

　またそれとは別に1986年「単なる料理人ではない、グラン・シェフの養成コース」、「単なるサービス人ではない、支配人養成コース」として「Ecole supérieure（上級学校)」が創設されました。

　経営・管理能力を持った料理人とサービス人の育成に、いち早く乗り出したのです。

現在フェランディ校では、１教室あたり最大約14名のクラス編成です。厨房教室は料理、パティスリー、ブーランジュリーと分かれ、実習レストランも２軒あります。

上級学校であっても、料理人は料理を、サービス人はサービスを基礎からしっかり学びます。担当教授はMOFシェフを中心に、加えて毎月外部からグラン・シェフやメートル・ドテル達がやってくるという素晴らしい環境です。もちろん星付きレストランでの現場研修もあります。マネジメント・経理も必須科目です。

卒業試験となると、シェフだけでなく銀行や保険会社、建築関係の人など様々な職種の試験官が審査に参加します。「自分がレストランをオープンして運営する」というシミュレーションが課題だからです。

こうして経営にも明るいシェフや支配人候補者達が、ここから巣立っていきます。短期間で人気ビストロ・レストランのオーナーシェフになっている卒業生もいて、パリで人気のビストロ『Septième』『L'épi du Pin』『Z Kitchen Gallerie』などは、その一例です。

ちなみに80年代の１期生は「ロブション・クラス」と言われている人達で、リヨンの代表的なシェフ、マチュ・ヴィアネイ『Mère Brazier★★』も卒業生です。元々料理人ではありませんでしたが、フェランディ上級学校で一から学び、卒業後はいきなり『ガール・ド・リヨン/Gare de Lyon リヨン駅』のサンドイッチから料理までのすべてを統括するシェフになりました。その後モンパルナスやリヨンの駅のレストランシェフを経験し、独立して、リヨンの名店を継いでMOFを取り、２つ星を獲った異色のシェフです。

フェランディはトップ・シェフを養成する学校を作って、多彩な人材を輩出しているのです。

「モノ」と「ひと」の両輪戦略

　1990年初頭に私がコーディネートした日本のコンクールやガラディナーに招聘したフランスのグラン・シェフ達は、トランクに一杯の「ゲランドの塩」を持参してきました。当時の日本の精製塩では「どうも味が出ない」と、首をかしげていたからです。彼らはそのゲランドの塩を使って料理を作っただけではなく、友人の日本人シェフへのお土産にもしていました。

　それがどうでしょう、21世紀になる頃から日本のスーパーマーケットでもゲランドの塩は当たり前に入手できる商品になりました。マイユ社のマスタードも、90年代にはレストランのシェフ御用達商品でしたが、今では普通に購入することができます。ワインに至っては、今や鮨屋でも居酒屋でも必ずあります。

　この30年で、川上（フランスレストラン）から川下（一般消費者）へと、フランス食品が大きく拡大していったことがわかります。

　これは「プロの人材を育成する」という戦略と「フランス食材を輸出する」という戦略が二本立てで遂行された結果です。

　今、日本も農産品の輸出に力を入れていますが、どうもバラバラに頑張っているように思えてなりません。日本産品の使用ノウハウつまり調理の技術という「ハード」だけでなく、その裏付けとしてどのような歴史と文化によって生み出されてきた食材なのかといった、いわば「ソフト」もセットにして輸出していかなければならないのではないでしょうか。

フランス料理文化センター（FFCC）

　1990年に立ち上がったフランス料理文化センター（FFCC）は、フランス政府にとっては日本への食品輸出増加に向けた長期的視点に立った取り組みでした。

　食材を使ってもらうためには、食文化を知ってもらわなければなりません。そこでフランス料理を学べる場を日本に作り、日本のフランス料理人を増やし、フランス食材の輸出が自然と増えていくことを狙った計画です。

　パリ商工会議所は、「ソフト」の供給としてフェランディ校の教授を派遣しました。

　「ハード」を提供したのは、東京ガスです。

　タイミングがいいことに、新宿に大きなショールームを1990年6月オープンさせる予定で、そこを「都市の食文化の発信基地」というコンセプトで活用したいと考えていました。

　そこでプロのシェフ達が料理を作れば、まさに「動くショールーム」です。講習会に必要な厨房も教室も整っていました。

　こうして2者が協力して、「フランス料理文化センター（FFCC）」が生まれたのです。

フェランディ校教授　サービス・料理講習会

　1986年に日本でSOPEXAが立ち上がった同時期、私はパリ商工会議所の委託を受けて、フランス料理の講習会とレストランサービスの講習会を開催しました。フランスからはフェランディ校の料理教授だけではなくシャルキトリー、パン、パティスリー、そしてサービスの教授も招聘しました。

　それまでの日本では「レストランサービス」が国家資格に値するようなプロフェッショナルの技能であるという社会的認識はとても少なかったと思います。サービスの現場に立つプロ達にも、サービスの重要性を広く訴えようという機運がまだなかったのではないでしょうか。

　真っ先に協力してくださったのが服部幸應先生です。

　3日間にわたるサービスの講習会を服部学園で開催しました。本1冊書けるくらい充実した内容で、各種デクパージュを中心としたゲリドンサービスのデモンストレーションでした。おそらくほとんどの参加者にとって、初めて本物のサービス講習会を目の前で見た経験だったと思います。

　料理講習会では、服部学園でのアントワーヌ・シェフェール/Antone Schaefersさん（フェランディ校教授）の講習会に100名を超すプロが参加。最前列に「ホテルオークラ」の小野正吉シェフが陣取られていらっしゃったことが記憶に残っています。

　日本中にフランス発のノウハウを学ぼう、という機運が高まっていた時期でした。

留学制度　現代フランス料理上級コース

　1988年には、初めてのフランス料理留学コースを立ち上げました。行き先はもちろん、パリの「フェランディ校」です。

　1990年以降はフランス料理文化センター（FFCC）で開催し、2017年以降はフェランディ校からの依頼を受けて株式会社オフィス・オオサワが引き継ぎました。

　プロの料理人を対象にした「現代フランス料理上級コース」への渡仏者は500人を超え、日本のフランス料理の現場の第一線で活躍しています。

　これまで2019年31期生までをお世話してきましたが、今でも１期生２期生の皆さんとお付き合いがあります。30年を超える友人であり、共に食の世界で生きてきた大切な仲間達です。

　2020年は日仏での感染症拡大により中止となりました。残念でなりません。

留学の目的

　この留学制度の目的は二つあります。
①フランス人シェフと同じ学び方で、フランス料理の基礎を身に
　付けること
②合法的にフランスのレストランで研修をすること

基本と流儀

　1980年代当時、日本とフランスの料理人の在り方には大きな差がありました。日本人はひとつのレストラン（あるいはホテル）に定

着すると、一生涯同じ厨房でキャリアを積むことが多く、またそれが良しとされていました。

　例えばソースのベースのフォンを取るときに、Aホテルでは香味野菜としてニンジンを入れる、Bホテルでは入れないといった流儀の違いがあります。しかし、それはあくまで一人のシェフの経験によって行き着いた「流儀」が伝統として受け継がれてきたものであって、他の厨房ではそれなりの流儀がまた存在しているでしょう。Aホテルの料理は、それがどんなに素晴らしくても、フランス料理の「基本」ではないかもしれないということです。

　フランスの料理人はまず、学校あるいはメートル（親方）のレストランで、国家試験レベルの「基本」を学び、レストランを数多く「旅する」ことによって「多くのシェフの流儀」を学びます。

　目的は「自分の流儀」、つまり自分のクリエイティビティに行き着くためです。逆に言えば、自分の親方の流儀を金科玉条のものとして守っているだけでは、自分のクリエイティビティを生み出すことはできないということです。

　サービスもまた然りです。国家試験レベルの「サービスの基本」を習得すれば、ビストロから３つ星レストランまで、それぞれの店のサービス方法と運営はその店の流儀として、基本をベースに変化させていくことができます。

　フランス料理の潮流が様々に変化し、料理が変わり、器が変わり、テーブルのしつらえが変わっても「基本」のところは変わっていません。黒服であろうとカジュアルな装いであろうと、サービス人の「もてなしのプロとしての役割」は変わらないのです。

　「基本」と「流儀」を混同してはならないのだと思います。

≪第1回フランス料理留学（1988年）≫

　すでにフランス料理の仕事をしているプロフェッショナルが集まりました。参加者は15名だったと思います。

　いきなりフランスに乗り込むのでは不安があります。まずはフェランディ校からシェフを招聘し、東京と京都で1か月ずつ講習を行った後に渡仏しました。パリのフェランディ校で1か月学び、フランス各地のレストランで現場の研修を行いましたが、大部分の人達は、学生ビザによる期限いっぱいの1年間のフランス滞在を経て帰国しました。

　当時の日本はフランス料理がとてもブームになっていましたが、「フランスは、パリ！」みたいな気運がありました。パリの料理は都会の料理であり、それを期待して世界からやってくる観光客は無視できません。そこでは流行の先端を行く洗練されたフランス料理が求められました。一方地方には「テロワール」と表現されるように、その土地の風土で長年育まれてきた独特な食文化の中に料理があります。今も昔も「地方料理」は、一つのジャンルとして立派に確立しているのです。

　私は最初のフランス経験が地方だったゆえに、「フランスはパリだけじゃない」「地方にも行かないと、フランスを知ることはできない」という強い思いがありました。中村勝宏シェフも、「パリだけにいくら長くいても、フランスの各地方の風土を知らずしてフランス料理は学べないし、語れません」とおっしゃっています。

　そこで「フランス地方研修旅行」をプログラムに組み込みました。

　プログラムは私の要望に沿ってパリ商工会議所が組み立ててくれ

ましたから、旅行者ではなかなか入れない生産の現場を見ることもできたのです。

　この旅行で私も研修生と一緒にフランス各地の星付きレストランを食べ歩いたおかげで、グラン・シェフ達の面識を得ることができ、また食材の生産地を訪問して直に生産者と出会う機会もできました。

　そのうえ日本に招聘したグラン・シェフを在日中にお世話した研修生が、そのレストランで現場研修をすることができるようにもなりました。面識のないシェフのレストランに、ミシュランの星だけを頼りに日本人研修生を送り込むことはできません。レストランの料理はもとより、何よりもシェフの性格や人となり、厨房の雰囲気を知っていて初めて、日本人の研修生にそのレストランを推薦することができるのです。

　これは現在に至っても変わることのない私の流儀です。

≪FFCC料理人留学プログラム≫

　1990年からFFCCで主催した留学では、技術がなければフランスでついていけないので、勤務経験７年以上を参加資格としました。定員は最大15名。フェランディ校の講師（シェフ）に対して、生徒は10人から15人までという決まりに合わせたからです。

　まずはFFCCでの国内研修。デモンストレーションと実習で１か月間基本をみっちりと学びます。2004年まではアントワーヌ・シェフェールシェフが実習を担当していましたが、同シェフの帰国後は中村勝宏シェフのほか、田中健一郎シェフ、福田順彦シェフ、高良康之シェフなど錚々たる講師陣が分担してくださっていました。残念ながら、2020年以降は国内研修が割愛されることになりました。

　フェランディ校での料理実習は、パリ滞在1か月のうちの2週間です。今の現場では昔のように仕事中に基礎を身に付ける時間がなく、食材もある程度手が加わった状態で納品されるようになってきていると聞きます。それは時短のため仕方ない部分もありますが、若い料理人の基礎力が落ちていくことは否めません。

　フェランディでは、例えば骨付き肉の塊をきれいに掃除して、ポーションに切るまでの作業をMOFの講師の指導の下に学び、MOF試験の課題のレシピの再現を通じて、古典的な技術を身に付けます。

　一方、「フランスの今」もテーマとなります。星付きレストランで現在お客さまに供されているレシピをシェフと共に再現するのです。全ての料理はお客さまのようにテーブルについて一皿ずつ試食し、自分が担当した料理の情報を全員で共有し、感想や批評を述べます。

　修了試験後は、フェランディ卒業生として各地のレストランでの研修に赴きます。日本のフランス料理のレベルがいくら高くても、やはりフランスの食材や食材に対する向き合い方は全く違います。また、地方によって、土地の個性があります。

　フランス留学における最大の収穫は「外してはいけないことと、自分が勝手にしてもいいこと」を知ることでしょう。

　一つの厨房でだけ仕事をしてきた人は、その見極めがつかないので外してしまうことを怖いと思ってしまいます。逆に何も知らない人は、なんでもいいやと思ってとんでもないものを作ってしまいます。こうした見極めができるようになって初めて「料理って楽しいんだ！のびのび作っていいんだ！」と思えるようになるのかもしれません。

　「フランスから帰ってくると、人が変わったな」と、毎年そう感

じます。フランス留学は、料理の技術だけではなく、厳しさと楽しさの両方を発見する機会なのかもしれません。

　フランスに行く人は、皆さんやる気があって優秀です。昔は一匹狼の参加者が多かったのですが、最近は研修の一環としてホテルやレストラン内で選抜されて参加する人が増えています。今多くの総料理長は50～60代で、40代はリストラの波を受けた世代、さらにその後を担う若い人も層が薄いのが現状です。経営者サイドにとって将来を見据えた後継者育成は大切な課題となっているようです。

　人は一朝一夕に育ちません。時代や流行がどんなに変わっても時間をかけた人材育成は必ず必要とされるでしょう。

2019年「フランス料理留学コース＠フェランディ」の概要

　2019年の場合、フェランディ校集中講義は6月25日から始まりました。渡仏後、滞在許可証申請などの手続きをしながら、1週間にわたる特別授業です。

①ワインとチーズのデギュスタシオンについて（2日間）
②ランジス市場（パリ郊外の超巨大市場）見学
③シャルキュトリー「ジル・ヴェロ/Gilles Verot」のアトリエ見学
④パラス級ホテル（5つ星ホテル「ブリストル」）見学
⑤注目のレストラン（『オギュスト/Auguste★』）試食
そして厨房での実習に入ります。

　講師陣は日替わりでフェランディ校のMOF教授や校外グラン・シェフ達が担当します。料理はMOFのクラシックな技術をベースにしたものから、2つ星グランメゾンが今、顧客に提供している料理、新しいパリの潮流を体現している料理など、多様なフランス料理の今をしっかりと学ぶことができます。

≪講師陣≫

マーク・アレス（フェランディ校教授）

MOF/トレトゥール部門でMOF を取得しているという異色の
シェフ。料理とパティスリーが必要とされる部門だけあって、
感性はむしろパティシエ。

ガエル・オリユー

『オギュスト/Auguste★』オーナーシェフ/ノルマンディー出
身/フェランディ校卒業生。バターの使い方が特色。あれだけ
のバターを使いながら、なぜか仕上がりは軽い。国会議事堂そ
ばの立地から政治家の顧客が多い。

ジェローム・ルミニエ（フランス上院議長付きシェフ）

2007年MOF。エリザベス女王をはじめヨーロッパの賓客をも
てなす実力派シェフ。技術の高さに定評がある。

ファビウス・デヴィーニュ（フランス上院議長付きシェフ）

MOF/2007年ボキューズ・ドール・コンクール優勝者。先のジ
ェロームシェフに鍛えられ、ついに世界大会優勝へと駆け上が
った技能派。

ステファン・ブロン

2002年テタンジェコンクール優勝/2004年MOF/クールシュベ
ル『ル・シャビシュー /Le Chabichou★★』。シェフには毎年研
修生を受け入れてもらっている。

アントナン・ポネ

『キンスー /Quinsou★』オーナーシェフ。今パリで注目のレス
トランオーナーシェフ。

エリック・トロション

フェランディ教授/2011年MOF/『セミア/Semia』『ソルステ

ィス/Solstice★』オーナーシェフ。ビストロノミーの旗手とし
て知られている。
　フィリップ・ミル
　2011年MOF/『レ・クレイエール/Les Crayeres★★』総料理長。
　シャンパーニュの都ランスの名店の総料理長は後進の育成にも
　尽力。

≪厨房実習≫
　毎朝8時から朝食をとりながら、シェフが今日のメニュー説明を
します。そしてアントレ、魚、肉、デセールにチームを分けて厨房
へ。シェフとともに、ランチの仕込みに入ります。12時頃に仕込み
終了。アントレから順番に料理を仕上げ、全員でテーブルについて
試食。担当したチームが手順とポイントを説明し、シェフを交えて
批評や質疑応答を。そして次の料理に移ります。
メニュー（例：シェフ　フリップ・ミル）
　①シャンパーニュのスクリーンに包まれた卵、アーティチョーク、
　　フォアグラ、オニオンのエーグルドゥー森の香りのサバイヨン
　②クルジェットの花で包んだオマール、
　　リンゴのキウイとセロリをシャンパーニュソースで
　③シャンパーニュ地方の赤ワインソースでラケした仔鴨、
　　バニラ風味のベトラブのコンフィ
　④デセール　イチゴのミントのブーストソルベ、
　　柔らかいクリームとラタフィアの香るイチゴのタルト

　さらに地方の食の生産者に出会うオプショナルツアーとしてノル
マンディー・ブルターニュを訪ねる旅を実施しました。

≪卒業試験≫

持ち時間4時間で、2品4人分を作成します。

①決められたメイン食材をベースに、パニエ（かご）に用意された副食材を自由に使用できる自由課題

②実習授業の中で講師のシェフと共にすでに作成して試食した料理を再現する規定課題

この2つの試験を経て、日本人研修生は晴れて「フェランディ卒業生」のディプロム（修了証書）を取得すると、レストラン現場研修へと進むことができます。地方に散ってのレストラン現場研修は最長11か月で、複数のレストランを回ります。

≪FFCCサービス人留学プログラム≫

サービス人の留学も、2回実施しました。言い換えれば、2回で終わってしまいました。そもそも、参加者が集まらなかったのです。

その背景の一つに、ホテルやレストランの経営者が高度なサービスの必要性を認識していなかったことがあるでしょう。ですから、学ばせるという発想すらなかったのです。当然のことながらシェフのように留学のための費用や時間を会社が補助するケースは極めて稀でした。

1980年代にフランスから凱旋してきたシェフの皆さんも、当時サービスの話をほとんどしませんでした。でもそれは、仕方ないかもしれません。シェフの多くは皿盛りの時代になってから渡仏されていますから、彼らはサービスの世界についてあまり知らなかったのではないかと思います。

また昔は、きちんと許可を取って働いていた中村勝宏シェフ達はむしろ例外で、多くの方は非合法で働き、経済的にも厳しい中で修行されていたと思います。ですから当時のフランスで、超一流のところで客としてちゃんとサービスを受けた経験をした料理人は、多くなかったのではないでしょうか。

　また、3つ星レストランに行かれても、職業柄、お皿の上にだけ集中されていたのかもしれません。

　フランスのレストランでは、1970年代前半まではデクパージュ中心でした。ですから、高い技術を持った素晴らしいサービス人がたくさんいました。

　しかし1960年代終わりからヌーベル・キュイジーヌの波が来て、皿盛りスタイルが一挙に普及します。

　ヌーベル・キュイジーヌ以前の料理人やサービス人は、デクパージュなどがいかに大事かを知っていましたが、だんだん新旧両方のサービスを知っている人が少なくなっていきました。

　皿盛り中心になって、フランスでもサービスのレベルが急激に下がっただろうことは否めないと思います。

　また、日本人がフランスでサービスを学ぶうえで最も高いハードルは、昔も今も言葉の問題です。料理の世界では、厨房の中で意味さえ通じればOK！という側面がありますが、直にお客さまと話すサービスの世界では、求められるレベルが違います。

　お客さまの体調や好みを会話の中から探り出し、それに合った料理を勧め、ワインの相談に乗るのが仕事です。それに加えて、メートルとのおしゃべりを楽しみにいらっしゃるお客さまも少なくあり

ません。

　日本のレストランでフランス人のお客さまに接するときには、多少のたどたどしさもご愛敬かもしれません。しかしフランスの星の付いたレストランでは、母国語のような流暢さと、教養を感じる美しい会話が求められます。

　ですからフランスで研修していても、お客さまと会話をしないコミとか、メートルの補佐をするシェフ・ド・ランまでは務められますが、メートル・ドテルを任されることは難しかったのです。

　それでもパリで活躍している素晴らしい日本人サービス人もいます。パリ5区に『ル プチ ヴェルト/Le Petit Verdot』という、ワイン関係者には大変有名なビストロがあります。予約客しか受け付けないという街場のビストロとは一線を画したこの店は、石塚秀哉さんというソムリエがオーナーです。

　彼はボルドーの当時2つ星レストラン『シャトー コルディアン バージュ/Château Cordeillan Bages』という格式ある店で、日本人ながらシェフ・ソムリエを務めた経験があります。彼は空手の達人でもあるらしく、柔道家としても有名なシェフ、ティエリー・マルクス/Thierny Marxは同時期にその店の厨房を預かっており、石塚さんにワインを教わったととても感謝しています。武道とワインがつないだ絆です。

　石塚さんは今も変わらず、達者なフランス語でサービスの現場に立ち、フランス人の顧客やワインのプロ達をさばいていますが、彼はすでに日本人というより「パリ人」と言うべきかもしれません。

～フランスの「息子」田中一行～

　これまで500名近くの料理人がフランスで料理を学ぶお手伝いをしてきたわけですが、今でも公私にわたって深いお付き合いをしている人達がいます。むしろ彼らが私の頑張る気持ちの原動力になっている、と言ってもいいかもしれません。

　留学制度で、めざましい成長を遂げた人達がいます。シャンパーニュの都ランスで、レストラン『ラシーヌ/Racine』を開店し、2020年に2つ星を獲った田中一行君もその一人です。田中君は無鉄砲と言えるほどの頑張り屋で、ハラハラ見守っているうちに、いつの間にか私の「息子」のような存在になっていました。

　田中君は福岡市の生まれ。早くから料理の道を目指していて、2005年20歳の時に上京し、有楽町にあるフランス料理レストランの名門『アピシウス』に勤務しました。といっても、夜行バスで東京に向かい、満席のところに割り込みランチをして、食事後シェフに頼み込んで雇ってもらった、というかなり強引な就職でした。「とにかくフランスに行きたい！」との一心からです。

　私との出会いはその年の12月、『アピシウス』の総支配人、故松本全市さんの紹介でした。若くて実力もないけれど、とにかくフランスに行きたがっているからそのうちに面倒みて欲しい、ということでした。

　「フェランディ校留学」は、フランス料理の初心者は参加できないことになっていましたからすぐということはあり得ないのですが、この生意気な若者はとにかく強引にフランス行きを主張します。

　志度シェフや井上シェフ、音羽シェフらのフランス修行本だけは

しっかり読みこんでいるらしく、「音羽シェフは、雨の中じっと店の前で頑張ってシャペルに雇ってもらったんだから、自分も！」という勢いです。

彼の実力はもちろん音羽さんレベルに達しているわけではなく、そしてなによりもフランスの法律が昔とは違ってきています。かつてのようにレストランのドアをたたき、実力次第で仕事ができる時代ではありません。きちんとフランス滞在や仕事をする資格がなければ「不法滞在」「非合法労働/Clindestin」として本人が強制送還させられ再入国不可となるだけでなく、雇い主のシェフに大変な迷惑をかけることにもなります。

そこで、特別に翌年2006年の「フェランディ校留学」に参加できることにして、それまでの半年にしっかり仕事をして経験を増やし勉強をする、ということになりました。渡仏前の1か月間FFCCで開講する国内コースを受ければ基礎が身に付くだろうとも考えて、8月出発の留学コースの申し込みを受けました。

ところが5月、国内コース開始前にいきなり一人で渡仏して研修する、と言うのです。

『アピシウス』に勤める傍ら牛丼の吉野家で毎日アルバイトもして、貯金をした！早く行きたい！エアチケットはもう買った！リュックサックに下着2枚とカンパン、缶詰を詰めて、渡仏する！とのこと。もう、その時のショックは忘れられません。

どこに泊まるの？当てはあるの？と聞くと、「野宿でも大丈夫」とか、「先輩のシェフ達も苦労をしてきたんだ」とか、面談時に私が話したことなどすっかり飛んでしまっているのです。

住所不定で捕まったら8月の正規の留学渡仏も棒に振ることにな

りします。仕方なく親しいシェフ、ルーアンのジルさんに、とにかく泊めてやってくれと頼みました。

　正規の「紙」がないわけですから、レストラン厨房研修はできません。それでも1か月のフランス滞在後なんとか無事帰国して、FFCC国内コースを受けることになったのでした。

　経験も実力もないくせに、とにかく生意気。フランス料理について口数は多いのですが、修了試験の自由課題料理では肉と野菜の炒め物としか言えないような一皿を作り、どこがフランス料理なの？と辛口批評もしました。けれども熱意だけは人一倍で、同期の先輩達にもそれなりに可愛がられていたようです。

　フランスでは、フェランディ校研修ののち、アルプスの『フロコン・ド・セル/Flocon de Sel★★（当時）』、そしてブルゴーニュの若手シェフ『ダビッド・ズダス/David Zudas★（当時）』へ。ここで8か月働く中、「なんとしても労働許可証が欲しい」とシェフを動かし、ついに申請してもらいます。のちに結婚するマリンヌとはここの厨房で知り合ったのです。

　通常、申請をしたら帰国して許可証が出るまでの半年間日本で待つのが普通です。ところが田中君は何事もとにかく待たない。すぐに再渡仏してマリンヌのアパートに居候し、毎日毎日小さな台所でソースの試作をしていたそうです。おかげで電気代が急増してマリンヌを困らせました。いわばヒモ的存在だったのです。でもマリンヌは、母親もシェフで本人も料理人を目指して修行していたので、どうしようもないこの日本人の中に何かを見たのでしょう。

　許可証を取得して、田中君がかつて世話になったジルの

『Restaurant Gill』に移籍するとき、マリンヌは同行します。ジルのレストランでは奥さんがサービスを仕切っています。その影響からか、彼女はここからサービスの道に入りました。

　2年間をルーアンで過ごし、二人は2009年3つ星の『Régis et Jacques Marcon』へ移籍。ここですべてのポストを経験して、肉部門のシェフになり、2012年には正式に結婚しました。

　その後、独立を目指してマリンヌの故郷ランスで2つ星の『レ・クライエール/Les Crayères』で働いた後に、2015年6月18日に念願の『ラシーヌ/Racine』を開店させました。Racineは"根っこ"という意味で、自分のルーツを見つめたいという思いと、地元の名産品シャンパーニュも葡萄の根から生まれるということからだそうです。

　2017年には長男が生まれ、同時にミシュランガイドの1つ星を獲得。シェフが料理を作り、妻がサービスを取り仕切るフランスの伝統的なレストランのスタイルですが、料理はモダンです。基本はコース料理で、小さな作り手のシャンパーニュとのマリアージュが「売り」です。

　可愛い娘が生まれた2020年には、2つ星を獲得しました。1月下旬、ミシュランの発表会（パリ）には、恩人のジルシェフやマルコンシェフも駆けつけてくれて、涙を流して喜んでくれたそうです。

　私はジルシェフとは1991年からのお付き合いです。ルーアンを代表する2つ星レストランを長年守り続け、何度も来日してもらいました。レストランに受け入れてもらったフェランディ留学生は50人を超えました。ジルシェフは彼らに厨房のカギを渡して、休みの

日でも厨房を使って自炊させてくれていました。「ハルミの子ども達なら」と、信頼してくれたのです。

　そんなジルシェフが、2020年12月をもってガストロノミーレストランを閉めるという決断をしました。残念でなりません。しかし田中君から「ジルシェフとの共演ディナーを開催する」という嬉しい知らせがありました。感染症拡大で延期になったようですが、この師弟饗宴、いずれ必ず実現してくれることでしょう。

　20歳で出会って15年、生意気で無鉄砲な若者はフランス在住日本人最年少星付きシェフになりました。まだまだこれで満足することなく、次のステップを目指して新店舗への移転も視野に入れているようです。

　最後に、あなたの料理への思いは？と聞いてみると、「料理が好きかどうかはわからない」という、意外な答えが返ってきました。「料理には限りがなくて、本当に大変だから。でも美味しいと喜んでもらえるから、フランス料理だから、心が入れられる。昔は自分のために頑張るとずっと思っていたけれど、今はお世話になった人達、家族、支えてくれる人達がいるから頑張れると思う」。
　私の「息子」も大人になったなぁ、と本当に頼もしく思います。

講習会

FFCC設立当初から「フェランディ校」と提携し、多くのグラン・シェフやサービスのプロを招聘して、講習会を開催しました。

≪料理人≫

これまで日本で行ったセミナーやコンクールの参加者は、何万人にもなるはずです。

1990年代前半は、1970〜80年代に渡仏した料理人が次々と帰国した時期で、料理界全体に活気がありました。

若い方だけでなく、ベテランシェフも向学心に燃えていましたし、オープンマインドだったと思います。「ホテルオークラ」の小野正吉シェフ、「ロイヤルパークホテル」の嶋村光夫シェフ、帰国されていた「ホテルエドモンド」の中村勝宏シェフら重鎮の方々にも、多大なご協力をいただきました。

また、フランスから著名なグラン・シェフを招聘しましたが、「ロイヤルパークホテル」（東京）、「都ホテル」（京都）を筆頭に多くのホテルと調理師専門学校の協力を得て、ホテルでの賞味会と調理師学校でのプロ向け講習会をセットにした活動を続けることができました。

とりわけ関西では「京都調理師専門学校」（田中誠二理事長）に毎回会場のご協力をいただき、多くのフランス人グラン・シェフを受け入れていただきました。

こうして、「来日したシェフのレストランが留学コースの研修生を受け入れてくれる」というサイクルもうまく回っていったと思います。

　近年ではフランス人シェフが来日するたびに、かつて現地でお世話になった日本人シェフが駆けつけて旧交を温め、夜を徹して料理談議に花を咲かせています。FFCCが日仏の料理人の交流の場となっていたこともとても嬉しいことでした。

　なによりも有意義だったのは、パリ商工会議所＝フェランディ校から派遣されたフランス人シェフのアントワーヌ・シェフェール/Antoine Schaefersさんが主任教授として日本に常駐してくれたことで、FFCCの本格的な活動が始まったことだと思います。

～アントワーヌ・シェフェールさん～

アントワーヌさんは15年間にわたる日本滞在中、多くのイベントの料理の現場や講習会での人材育成を担ってくれました。彼の力なしではFFCCの活動の多くは実現できなかったでしょう。

アントワーヌさんはフランス南西部のモントゥヴァンの農家に生まれ、自然の真っ只中に育って豊かな食材に触れ、食の世界へ。地元での修行を経て、パリの名店『タイユヴァン』で部門シェフを務めるまでになります。

当然そのままレストランシェフを目指す道もあったのですが、レストランのオーナー、ブリナ氏がパリ商工会議所の理事でもあったことから、フェランディ校の存在を知り教職を目指しました。

フェランディ校の教授への道はなかなか険しくまず十分な現場での実績があること、バカロレア並みの筆記試験に合格すること、また1年間は准教授としてフェランディで教鞭を執り、その結果、正規の教授に昇格するか否かが決まるのです。

アントワーヌさんは2年間かけてこの挑戦に取り組み、レストランのランチとディナーの間、中抜けの時間も使って猛勉強したそうです。そして見事フェランディ校の教授になり、繊細な感性と高い技術、情熱いっぱいの授業で生徒達にも人気を博します。

のちにMOFを取得したエリック・トロション/Eric Trochonは自分の恩師アントワーヌさんとの出会いを大切に語っています。

アントワーヌさんは広い世界に飛び出す「旅人」でもありました。パリ商工会議所＝フェランディ校に派遣されて、ヨーロッパ各国、

アメリカ、エジプトにまで足を延ばしフランス料理の伝道師となりました。

　そしてニューヨークを経て、1990年東京にFFCC主任教授として着任しました。それから15年、私の二人三脚のパートナーとしてコンクールを立ち上げたり様々なイベントを企画実施する中で、多くの出会いを共に生きてきました。

　当たり前ですが、100％フランスの論理を振りかざすアントワーヌさんと日本人の考え方は時に真逆となり、なぜこんなことが分からないの！とずいぶん喧嘩もしました。けれども彼は常に前向きで、「できない」理由ではなく「どうやってやるか」を考えよう、という彼の姿勢に引っ張ってもらったことがどれほどあったでしょうか。

　フランス料理の国際的な発展に寄与した功績を認められて、2003年に東京のフランス大使館でレジオン・ドヌール勲章シュバァリエを受章しました。
　2005年に帰国しフェランディ校を引退してからも「特別顧問教授」として、海外へ短期派遣されたり外国人留学生クラスを担当したりと、彼の稀な国際性を発揮しています。
　また、故郷に念願のオーベルジュを完成、『Les SENS』と名付け、パリとモントバンを行き来する充実した生活を送っています。

≪サービス人≫

　日本のレストランにおいても、サービス部門専門職は「メートル・ドテル/Maitre d'hôtel」と呼ばれます。普通「給仕長」と訳されていますが、本来「HOTEL」は個人邸宅の意味ですから「家の主人役」と訳すべきかもしれません。

　中世に芽を吹き、ルネサンスを経てベルサイユの食卓に花開いたフランス食卓文化を支えたのが、宮廷のメートル・ドテルでした。メチエ・ド・ブーシュ/Métier de bouche、アンフィトリオン/Amphitryonsとも呼ばれており、単なる料理の運び手ではなく、メニューを構成し、食卓の演出を企画し、また自ら招待者（ルイ14世ら王族貴族）に代わって、「剣の冴え」を見せて丸ごとの料理を切り分けるデクパージュの専門家でもあったのです。

　講習会では、デクパージュのこのような歴史と技術を学びます。
　今、ほとんどのフランス料理レストランでデクパージュは取り入れられていませんが、学ぶ意義は大いにあると思います。お客さまの目の前で、お客さまの反応を見たり会話を盛り上げたりしながら、料理の最後の仕上げをするゲリドンサービスの華だからです。その繊細で全方位的なサービスを会得しているサービス人の接客は、やはり厚みが違います。
　ですからデクパージュの技能習得は、サービス人としての教養と言えるかもしれません。教養とは、技術を極めていく中で培われていくものなのです。

～アンドレ・ソレールさん～

　料理がアントワーヌ・シェフェールさんなら、サービスはアンドレ・ソレール/André Solerさんなしには講習会もコンクールも開催できなかったでしょう。

　ソレールさんもパリ商工会議書派遣のサービス教授でした。彼のプロとしての道筋は『レストラン・サービスの哲学』（白水社）に詳しいので割愛しますが、14歳からサービスの現場に立ち、30代半ばに有名店のプルミエール・メートルドテルから教育の場に転身。
　1991年から毎年来日してサービス講習会の講師を務めてもらいました。

　彼の正確でかつエレガントなサービスは定評があり、東京だけではなく、地方での講習会でレストラン・サービスの重要性を大いに喧伝した功労者です。
　アントワーヌ＝料理、ソレール＝サービスの息の合った講習会で「料理とサービスはレストランの両輪だ」という私達のメッセージを届けてくれたのでした。

　また「サービスコンクール」立ち上げにも尽力し、「サービスコンクール生みの親」として、日本のサービス人達の尊敬を集めています。

コンクール

「栄光のないところに才能は集まらない！」という強い思いと、「コンクールは継承の場」という考えから、コンクールを立ち上げました。

≪料理≫

まずは1992年と1993年に、FFCC料理コンクールを開催しました。1994年からは、メートル・キュイジニエ・ド・フランス協会の正式後援を得て「メートル・キュイジニエ・ド・フランス杯」となりました。しかし料理だけではお客さまに十分な満足を与えることはできません。日本でもフランスでも、料理とサービスは長年２つの異なるメチエ（職業）として独立独歩の道を歩んできました。でも私は、この２つのメチエをなんとか結び付けたかったのです。

≪サービス≫

フランスでは、60年代終わりヌーベル・キュイジーヌが盛り上がり、サービス人の立場が以前より重要性を失ってきた頃から、サービスコンクール「クープ・ジョルジュ・バティスト（CGB）」を開催していました。コンクールによってサービスのノウハウを伝えていかないとこの先どうなるのだろう、という危機感があったからです。

日本の私達は、むしろサービスの重要性を認知してもらおうという考えで、1994年からサービスコンクール「メートル・ド・セルヴィス杯」を始めました。ヨーロッパでもっとも権威のある「クープ・ジョルジュ・バティスト」の後援と支援を得た、日本で初めての本

格的なサービスコンクールです。

　クープ・ジョルジュ・バティストの本部はフランスにありますが、会長以下のCGB理事はFFCCに対して、コンクールのノウハウを伝授するのみならず、毎回審査員として来日してくださいました。

　ワイン、文化、歴史、食材、サービス全般の知識を問う筆記試験と、デクパージュなどの技術審査、レストラン形式で行われるテーブル審査の３段階でサービスパーソンとしての総合力を審査します。

運営

　コンクール開催に必要な３大要素があります。

　①選手②審査員③運営で、とりわけ裏方となる運営サイドは極めて重要です。彼らの働きによって、選手がその実力を発揮できるかできないかも決まるといっても過言ではないでしょう。

　料理コンクール優勝者が集まった「アヴァンセの会」が料理コンクールの運営、サービスコンクール入賞者を中心とする「メートル・ド・セルヴィスの会」がサービスコンクールの運営を担当し、今や100％仕切ってくれるようになりました。自身がかつて選手としてコンクールに参加していたのですから、選手の思いが一番理解できる人達です。

　当然のことながら、料理もサービスもコンクールで優勝するのは並大抵のことではありません。コンクールは、審査員が求めていることと、過去の積み重ねをしっかり咀嚼し、理解しなければ勝ち抜けません。そのために何年も努力を積み重ね、チャレンジを重ねた選手達がやがて10年後には審査員になるわけです。

　そうした技術と知見を伝承していく人達が集まってコンクールが成り立っているわけですから、世代が繋がっていくのだと思います。

交流

　そういう意味では、「交流」というのも大事なコンセプトです。

　まず料理・サービスそれぞれの分野で、競技者と審査員という枠を超えた世代間の交流が発生します。通常ならば絶対会えないような日仏の重鎮と会えるのですから、競技者にとってこれは僥倖（ぎょうこう）と言ってもいいでしょう。

　同世代間でも、共にコンクールを競い合った人達が自分の店のことを教え合ったりするので、豊富な情報交換ができるようにもなりました。ともすれば井の中の蛙になりがちな孤高な人達が、ライバルという存在を持つことで一気に世界を広げるのです。

　優勝発表は、あえて「料理」と「サービス」を同時に行います。これは、料理人とサービス人の交流を目指したからです。同じ店で働いていても、料理人とサービス人が理解しあっているとは限りません。大きなセクショナリズムが間にそびえ立っているからです。他の店の人であればなおさら、他業務の人と親しくなる機会は、まずないでしょう。

　しかしこのコンクールでは、料理とサービスの入賞者が同じ壇上に並び、お互いに栄誉を称（たた）え合うのです。仲良くならないわけがありません。

　そして入賞者達はその後、料理・サービスコンクールの運営というボランティアの仕事を通じて２つのメチエ間の交流をしています。

店や職責抜きでの交流が生まれ、皆さん一緒に楽しそうに活動して
くださっています。

　また、毎回審査員として来日してくださるフランス人のグラン・
シェフとメートル・ドテルの皆さんとの間の交流も生まれています。
「コンクールのおかげで、フランスではとても会えない人と日本で
親しくなることができた」と、フランス人から思いがけない感謝を
いただくことまであります。

　フランスの皆さんですらそうなのですから、日本の料理やサービ
スのプロフェッショナルの皆さんとフランスのグラン・シェフやメ
ートル・ドテルとの交流に至っては、本当に得難い機会だと思って
います。

ガラディナー

　私どもは、毎年のようにガラディナー（特別な機会に催される宴
会）を開催してきました。フランス本場の料理とサービスを、日本
のお客さまに直に体感していただくためです。「料理する手」と「サ
ービスする手」、そして「食べ手」の３者が一堂に会する場を作り
出すことでもありました。
　そしてそれは、コンクールに勝るとも劣らないほど、日本の料理
人とサービス人の深い学びに繋がりました。

コンクール・ガラディナーの歴史

1992年　第1回 料理コンクール

優勝：仲山正博『株式会社ティエフケー』

　審査委員長：小野正吉（ホテルオークラ東京）

　特別審査員：ベルナール・ネジュレーヌ（ミシュランガイド編集
　　　　　　　　長）、ティエリィ・ドゥマンシュ（フェランディ・
　　　　　　　　フランス料理上級学校学校長）、クリスチャン・フ
　　　　　　　　ーシェ（同校教授）

1993年　第2回 料理コンクール

優勝：福本渉『株式会社ティエフケー』

　審査委員長：小野正吉

1994年　第1回 料理・サービスコンクール

　　この年から、料理は「メートル・キュイジニエ・ド・フランス“ジ
ャン・シリンジャー杯”」、サービスは「メートル・ド・セルヴィ
ス杯」を冠することになりました。

料理優勝：藤井尚『横浜プリンスホテル（当時）』

　審査委員長：ジャン・シリンジャー
　　　　　　　　（メートル・キュイジニエ・ド・フランスMCF会長）

サービス優勝：高橋久也『ロイヤルパークホテル』

　審査委員長：アラン・ヴィラカンパ
　　　　　　　　（クープ・ジョルジュ・バティストCGB会長）

　特別審査員：パトリック・ペルーシャ
　　　　　　　　（『Le Grand Véfour』メートル・ドテル）

1995年　第2回FFCC開設5周年記念コンクール

料理優勝：大塚正和『ロイヤルパークホテル →ビストロ・アズール』

　審査委員長：ジャン・シリンジャー

　特別審査員：ギィ・マルタン（『Le Grand Véfour』）

サービス優勝：川尻倫明『レストランパリの庭（当時)』

　審査委員長：アラン・ヴィラカンパ

　特別審査員：パトリック・ペルーシャ

　　　　　　（MOF/『Le Grand Véfour』メートル・ドテル）

「ローヌ・アルプ・オ・ジャポン 15星のガラディナー」

　参加人数：約1000名

　開催場所：FFCC、ロイヤルパークホテル、都ホテル（京都）

　　　　　　パークハイアット東京、フランス大使館

　★★★：ポール・ボキューズ、ピエール・トロワグロ、

　　　　　ジョルジュ・ブラン、マーク・ヴェイラ

　　★★：フィリップ・ジュス

　　　★：レジス・マルコン

　合わせて、15星という豪華絢爛なラインナップでした。

　シェフばかりではありません。パティシエ、ブーランジェ、ソムリエ、ワイン生産者、チーズ生産者、市場関係者、アルプスのリゾートホテルオーナー、もちろん主催者側の関係者も含めて、来日したのは総勢100名となりました。スキー博物館、絹博物館、靴博物館の陳列品も華を添えました。

　これはローヌ・アルプ地方商工会議所と観光局が仕掛けた大掛かりなイベントで、食を柱にローヌ・アルプ地方の観光振興を図ろうとするものです。500名規模の着席ディナー（5万円）を

東京、京都で2回、同規模のビュッフェパーティーを3回開催しました。6人シェフによる講習会も東京と京都で行いました。世界一ソムリエになられた田崎真也さんもお手伝いしてくださいました。計算してみると、合計2000人の方々にご参加いただいたことになります。

　この予算は膨大ではないか、と考えられる向きもあるでしょう。そこが「食の力」です。シェフ達はボランティアで仕事をしてくださり、一番費用のかかるエアチケットも一部協賛ということで、宿泊などは日本側ホテルの協賛をいただきました。また、5万円のディナー券は売り切れ、有料の講習会も満席でしたので、最後には300万円くらいの利益が出ました。これを持って、フィリップ・ジュスさん、ピエール・トロワグロさん、レジス・マルコンさん達と神戸市役所に寄付に行ったことを覚えています。そうです、1995年は阪神・淡路大震災があった年でした。

　フィリップ・ジュスさんは神戸のポートピアホテル『シャペル』にシェフとして派遣されていましたから、神戸は第2の故郷だったわけです。高速道路が折れ曲がった光景に呆然とし、大変なショックを受けていたことが思い出されます。

1996年　第3回 コンクール

料理優勝：君島裕『ロイヤルパークホテル』
　　審査委員長：ジャン・ボルディエ
　　　　　　　　（メートル・キュイジニエ・ド・フランスMCF会長）
サービス優勝：矢野智之『レストランジョルジュマルソー (当時)』
　　審査委員長：アラン・ヴィラカンパ
　　　　　　　　（クープ・ジョルジュ・バティストCGB会長）

下野隆祥

（『シャトータイユヴァンロブション』総支配人）

1997年　第4回　コンクール

料理優勝：青柳義幸『ロイヤルパークホテル →

　　　　　　　　　　　　　　　　株式会社明治記念館調理室』

　審査委員長：フェルナン・ミシュレール

　　　　　　（メートル・キュイジニエ・ド・フランスMCF会長）

　特別審査員：エミール・ユング（『Emille Jung』）、ミシェル・ユ

　　　　　　セール（『Le Cerf』）、他アルザスのシェフ達10名

サービス優勝：鈴木利幸『ホテルメトロポリタンエドモント →

　　　　　　　　　　　　　　　　東京ステーションホテル』

　審査委員長：アラン・ヴィラカンパ、下野隆祥

FFCC7周年記念ガラディナー

　参加人数：約70名　　開催場所：FFCC

　シェフ：ギィ・マルタン、アントワーヌ・シェフェール

　サービス：アンドレ・ソレール、フランク・オベール

ガラディナー「アルザス・オ・ジャポン」

　参加人数：約1000名

　開催場所：FFCC、ロイヤルパークホテル、都ホテル（京都）、

　　　　　　パークハイアット東京、フランス大使館

　シェフ：フェルナン・ミシュレール、エミール・ユング、ミシェ

　　　　　ル・ユセール、ディディエ・ルフーブル、ユベール・メ

　　　　　ッツ、マーク・ヴェシェール、アントワーヌ・エップ、

　ダニエル・レベール、フランソワ・ガルトネール、アントワーヌ・ヴェスターマン

　シェフはもとよりパティシエ、ブーランジェ、ソムリエが20名近く来日しました。関係者を含めると50名以上です。

　主催したのはアルザス地方議会と商工会議所ですが、特筆すべきはアルザスのシェフ達の団体「エトワール・アルザス」の強固な絆です。フランス人はむしろ個人主義的で、団体行動が苦手と言えます。けれどもアルザス人は違っていました。

　実はシェフ達が乗った飛行機が霧のために飛ばないというアクシデントがあり、一日遅れての成田着となりました。ぎりぎりのスケジュールを組んでいたので、料理の仕込みがいったい間に合うのかというタイミング。とりわけ粉を持参して来日したパン職人はたった一人ですから、1000人分のパンの仕込みは全く厳しい状況でした。ところがミシュレール会長の命令一下、シェフもパティシエも全員でパンつくりに取り組んだのです。

　「エトワール・アルザス」はアルベールビル冬季オリンピックの際、地元のシェフ達に代わってアルザスのシェフ達が仮設テントを張り、選手達の食を賄ったチャレンジを契機に結成された協会だそうです。その団結力はさすが！と感じ入りました。

　また、以前アルザス地方で修行をなさっていた中村勝宏シェフが「アルザスにはお世話になったから」と、オープニングからガラディナー、フランス大使館公邸パーティー、さらに東京・京都の講習会とガラディナー、最後のシェフの送り出しまで同行し、協力してくださいました。

　この一連のイベントを通じて、国境を越えた友情を間近に感じた喜びは忘れられません。

1998年　第5回 コンクール

料理優勝：鈴木房雄『グランドプリンスホテル赤坂 →

金沢東急ホテル』

　　審査委員長：フェルナン・ミシュレール

　　特別審査員：クリスチャン・ヴィレール（Hôtel Martinez総料理

長）、ギスレーヌ・アラビアン（『LEDOYEN』シ

ェフ）、ジャン・フィリップ・イバルブール（『Les

Frères Ibarboure』オーナーシェフ）、パトリック・

アンリルー（『La Pyramide』オーナーシェフ）

サービス優勝：田村敏郎『マキシム・ド・パリ → 銀座レカン』

　　審査委員長：アラン・ヴィラカンパ、下野隆祥

ガラディナー「MCFフェスティバル」

　　参加人数：約150名　　開催場所：パークハイアット東京

　　シェフ：ジャン・フィリップ・イバルブール、アントワーヌ・シ

ェフェール、ジスレーヌ・アラビアン、クリスチャン・

ヴィレール、パトリック・アンリルー、フェルナン・ミ

シュレール

1999年　第6回 コンクール

料理優勝：中村実『ラ・ロシェルOSAKA → 北野ガーデン』

　　審査委員長：ドミニック・トゥルジー（『Jardin de l'Opera』）

サービス優勝：井上紀善『銀座レカン』

　　審査委員長：アラン・ヴィラカンパ、下野隆祥

　　特別審査員：ブルーノ・ジュソーム（『Le Jule Verne』）、ローラ

ン・ラペール（『Arpège』）、ヴァンサン・ルアール

（MOF/『La Palme d'Or』）、フィリップ・スタンダール（『Château de Fer』）、アンドレ・ソレール（テコマ校教授/2006年農事功労章シュヴァリエ/ジョルジュ・バティスト杯協会名誉副会長）、フランク・ランギーユ（フランス国会議事堂メートル・ドテル）

サービスコンクール観戦ガラディナー

参加人数：約200名　　開催会場：ロイヤルパークホテル

シェフ：ドミニク・トゥルジー

サービス：アラン・ヴィラカンパ、アンドレ・ソレール、フィリップ・スタンダール、ブルノ・ジュソーム、フランク・ランギーユ、ヴァンサン・ルアール、ローラン・ラペール、アラン・セジェル（ソムリエ）

2000年　第7回 FFCC開設10周年記念コンクール

料理優勝：小倉龍介『ハウステンボスホテル → restaurant Ryu』

審査委員長：ジル・トゥルナードル

（『Restaurant Gill』オーナーシェフ）

特別審査員：ベルナール・ネジュレーヌ（ミシュラン編集長）

サービス優勝：長井亨『リーガロイヤルホテル →

ラ・ファミーユ・モリナガ』

審査委員長：アラン・ヴィラカンパ、下野隆祥

来日審査員：ヴァンサン・ルアール（『La Palme d'Or』）

フィリップ・スタンダール（『Château de Fer』）

ミシュラン100周年記念ガラディナー

  参加人数：約250名　　開催会場：ロイヤルパークホテル

  シェフ：ジル・トゥルナードル、クリスチャン・ヴィレール

  サービス：アンドレ・ソレール、ヴァンサン・ルアール、アラン・

　　　　　ヴィラカンパ、フィリップ・スタンダール

2001年　第8回 コンクール 「ボルドー賞」特設

料理優勝：森本繁伸『食糧学院東京調理師専門学校 →

　　　　　　　　　　　　　　　在ドイツ日本大使館』

  審査委員長：ミッシェル・ブランシェ

　　　　　　（メートル・キュイジニエ・ド・フランスMCF会長）

  特別審査員：ティエリー・マルクス

　　　　　　（『Château Cordeillan bages』）

サービス優勝：角本明『ルポンドシエル株式会社 →

　　　　　　　　　　　　　　メゾン タテル ヨシノ』

  審査委員長：アラン・ヴィラカンパ、下野隆祥

  来日審査員：アラン・ドリュ（『L'Esperence』メートル・ドテル）、

　　　　　　フランソワ・ロフィシャル（『Régis et Jacques

　　　　　　Marcon』）、フィリップ・スタンダール（MOF）ら5名

サービスコンクール観戦ガラディナー「ボルドーの食卓」

  参加人数：約300名　　開催会場：ロイヤルパークホテル

  シェフ：ティエリー・マルクス

  サービス：フィリップ・スタンダール、フラヴィアン・ベルロー、

　　　　　アルノー・プラード、フランソワ・ロフィシャル、ジ

　　　　　ェラール・アンドリュー

2002年　第9回 コンクール

料理優勝：市塚学『富山全日空ホテル→

ハイアット・セントリック金澤』

　審査委員長：ジョルジュ・ルセ

　　　　（メートル・キュイジニエ・ド・フランスMCF会長代理）

　特別審査員：ジャック・トレル

　　　　（『Auberge de Breton』オーナーシェフ）

サービス優勝：高森修『ミッシェル・ブラス → LRサービス』

　審査委員長：アラン・ヴィラカンパ、下野隆祥

　特別審査員：アンドレ・ソレール（テコマ校教授/2006年農事功

　　　　　労章シュヴァリエ受章/ジョルジュ・バティスト杯

　　　　　協会名誉副会長）、フィリップ・スタンダール

料理コンクール観戦ガラディナー「美食のロワール」

　参加人数：約300名　　開催会場：ロイヤルパークホテル

　シェフ：ジャック・トレル

　サービス：アラン・ヴィラカンパ、アンドレ・ソレール、フィリ

　　　　　ップ・スタンダール

2003年　第10回コンクール

料理優勝：工藤雅克『ホテルミラコスタ →

ディズニーアンバサダーホテル』

　審査委員長：ミッシェル・ブランシェ（MCF会長）

　特別審査員：パトリック・アンリルー（『La Pyramide』）

　　　　　ミシェル・ユセール（『Le Cerf』）

サービス優勝：内田淳也『ル・パサージュ →

　　　　　　　　　　　　　　葉山ホテル音羽ノ森』

　審査委員長：フランク・ランギーユ（クープ・ジョルジュ・バテ
　　　　　　　ィスト会長/フランス国会議事堂レストランメート
　　　　　　　ル・ドテル）、下野隆祥

　特別審査員：ヴァンサン・ルアール（ホテルミラボー　モナコ）

ガラディナー「アルザス・ローヌの饗宴」

参加人数：約300名　　開催会場：ロイヤルパークホテル

シェフ：ミシェル・ユセール（『Le Cerf』）

　　　　パトリック・アンリルー（『La pyramide』）

サービス：ヴァンサン・ルアール（ホテルミラボー　モナコ）、フラ
　　　　　ンク・ランギーユ（『国民議会レストラン』）、フィリップ・
　　　　　スタンダール（『シャレ・デュ・モンダルボア』）、パト
　　　　　リック・パッション（『レストラン・パッション』）

2004年　第11回コンクール

料理優勝：隈元香己『ホテルメトロポリタンエドモント →

　　　　　　　　　　メズム東京、オートグラフコレクション』

　審査委員長：ジャン・ミッシェル・ロラン

　　　　　　　（『La Côte Saint Jacques』オーナーシェフ）

サービス優勝：田中優二『レストラン タテル ヨシノ』

　審査委員長：フランク・ランギーユ、下野隆祥

ガラディナー「ブルゴーニュ　3つ星の夕べ」

参加人数：約300名　　開催会場：セルリアンタワー東急ホテル

シェフ：ジャン・ミッシェル・ロラン

サービス：フランク・ランギーユ、フィリップ・スタンダール、
フィリップ・カイウエット、クリストフ・ヴェリエール、ブルーノ・ジュソーム

2005年　ガラディナー「古典とモダンの美味礼賛」

参加人数：約350名　　開催会場：ロイヤルパークホテル

シェフ：ギィ・マルタン、アントワーヌ・シェフェール

サービス：アンドレ・ソレール

2006年　第12回コンクール

料理優勝：朝比奈悟『ラターブル ドゥ ジョエル・ロブション →
アサヒナガストロノーム』

審査委員長：中村勝宏

特別審査員：ジャック・プルセル、ローラン・プルセル
（『Jardin des Sens』オーナーシェフ兄弟）

サービス優勝：野平聡『シャトーレストランジョエル・ロブション
→ パレスホテル東京 エステール』

審査委員長：フランク・ランギーユ、下野隆祥

ガラディナー「南フランスの食卓」

参加人数：約430名　　開催会場：セルリアンタワー東急ホテル

シェフ：ジャック・プルセル、ローラン・プルセル

サービス：フランク・ランギーユ、フィリップ・スタンダール、
フィリップ・カイウエット、セバスチャン・カヴァイエス、ミッシェル・ヴァン・エック

2007年　ガラディナー「レストランの祭典」

　参加人数：約320名　　開催会場：ロイヤルパークホテル

　シェフ：アントワーヌ・シェフェール、パトリック・アンリルー、
　　　　　フィリップ・ジュス、アンドレ・パッション、ダビッド・
　　　　　ズダス

　サービス：アンドレ・ソレール

2008年　第13回 コンクール

料理優勝：佐藤滋『ホテルメトロポリタン秋田 →

　　　　　　　　　　クルーズトレインTrain Suite四季島』

　審査委員長：中村勝宏

　特別審査員：パトリック・アンリルー（『La Pyramide』）、ブル
　　　　　　　ノ・オジェ（『Villa Archange』）、アラン・ソリベ
　　　　　　　レス（『Le Taillevent』）、クリフトフ・ルール（『Le
　　　　　　　9ème Art』）、レジス・マルコン（『Restaurant
　　　　　　　Régis et Jacques Marcon』）、ティエリー・マルク
　　　　　　　ス（『Château Cordeillan-bages』）、ジル・トゥル
　　　　　　　ナードル（『Restaurant Gill』）

サービス優勝：日紫喜勇『株式会社ひらまつ → 箱根 強羅佳ら久』

　審査委員長：フランク・ランギーユ、下野隆祥

　フランス人審査員：アンドレ・ソレール（テコマ校教授/2006
　　　　　　　年農事功労章シュヴァリエ受章/ジョルジュ・バティ
　　　　　　　スト杯協会名誉副会長）、フィリップ・スタンダー
　　　　　　　ル（MOF/『Chalets du Mont d'arbois』）、フィ
　　　　　　　リップ・カイウエット（MOF/Hôtel Martinez 『La
　　　　　　　Palme d'Or』）、ブルーノ・ジュソーム（MOF/『Le

Jules Verne』）、フレデリック・カイザー（MOF/
『Château de la Chèvre d'Or』）、セバスチャン・カ
ヴァイエス（『La Côte Saint Jacques』）

ガラディナー「日仏交流150周年記念　星の饗宴」

参加人数：約400名　　開催会場：ロイヤルパークホテル

シェフ：ジル・トゥルナードル、ティエリー・マルクス、レジス・
　　　　マルコン、クリストフ・ルール、アントワーヌ・シェフ
　　　　ェール、ブルノ・オジェ、パトリック・アンリルー、ア
　　　　ラン・ソリベレス、中村勝宏

サービス：フランク・ランギーユ、アンドレ・ソレール、フィリ
　　　　　ップ・スタンダール、ブルーノ・ジュソーム、フィリ
　　　　　ップ・カイウエット、セバスチャン・カヴァイエス、
　　　　　フレデリック・カイザー

9人のシェフによる15の星の料理を提供いたしました。

2009年　ガラディナー
「MOFの祭典　卓越した技術と伝統の継承と発展」

参加人数：約400名　　開催会場：セルリアンタワー東急ホテル

シェフ：ジェラール・ベッソン、クリストフ・ルール、エマニュ
　　　　エル・ルノー、ベルナール・ビュルバン、エルヴェ・モ
　　　　ンス

サービス：フィリップ・スタンダール、フィリップ・カイウエット
　　　全員MOFのシェフとブーランジェ、フロマンジェ、サービス
　　人によるディナー。

2010年　第14回 コンクール

料理優勝：菊池昭宏『ヒルズクラブ → ビストロカシュカシュ』

　　フランス審査委員長：ジョルジュ・ブラン

　　　　　　　　　　　（『Restaurant Georges Blanc』）

　　日本審査委員長：中村勝宏

　　特別審査員：ジェラール・ベッソン（『Restaurant Gérard Bésson』）、レジス・マルコン（『Restaurant Régis et Jacques Marcon』）、フェルナン・ミシュレール（元MCF会長）、ジャン＝アンドレ・シャルアル（『Baumanière』）、クリスチャン・ヴィレール（元Hôtel Martinez総料理長）、パトリック・アンリルー（『La Pyramide』）、ウィリアム・ルドゥイユ（『Z Kitchen Gallerie』）、ティエリー・マルクス（『Mandarin Oriental』）、ギィ・マルタン（『Le Grand Véfour』）、フィリップ・ジュス（『Alain Chapel』）、エマニュエル・ルノー（『Flocon de Sel』）、ステファン・ブロン（『Le Chabichou』）、ピエール・マイエ（『Albert 1 er』）、ブルノ・オジェ（『Villa Archange』）、エリック・プラ（『Lameloise』）、ダヴィッド・ズダス（『Desenvie』）、ミシェル・ユセール（『Le Cerf』）、ジル・トゥルナードル（『Gill』）、アレキサンドル・ゴチエ（『Auberge de la Grenouillère』）、アンドレ・パッション（『Restaurant Pachon』）、上柿元勝（『カミーユ』）、三國清三（『オテル・ドゥ・ミクニ』）

サービス優勝：宮崎辰『シャトーレストラン ジョエル・ロブション
→ ファンタジスタ21』

審査委員長：フランク・ランギーユ、下野隆祥

フランス来日審査員：アラン・ヴィラカンパ、アンドレ・ソレー
ル（2006年農事功労章シュヴァリエ受章/ジョルジ
ュ・バティスト杯協会名誉副会長）、ジェラール・
ポワソー＝デシュアール（フェランディ校元教授）、
フィリップ・スタンダール（MOF/『Les Chalet
du Mont d'Arbois』）、フィリップ・カイウエット
（MOF/『La Palme d'Or』）、フランク・オベール
（Hôtel Le Cup Est Lagun resort）、ヤニック・ヴ
ァンサン（『Les Chalet du Mont d'Arbois』）、ジャ
ン・ピエール・コルレイ（国際カナルディエ協会会
長）、石塚秀哉（『Le petit Verdot』オーナーソムリ
エ）、パトリック・パッション（『Le Petit Budon』）、
ティエリー・パッション（『Restaurant Pachon』）

FFCC20周年記念ガラディナー「食を愛するフェスティバル」

20年間でお世話になったフランス各地の21人のシェフ、10人
のメートル・ドテルが来日し、日本中からも多くの著名シェフが
参加しました。

参加人数：約620名　　開催場所：ロイヤルパークホテル

シェフ：

≪パリ≫アントワーヌ・シェフェール（フェランディ校）、
ジェラール・ベッソン（『ジェラール・ベッソン』）、
ギィ・マルタン（『ル・グラン・ヴェフール』）、ウィ

リアム・ルドゥイユ（『ズ・キッチン・ギャラリー』）、
ティエリー・マルクス（マンダリンホテルパリ）

≪ローヌ・アルプ≫ジョルジュ・ブラン（『ジョルジュ・ブラン』）、パトリック・アンリルー（『ラ・ピラミッド』）、フィリップ・ジュス（『アラン・シャペル』）、エマニュエル・ルノー（『フロコン・ド・セル』）、ステファン・ブロン（『ル・シャビシュー』）、ピエール・マイエ（『アルベール・プルミエ』）

≪オーヴェルニュ≫レジス・マルコン（『レジス・エ・ジャック・マルコン』）

≪プロヴァンス、コートダジュール≫クリスチャン・ヴィレール（『ラ・パルム・ドール』）、ジャン＝アンドレ・シャルアン（『ウスト・ド・ボーナマンエール』）、ブルノ・オジェ（『ラ・ヴィラ・アルシャンジュ』）

≪ブルゴーニュ≫エリック・プラ（『ラムロワーズ』）、ダヴィッド・ズダス（『デザンヴィ』）

≪アルザス≫フェルナン・ミシュレール（『フランク＆フェルナン・ミシュレール』）、ミシェル・ユセール（『ル・セルフ』）

≪ノルマンディー≫ジル・トゥルナードル（『ジル』）

≪ノール・パ・ド・カレ≫アレキサンドル・ゴチェ（『オーベルジュ・ド・ラ・グルヌイエール』）

≪日本≫アンドレ・パッション（『アンドレ・パッション』）、中村勝宏（FFCCフランス料理主任教授）、上柿元勝（『カミーユ』）、三國清三（『オテル・ドゥ・ミクニ』）

サービス：アンドレ・ソレール（FFCCプロフェッサーアソシエ）、

アラン・ヴィラカンパ（クープ・ジョルジュ・バティスト）、フランク・ランギーユ（クープ・ジョルジュ・バティスト）、ジェラール・ボワソー＝デシュアール（『ジャペックビオ』）、フィリップ・スタンダール（『ル・シャレ・デュ・モン・ダルボワ』）、フィリップ・カイウエット（『ラ・パルム・ドール』）、フランク・オベール（『リ・カップ・エスト・ラグーン・リゾート＆スパ』）、ヤニック・ヴァンサン（『ル・シャレ・デュ・モン・ダルボワ』）、石塚秀哉（『ル・プティ・ヴェルド』）、ジャン＝ピエール・コルレイ（カナルディエ協会）、下野隆祥（FFCCサービス主任）、パトリック・パッション（『ル・プティ・ブドン』）、ティエリィ・パッション（『レストラン パッション』）

2011年　ガラディナー「アンフィトリオンの晩餐」

参加人数：約330名　　開催会場：ロイヤルパークホテル

シェフ：クリスチャン・ネ（『La Pyramide』）、フィリップ・ゴヴロー（『レストラン フィリップ・ゴヴロー』）

サービス：フランク・ランギーユ、アンドレ・ソレール、フィリップ・スタンダール、フレデリック・カイザー、オリヴィエ・ノペリ

2012年 「クープ・ジョルジュ・バティストサービス　世界コンクール東京大会」 及び 「記念ガラディナー」

優勝：宮崎辰『シャトーレストラン ジョエル ロブション →
　　　　　　　　　　　　　　　　　ファンタジスタ21』

主催：「クープ・ジョルジュ・バティストサービス　世界コンクール東京大会」実行委員会

後援：観光庁、在日フランス大使館、パリ商工会議所

実行委員会：総裁－磯村尚徳（日仏メディア交流協会会長、パリ日本文化会館初代館長、元NHK特別主幹）

委員長：中村裕（社団法人日本ホテル協会前会長、株式会社ロイヤルパークホテルズアンドリゾーツ顧問他）

副委員長：小林節（株式会社パレスホテル取締役社長）

事務局：大沢晴美（FFCC 事務局長）

日　時：2012年11月6日〜9日

コンクール会場：ロイヤルパークホテル東京

結果発表・授賞式：パレスホテル東京

参加国：15か国（ヨーロッパ、北中米、アジア）

選手参加者：約300名

来日選手：30名（学生の部15名、プロの部15名）

審査員・CGB事務局：約50名

　クープ・ジョルジュ・バティスト協会は、1961年以降フランス・ヨーロッパでサービス分野の学生、プロフェッショナルに向けたコンクールを開催しています。2000年からは世界大会を開催しており、第5回目は東京を開催地に世界中から選手、コーチ、関係者等のべ約70名が来日しました。

　11月8日のコンクールでは熱い戦いが繰り広げられました。

　翌9日に結果発表、授賞式が行われ、プロ部門日本代表の宮崎辰さん（『シャトーレストラン ジョエル ロブション』）が見事優勝し、日本人で初めて世界一の名誉に輝きました。この快挙はテレビ等でも報道され、レストランサービスという分野に光が当たることとなりました。

　11月9日、パレスホテル東京にて「クープ・ジョルジュ・バティスト（CGB）サービス世界コンクール東京大会記念ガラディナー」を開催し、約440名のお客さまが参加してくださいました。そのお客さまに対し、おもてなしを担当するサービス陣は約200名、調理スタッフは約100名でした。

　ボランティアでディナーを担当するために、来日を快諾してくれたのは、パトリック・アンリルーさん（『ラ・ピラミッド』）とレジス・マルコンさん（『レストラン レジス・エ・ジャック・マルコン』）です。

　アンリルーシェフ、マルコンシェフと共に斉藤正敏シェフ（パレスホテル東京）が指揮を執り、FFCC料理コンクール優勝者の会「アヴァンセの会」ほか日本中から多くのシェフが集結してくれました。

　アンリルーシェフとマルコンシェフは、常日頃からレストランのオーナーとして、「料理が美味しいのは当たり前、良いサービスがなければレストランは成り立たない」が信条で、ホスピタリティの重要性をフランスだけでなく世界中に訴求しようとしています。特にマルコンシェフは、フランスの政府レベルの「人材育成」において、サービス人の育成にも尽力されています。

　ヌーベル・キュイジーヌ以降、基本的には「黒子」という立場

になってしまったサービスが再び脚光を浴びるようにと、これまで料理人だけがメンバーになれた「エスコフィエ協会」の国際会長になった際に、新たにメートル・ドテルにも門戸を開くという大改革を提案しているほどです。

　サービスでは、日仏審査委員が選手と共にサービスの一線に立ちました。その錚々たるメンバーをご紹介します。
下野隆祥（CGBコンクール運営委員会審査委員長/メートル・ド・
　　　　セルヴィス杯審査委員長/FFCCサービス主任）
≪来日審査員≫
フランク・ランギーユ（フランス側オーガナイザー兼審査員/1988年ジョルジュ・バティスト杯優勝/同協会会長）、アンドレ・ソレール（FFCC主任教授/2006年農事功労章シュヴァリエ受章/ジョルジュ・バティスト杯協会名誉副会長）、フィリップ・スタンダール（1998年ジョルジュ・バティスト杯優勝/2000年MOF『シャレ・デュ・モン・ダルボワ』総支配人）、フレデリック・カイザー（2007年ジョルジュ・バティスト杯ヨーロッパ大会優勝/2011年MOF『シャトー・ド・ラ・シェーブル・ドール』ディレクター）、オリヴィエ・ノベリ（2011年MOF/Hôtel Negresco『シャントクレール』ディレクター）
≪メートル・ド・セルヴィスの会≫
田村敏郎（会長/MS杯1998年優勝/『ブラッスリー・ボール・ボキューズ』統括支配人）、山本正弘（副会長/MS杯1999年準優勝/パレスホテル東京レストラン部副部長）、長井亨（副会長/MS杯2000年優勝/株式会社サンカラリゾートホスピタリティ）、角本明（副会長/MS杯2001年優勝/『ルポンドシエル』）、高森

修（MS杯2002年優勝/株式会社エルアールサービス『レコール ドゥ ラ タブル』代表）、内田淳也（副会長/MS杯2003年優勝/『レストラン ベレコ』オーナー）、田中優二（副会長/MS杯2004年優勝/『レストラン タテルヨシノ』総支配人）、野平聡（幹事/MS杯2005年優勝/『シャトーレストラン ジョエル・ロブション』支配人）、日紫喜勇（MS杯2008年優勝/『オーベルジュ・ド・リル ナゴヤ』支配人）、秋場直純（MS杯2008年準優勝/大阪あべの辻調理師専門学校サーヴィス教官）、駒井正義（監査役/『ル ポンドシエル』前総支配人）、松本全市（『アピシウス』前取締役総支配人）、川崎孝信（ホテルグランヴィア京都調査役）、山崎宏記（『レストラン アラジン』）、パトリック・パッション（『レストラン・プティ・ブドン』『レストラン・パッション』『ル・コントワール・オクシタン』総支配人）、ティエリ・パッション（『レストラン・パッション』ディレクター）

≪全日本メートル・ド・テル連盟≫

檜山和司（会長/1996年第１回メートル・ド・テルコンクール優勝/ホテル ラ・スイート神戸ハーバーランド総支配人）、稲葉建治（副会長/1996年第１回メートル・ド・テルコンクール第５位/ホテル ラ・スイート神戸ハーバーランド統括支配人）、黒川浩史（帝国ホテル）、富永誠（MS杯2010年準優勝/『フレンチレストラン リュミエール』料理統括責任者兼統括支配人）、浜岡靖示（『レストラン ヴィノーブル』オーナー）

　そのほかＣＧＢコンクール参加国の学生・プロ選手、「一般社団法人日本ソムリエ協会」をはじめ、全国から駆け付けたプロのサービス人と専門学校の生徒さんという、国籍、年齢共に幅広い顔ぶれでした。

各国代表選手、世界トップレベルの若きメートル・ドテル達が、食卓のサービスに当たるという画期的な試みでした。

　コンクール参加国の駐日大使は全員出席いただきましたが、各国大使夫妻にはその国の選手が担当しました。サービスを取り仕切った山本正弘さんのアイデアです。

　また、400名を超すバンケットガラディナーで、クロッシュサービスを取り入れました。40名の長テーブルで、一斉にクロッシュが上がるという華やかな演出で、従来の宴会サービスのイメージを変えたものだと思います。

　ご挨拶いただいたのは、ＣＧＢ世界コンクール東京大会実行委員会の磯村尚徳総裁、ＣＧＢ協会のフランク・ランギーユ会長、来賓ホスト国代表観光庁次長の志村格氏、来賓参加国代表としてフランス大使館公使フランソワ＝グザビエ・レジェ氏、という錚々たる方々でした。

　このように、「アンフィトリオン」というサービスに光を当てたガラディナーは、シェフとサービスの二人三脚にお客さまが参加するという、レストラン文化の三位一体の時間を作り上げた素晴らしい機会だったと思います。

2013年　第15回 コンクール

料理優勝：平松惇『ザ・プリンス パークタワー東京』

　　フランス名誉審査委員長：アラン・ノネ

　　　　　　（メートル・キュイジニエ・ド・フランス協会副会長）

　　日本名誉審査委員長：中村勝宏

　　フランス審査委員長：ジェラール・バセダ（『Le Petit Nice』）

日本審査委員長：青柳義幸

特別審査員：レジス・マルコン（『Régis et Jacques Marcon』）

サービス優勝

(学生部門)：岡田琢也『辻調理技術研究所』

(プロ部門)：三浦和也『エコール辻大阪 辻フランス・イタリア料理マスターカレッジ → エコール辻東京』

審査委員長：フランク・ランギーユ、山本正弘

フランス来日審査員：アンドレ・ソレール（FFCC主任教授/2006年農事功労章シュヴァリエ受章/ジョルジュ・バティスト杯協会名誉副会長）、オリヴィエ・ノペリ（Hôtel Negresco）、アントワーヌ・ペス（エリオ高等職業訓練校サービス講師）

コンクール第15回記念ガラディナー「栄光を支えた仲間達」

開催会場：ロイヤルパークホテル

シェフ：アラン・ノネ（『ラ・コニェット★』）、ジェラール・バセダ（『ル・プティ・ニース★★★』）、レジス・マルコン（『レストラン レジス・エ・ジャック・マルコン★★★』）、中村勝宏（2010年フランス農事功労章/2012年フランス農事功労賞受章者協会会長）

サービス：アンドレ・ソレール（FFCC主任教授/2006年農事功労章シュヴァリエ/ジョルジュ・バティスト杯協会名誉副会長）、フランク・ランギーユ（クープ・ジョルジュ・バティスト協会会長/フランス国会議事堂付きレストラン）、オリヴィエ・ノペリ（『Hôtel Negresco★★』）、アントワーヌ・ペス（エドゥワール・エリオ高等職業訓練校）

2014年　ガラディナー「フランス美食の殿堂」

テーマ：フランス・ヨーロッパの食材認証制度AOC＝AOP

開催会場：ロイヤルパークホテル

シェフ：松山昌樹（ロイヤルパークホテル調理部長）、レジス・マルコン（『レジス・エ・ジャック・マルコン★★★』）、ロミュアル・ファスネ（2004年MOF/『シャレ・デュ・モン・ジョリ★』）、ステファン・ブロン（2004年MOF/『ル・シャビシュー★★』）、浅利欣則（2011年MOFファイナリスト/株式会社YOSHINORI ASAMI代表取締役）

メートル・ドテル：フレデリック・カイザー（2011年MOF/『レストラン・エピキュール★★★』）、オリヴィエ・ノペリ（2011年MOF/『Hôtel Negresco★★』）

フロマージュ：ジェラール・プティ（2004年MOF）

2015年　第16回 コンクール
FFCC25周年記念「変わらぬ想いを未来へ」

料理優勝：安達晃一『ラターブル ドゥ ジョエル・ロブション → アサヒナガストロノーム』

フランス名誉審査委員長：クリスチャン・テットドア
（メートル・キュイジニエ・ド・フランス協会会長）

日本名誉審査委員長：中村勝宏

日本審査委員長：青柳義幸

フランス来日審査員：パトリック・アンリルー（『ラ・ピラミッド』）、ベンジャマン・パティシエ（『ラ・ピラミッド』）、エマニュエル・ルノー（『フロコン・ド・セル』）、アントワーヌ・シェフェール（フェランディ校）

サービス優勝

　(学生部門)：茂山幸輝『辻調理技術研究所』

　(プロ部門)：長谷川純一『俺の株式会社』

　フランス名誉審査委員長：アンドレ・ソレール（FFCC主任教授/2006年農事功労章シュヴァリエ受章/ジョルジュ・バティスト杯協会名誉副会長）

　フランス審査委員長代理：フレデリック・カイザー（Hôtel Bristol『Epicure』）

　日本審査委員長：山本正弘

　フランス来日審査員：ミカエル・ブヴィエ（『La Pyramide』）

　　　　　　　　　　　　ミッシェル・ムイゼル（フェランディ校）

※2017年より「フランスレストラン文化振興協会（APGF）」開催となりました。詳細は、第5章をご参照ください。

～ワインの値段の目安～

　昔FFCCの講習会に招聘したフランス人のメートル・ドテルは、「日本のレストランのワインは値付けが高い」と言っていました。せいぜい小売価格の2倍くらいが妥当なのだそうです。

　フランスでは客としての常識として、「ワインの価格の目安は、ア・ラ・カルトで食べる場合のメインディッシュの価格くらい」と言われています。分かりやすいですね。こうしてソムリエが薦めそうな目安が分かっていると、こちらとしても選びやすくなります。

　日本では、ソムリエはお客さまを見て勧めるワインを決めることが多いそうですが、近年はコース料理が増え、ペアリングが多くなりましたね。確かに便利ですが、お客さまもソムリエも育たないという残念な側面もあるように思います。

対談　中村裕氏

中村裕：D＆J株式会社代表取締役
大沢晴美：APGF 代表

大沢　本日は、私の敬愛する永遠のホテリエ、中村裕さんにお話を伺いたいと思います。お忙しいところ、お運びいただきましてありがとうございます。

中村　いえいえ、なにしろ大沢さんとは長いお付き合いですから、喜んで伺いました。

大沢　ありがとうございます。本当に、長いお付き合いをさせていただいてますね。

中村　私のホスピタリティ産業界人生は、57年になりました。

大沢　今はまた新たなステージに立たれているんですよね。

中村　タイのホテルDusit Internationalの日本展開を手掛けるD＆Jという会社の代表として、新しいホテルを京都で立ち上げようとしています。Dusitはアジアや中近東、グアムなどでホテルを展開しています。

大沢　ますますお忙しくて、そのエネルギーって素晴らしいです。

中村　日本ホテル協会の会長を5年務めさせていただき、その間に100周年記念事業や洞爺湖サミット（2008年7月）に関わったりしていたので、その経験も含めて、これからも少しでもお役に立てればと思いましてね。

大沢　サミットは、おもてなしの準備も大変で、ホテル協会のご尽

力がなければ成功できなかっただろう、という話を関係された方々からお聞きしています。

中村　サミット自体は外務省の管轄ですが、ホテル協会は国土交通省の管轄ですから、国を挙げてサミットを成功させなきゃならないとの決意で国交省直々のご下問でした。そこで、各国を担当するバトラーやディナーのサービススタッフを全国のホテル、それも国賓待遇の経験のあるホテルに頼み込んで協力してもらいました。飲食は中村勝宏シェフが担当しました。

大沢　それは日本ホテル協会の会長でなければできませんね。

中村　ユニフォームもね、最初は「各ホテルの制服で」って言われたんですがそれではみっともないから、政府の担当者に掛け合って、三越の社長さんに頼んでそれぞれ制服を採寸してもらって、1か月で作ってもらったんです。

私の原体験

大沢　そう言えば今さらなんですが、中村さんがホテルに入られたきっかけはどのようなものだったんですか?

中村　いやね、私は1963年、前の東京オリンピックの前年に大学を卒業したんだけど、どうしても外国の会社に就職したかった。それが東京ヒルトンホテルでした。

大沢　それは英語が好きだったからってこともあるんですか?

中村　そう。私は英語が使える仕事がしたかった。大学の部活動もESS(English Speaking Society)で、英語で他の人達と交流したり勉強したりしてたから。

大沢　ホテルというより、外資系というのが魅力だったんですね。

中村　だから、入社時やりたい職種に〇をつけるんだけど、知って

るのはベルマン、ドアマン、フロントだけ。最初はベルマンを選びました。

大沢 その後はいろんな職種をなさったんですね。

中村 そう。トイレ掃除からベッドメーキングまで、いろいろ全て経験して、2〜3年後はアシスタントマネージャー。4〜5年後29歳の時にはグアムヒルトンの開業があったので、手を挙げてそっちに行きました。

大沢 いよいよ英語を使う舞台ですね。

中村 セールスマネージャーとして営業でアメリカなどに行ってたんだけど、開業してからは人手が足りないから、昼は営業、夜はレストランのウェイターをやってましたね。ソムリエの真似事をしたり、ビュッフェの補充のために厨房に顔を出したり。そしたら、FB（料飲）の面白さや夜にタキシードを着る楽しさにはまってしまいました。

大沢 それが、FBを大切にする中村さんの原体験なんですね。

中村 そうなんです。原体験って大事ですよね。ヒルトンを経て、三菱地所に入社してロイヤルパークホテルに出向するわけなんですが、当初はエアポートホテルを立ち上げる計画だったんです。けれども近隣2km内を再マーケティングして、ここはデラックスホテルに向いた立地であることが分かったので、ホテルのコンセプトを全面的に変更しました。そして「ホテルの重要なアメニティはレストランだ！」という確信のもと、フランス料理はもちろんのこと、ブラッセリー・コーヒーショップ、日本料理、天ぷら、鉄板焼き、中国料理を「食のロイヤルパークホテル」として売り出すことにしました。

大沢 フランス料理レストランは、パリで当時バリバリの2つ星

『アンフィクレス』オーナーシェフのフィリップ・グルートと提携して、フランス人シェフのエリック・ブリファール（のちにMOF）が常駐するなんて、当時としてはとても珍しかったですよね。

中村　嶋村シェフが総料理長として、頑張ってまとめてくれてました。嶋村は今年の1月に残念ながら亡くなったけれど、いわば「最後の総料理長」だったと言えるのではないかな。ホテル立ち上げ当初は随分ぶつかって、お互いの考えを主張しあいましたが、それから本当に分かり合う仲間になりましたね。料理や料理人の教育は全面的に任せました。

フランス料理文化センター（FFCC）との繋がり

大沢　嶋村さんはFFCCがオープンした頃エリックシェフを連れて来てくださって、講習会もやっていただきました。そこでロイヤルパークホテルさんとのお付き合いができたんです。その頃初めてロイヤルパークで数百人規模のモンタニエの「ガラディナー」に参加する機会がありました。私にとっては、ホテルの宴会のフランス料理の素晴らしさに初めて出会った体験でした。それまではレストランのフランス料理しか知りませんでしたから。1995年の「ローヌ・アルプ・オ・ジャポン」を企画した時、嶋村さんが「うちのホテルでできる」とおっしゃったので、中村さんと一対一でお目にかかることになったんですよね。怖いもの知らずで、とんでもないハードネゴシエイトをさせていただきました。部屋を100室協力してほしいとか無理難題もお願いしたりして。

中村　ここだけの話、あんなに協力させていただいたのはホテル人生57年であの時だけですよ。

大沢 本当にありがとうございました。厨房のシェフの皆さんもとても協力的でした。なにしろフランスから招聘した合計15星というスターシェフ６人に加え全国からシェフが集まったので、厨房の中は他のホテルの人の方が多かったぐらい。サービスも日本中から集まったので、大人数。それなのに活躍の場を気持ちよく提供してくださいました。その後の数々のガラディナーでもこのオープンなロイヤルパークマインドは受け継がれていて、これはホテルのトップがOK！と言ってくださらないと到底できないことです。

中村 でもおかげでうちのスタッフ達も大変貴重な経験をさせていただき、モチベーションも上がりましたよ。その後も何度かフランス人シェフを招聘したガラディナーをやらせていただきましたが、レシピ集がしっかり出来上がりました。どんなVIPが来ても、料理もサービスも自信をもって供せたと思います。

大沢 ロイヤルパークホテルは、コンクールでもたくさん優勝者を出しましたね。

中村 当時のホテルは、料理コンクールにはどこも参加させなかったですね。偏見というかプライドというか。でも私は、積極的に参加させました。

大沢 しばらくずっとロイヤルパークが優勝してたら、それに刺激を受けたホテルがたくさん出場するようになったんですよね。

中村 コンクール前はスタッフが出場者を特訓するんですよ。それこそホテルを挙げて教え込んでました。

大沢 やはり、こうした協力体制がないと優勝はなかなか難しいですよね。

中村 「これじゃ不十分！サービス人にも同様にチャンスを与えな

きゃ！」とも言いましたね。まだまだサービス人への見方は低かったですから。

大沢 そうなんです。それで1999年にサービスコンクールを観戦するガラディナーを開催しました。会場の中央でサービスコンクールをして周りはすり鉢状のお席で、それを観戦しながらお食事をいただくのですが、そのサービスはフランスから招聘したメートル・ドテルと、そのコンクールで決勝に残れなかった人達でしたね。中村さんには、FFCC存続においてもとてもお世話になりました。

中村 そうそう、東京ガス出向の社長さんが変わるたびに、FFCCの重要性やメリットを一から説明して、ガラディナーでも隣に座って説明して、体感してもらって、納得してもらってましたね。東京ガスさんには本当にお世話になったので、表彰の機会を持ってもいいかもしれませんね。

大沢 中村さんが観光庁を紹介してくださったおかげで、観光庁の後援も得ることができました。

中村 それはお互い様ですよ。インバウンドでも今は日本の魅力のトップ３の中に「食」が常に入ってますから。何年か前に故ロッキー青木さんから「東京の食はクオリティ、バラエティ共にニューヨークを超えた」と言ってもらいました。ただ、努力していかないと行き詰まっちゃう。日本料理やフランス料理、中国料理など俗に言われる３大料理はお互いにいいところを取り入れながら発展していますが、基本はやはりフランス料理。だからコンクールなどで継続性を持たせなきゃいけない。

今後の課題

中村 そのために、日本版MOFであるMOJの創設に大沢さんと一緒に取り組んでいきたいと思っています。フランス料理そのものを繋げていくことが大事だし、シェフ達の新たな目標になりますよね。なにしろ認められるということが大事なんです。

大沢 最近調理人のなり手がいないし、コンクールの応募者も激減しています。コンクールの応募数って一種の定点観測で、2010年までは増えていて、去年激減したんです。

中村 激減とは、心配だなぁ。

大沢 若い人が少なくなっているうえに、時短が金科玉条になって練習ができないんです。厨房が空いてないし半調理品ばかり使っているから、料理のトータルレベルが下がってしまう。

中村 もったいないですよね。日本系のホテルと外資系は料理人の育て方や料理の選び方が違うんです。例えば私が勤務していた当時のヒルトンホテルでは、レシピが本社からくるからそれを作ればいい。食材の購入も効率性重視。でも日本のシェフはクリエイティブに作ることが許されるし、だから成長もするんです。もちろんそれを許す社長とか環境が必要だけど、でもその有り難さを分かっていない人も多いよね。

大沢 ロイヤルパークホテルには、調理とサービスを繋ぐアイデアを出してくれる人もいらっしゃいましたよね。企画力が素晴らしかった。

中村 そうそう。なんでも決めて、足りないものを購入する時だけ私のサインをもらいに来るんです。やっぱり人材は大事ですね。FB関係者は緻密ですよ。1980年代のヒルトンでは料理長、料飲部長を経て総支配人になるのが6割でした。

大沢　でも日本では、部屋を売るのが本業で他は付け足しっていう
　　　ホテルマンが多いのではないでしょうか。

中村　私は全ての部署を経験して、やっぱり「食」は大事だと思っ
　　　ているし、自分自身食べるのも飲むのも大好きなんですよ。大沢
　　　さんは日本のフランス料理の草分けなんだから、とにかくこれか
　　　らも健康に気を付けて元気でいてもらいたい。フランス料理は全
　　　ての基本、これをあきらめずに継続して行ってほしい。野球も相
　　　撲も、料理も、神様みたいな人がいて、ヒーローがいて、爆発し
　　　たでしょ。料理やサービスでもヒーローが必要だから、どんどん
　　　輩出していってください。

大沢　ありがとうございます。これからもよろしくお願いします。

第5章

フランスレストラン文化振興協会(APGF)の結成

2017年、フランス料理文化センター（FFCC）が全国規模のコンクール開催からの撤退を決断しました。これは「コンクールのなんたるか」を問い直す大きなきっかけとなりました。「コンクールは誰のものか、誰が必要としているのか」という問いでもありました。

　FFCC創設1990年から27年が経ち、日本の食業界を取り巻く環境も大きく変化しました。もちろん一時代の役割を果たしたものとして、コンクールを終える選択肢もありました。

　止めるのか、続けるのか。

　そもそも長年にわたって、物理的困難を乗り越えながら「料理コンクール」と「サービスコンクール」を同時開催してきたことの意味はなんだったのでしょう？

　「レストラン」の両輪は、料理とサービスです。そこに食べ手が加わって「レストラン文化」の花が開いていく、その実現のためでした。

　そこで2017年５月、志を同じくする仲間達と共にフランスレストラン文化の振興を旗印に「フランスレストラン文化振興協会/ Association de Promotion de la Gastronomie Francaise（APGF）」を立ち上げ、FFCCからコンクールを継承することになりました。

創設メンバー

代表：大沢晴美（オフィス・オオサワ）
副代表：青柳義幸（明治記念館）、山本正弘（学士会館）
事務局長：中津真実（株式会社正木牧場）
理事：斉藤正敏（パレスホテル東京）、伊藤文彰（株式会社円居）、

　　黒川浩史（帝国ホテル東京）、山本晃平（東京ベイコート倶
　　楽部）、大澤隆（オフィス・オオサワ）
理事監査：下野隆祥（メートル・ド・セルヴィス杯名誉審査委員長）
顧問：中村裕（D＆J代表取締役）、中村勝宏（ゴブラン会会長）
相談役：正木裕文（株式会社正木牧場）
　その後、新理事として福本渉（アヴァンセの会事務局長）、岩尾
克二（アート5代表）が加わりました。

プロフェッショナルによる
プロフェッショナルのためのコンクール

　フランス料理先進国である日本には、各種の料理コンクールがあ
ります。「ボキューズ・ドール・コンクール」、「エスコフィエコン
クール」、「テタンジェコンクール」、そして「メートル・キュイジ
ニエ・ド・フランス（MCF）杯」です。

　その中でMCF杯は唯一、プラッター盛りの仕上げではなく一人
分の「皿盛り」を求めるというレストランの現実に近いコンクール
です。

　課題は主催者が決めたものではありません。コンクールの企画・
運営・進行を実質的に担っている「アヴァンセの会」（2004年創設、
青柳義幸名誉会長）が、自分達のホテル・レストランの仕事場の体
験とコンクールに参加した選手体験をベースに導き出してきたもの
です。

　MCFコンクールの課題は今、試行錯誤を重ねながら「レストラ
ンの現場で提供できる料理」というコンセプトを掲げて皿盛りメイ
ン料理とデセールの2品を決勝テーマとしています。

サービスコンクールについては、日本に「メートル・ド・セルヴィス杯」以外に同レベルのコンクールは見当たりません。

またサービスコンクールの課題は、コンクール入賞者の会「メートル・ド・セルヴィスの会」（2001年創設、山本正弘会長）が、やはり検討を重ねながら「筆記試験」「アトリエ形式」「レストラン形式」の異なる方式を採用しながら、独自のコンクールコンセプトと課題を練ってきました。次世代の育成のために、決勝審査で学生を選手のコミ（アシスタント）に付けるという工夫もされてきました。

つまり料理コンクール「メートル・キュイジニエ・ド・フランス"ジャン・シリンジャー杯"」も、サービスコンクール「メートル・ド・セルヴィス杯」も、「レストランの現場で働くプロによる、プロのためのコンクール」なのです。

2017年新たなる出発

コンクールを開催するためには、当たり前のことですが経済的な裏付けが必要です。APGFの理事は手弁当で駆け回っていますが、コンクールにかかる経費はどうしても必要です。

ここでは多くの「食に関わる企業」の皆さんのサポートをいただきました。コンクール創設当初から協力いただいている企業や新たに手を挙げてくれた企業、日仏の多くの企業・団体の皆さんがサポーターとなりコンクールの継承を応援してくださったのです。

またフランス食文化を愛する「食べ手」の皆さんが、有料の授賞式ガラディナーに参加するという形でAPGF最初のコンクール「新たなる出発」にエールを送ってくださいました。

APGF 2 連覇と正木賞

「プロスペール・モンタニエ国際料理コンクール」において、2019年の林啓一郎シェフの優勝に続き、2020年2月に安達晃一シェフが優勝し、APGFとして2連覇を果たしたことは前述した通りです。

この連覇は前年のコンクール参加選手を筆頭に「チームジャパン」が親身になって寄り添い、アウェーのパリ現地で闘う選手を支えるという「APGFの伝統」によるところも大きいと考えます。これは「正木賞」が生み出したスタイルです。

「正木賞」とPrix MASAKI（プリ・マサキ＝正木賞）

株式会社正木牧場（正木裕文社長）は、「メートル・キュイジニエ・ド・フランス（MCF）"ジャン・シリンジャー杯"」と「メートル・ド・セルヴィス杯」への支援として、2012年度から両コンクール優勝者にフランスへの旅を贈る「正木賞」を創設しました。

これにより、「メートル・キュイジニエ・ド・フランス"ジャン・シリンジャー杯"」の優勝者は個人的な負担がない状況で、パリで開催される「プロスペール・モンタニエ国際料理コンクール」を視察しながら参加選手をサポートする、という経験ができるようになりました。そして翌年は、今度は自分が選手として国際コンクールに参加するのです。このように、コンクール優勝賞品としての渡仏、次年度は選手としての渡仏、というリレー形式を実現できたことが、パリというアウェーのコンクールにもかかわらず、優勝を勝ち取った日本選手の強さの秘密、と言うことができるかもしれません。

またサービスコンクールの優勝者のサービス人も、応援団として

同行して選手をサポートしながら、コンクール会場やコンクール運営の現場、フェランディ校のサービス教授のデクパージュなどを見学することができるようになり、シェフとサービス人との強い絆が培われていったのです。

　正木氏は「プロスペール・モンタニエ国際料理コンクール」においても2016年からPrix MASAKI（フランス版「正木賞」）を創設し、優勝者を日本に招待することにしました。「非日本国籍の選手のうち最高位入賞者」は10日間の「日本体験」をすることができます。焼き鳥からフランス料理レストランまで、多様な日本の食が彼らの大きな関心事のようです。

　招待選手には、日本代表選手と一緒に国際コンクールの作品を再現する講習会の講師を務めてもらいますが、これをサポートする「アヴァンセの会」のメンバーとの交流も深まっています。2018年の「輪になろう」イベントでは、優勝者のジュリアン・リシャールシェフがガラディナーでアヴァンセのメンバーと共に料理を提供し、「多くの日本人シェフとの交流が素晴らしい思い出になった」と語っています。日本に招かれたフランス人若手シェフ達は、皆一様に日本ファンになって帰って行き、仲間達に日本の素晴らしさを大いに宣伝してくれるようです。

　そのせいでしょうか、Prix MASAKI創設以来フランスでは「プロスペール・モンタニエ国際料理コンクール」の応募者が増加していると聞きました。

　正木氏は「長年食の分野で仕事をしていたので、業界への恩返しとして若手の育成に貢献していきたい」と、賞への思いを語っています。

フランスから日本へ、日本からフランスへ

　このようにAPGFは日仏双方向での交流を進めていきたいと思っています。

　毎年フランス人シェフとメートル・ドテルを招聘してコンクールの審査に参加してもらいますが、2019年のコンクールには「メートル・キュイジニエ・ド・フランス」から使節団がやってきました。歴代会長から報告を受けている日本のコンクールとガラディナーを見てみよう、ということだったようです。

　1994年にMCFトロフィーを預けてくれた故ジャン・シリンジャーさんの同僚は、日本でコンクールが経てきた年月と道のりを感慨深く本部に紹介したそうです。

　フランスからお呼びするだけではなく、「日本からも行きましょう！」ということで、コンクールやガラを通じて知り合ってきたフランスのレストラン関係者達を訪ねる旅を企画していきたいと思います。

　新型感染症が拡大した2020年は、様々なweb体験が盛んに推奨されました。けれども移動しなければ「旅」の風を感じることはできません。現地に行き自然の真っ只中に身を置いて初めてテロワールの意味と深さを感じ取ることができます。

　APGFの旅を一日も早く皆さんに推奨できる日が来ることを願っています。

オンライン講習会

　感染症拡大によって新たな発見もありました。講習会のオンライン配信です。私は長年多数の講習会を開催してきましたが、99％は東京開催でした。九州から北海道から講習会参加費よりもはるかに高額な交通費をかけて参加してくれる方達に申し訳ないと思いながらも、どこかで「仕方がない」と受け入れていたと思います。

　けれども講習会に人が集まることができない2020年、APGFは２つの講習会ビデオを作成しました。第70回プロスペール・モンタニエ国際料理コンクールの優勝作品を再現するビデオ（講師：安達晃一シェフ）とサービス講習会ビデオ（講師：メートル・ド・セルヴィスの会）です。

　それで分かったことは、講習会はビデオのほうが役に立つ、という事実です。会場では座る席によっても見えない部分があったり、見逃してしまう動作があったりすることは否めません。けれどもカメラアイは見逃しません。そのうえ、地方で頑張る料理人やサービス人達が交通費をかけずに地元で勉強できるツールとなるのです。

　APGFは感染症後も講習会のオンライン配信を続けていくことにしました。これらのアーカイブは次世代に「日本のフランスレストラン文化の今」を継承する大きな財産となるでしょう。

　今後、「食文化講座」ビデオの作成も予定されています。

　「食文化講座」は「食べ手」の皆さんと共に共有し、素敵な食事が単に視覚的・味覚的満足だけではなく、知的満足にも繋がるという楽しみを広げていきたいと思います。

地方の料理コンクールを支援し、食べ手を育成する

　何度も繰り返して恐縮ですが、私は長年「フランスのガストロノミーを支えているのは地方だ」という確信を持っていて、日本でもそれをもっともっと広めていきたいと思っています。東京だけが食の都ではダメなんです。日本の地方の食をもっと振興していかないと、本当の日本の食文化は発展していかないでしょう。

　「日本の食文化」は「日本料理文化」だけではなく、今や確実に「日本におけるフランス料理文化」が重要な部分を占めていると思います。日本のフランス料理は、世界に発信できるレベルに来ています。「日本のフランス料理」を目指して来日する外国人観光客も増えているほどです。けれどもまだまだ地域間格差がないとは言えません。コンクールで上位に来る人達はまだ東京・大阪の大都会で働くプロが多いのです。

　「地方のフランス料理がより発展できるような環境をつくる」ことが必要だと思っています。そのためには2つの方策が求められています。

　　1．地方のシェフ、メートル・ドテルを育成すること

　　2．地方の顧客＝フランス料理の「食べ手」を養成すること

　そのためにもAPGFはオンライン講習会を充実させながら、地方の料理コンクールを支援する活動をしていきたいと思います。

　またコンクールの優勝者や審査委員が自ら地方に赴いて、地元の皆さんに美味しいフランス料理を食べていただき、素晴らしいレストランのサービスを味わっていただけるような機会を作ることも考えられます。料理する手とサービスする手、食べ手の3者が揃ってこその「フランスレストラン文化」ですから。

ガストロノミーのプラットフォーム

　2021年は第19回コンクールの年になります。APGFはコンクール20回目の節目には料理とサービス、そして食べ手が一堂に会する正餐スタイルのガラディナーを復活させたいと願っています。

　なぜなら、食卓にこそ「フランスレストラン文化」の粋があるからです。そこは食を愛する日仏の仲間達が集う一夜限りの饗宴となるでしょう。

　2017年に誕生したAPGFは第17回料理・サービスコンクールを成功裏に開催し、2018年には日仏交流160周年を記念する「ガストロノミーの祭典」を実施、日本のレストラン文化を支える多くの皆さんにお集まりいただくことができました。

　様々なコンクール、食文化の振興を目指す協会が一堂に会し交流を深めることができたことは、本当に嬉しく意義あることであったと思います。

　この経験を一歩に、APGFはガストロノミーのプラットフォームとして、「交流の場」の構築に努めながら「レストラン文化」を推し進めていきたいと考えています。

2017年　第17回コンクール

「新たなる出発　FFCCからAPGFへ」
開催会場：明治記念館
　授賞式のパーティーには、日本全国から約400名の食関係者が集結してくださいました。
メートル・キュイジニエ・ド・フランス"ジャン・シリンジャー杯"

優勝：林敬一郎『プレスキル（大阪）』

　フランス審査委員長：クリスチャン・テットドア（MCF会長）

　日本名誉審査委員長：中村勝宏（ゴブラン会会長）

　日本審査委員長：青柳義幸（APGF副代表）

メートル・ド・セルヴィス杯

優勝：中林大治『リーガロイヤルホテル大阪』

最優秀コミ賞：徳生里奈『エコール辻東京』（学生の部）

　審査委員長：フランク・ランギーユ（CGB会長）

　日本審査委員長：山本正弘（MSの会会長/APGF副代表）

2018年　日仏交流160周年記念

「ガストロノミーの祭典　輪になろう、すべてのコンクール！」

開催会場：明治記念館

　日仏交流160周年を祝って、ガストロノミーを支えている協会・団体・コンクールが集合し、かつてない「ガストロノミーの祭典」を開催しました。多くの皆さんのご支援ご協力をいただきました。

　日本には様々なフランス食文化関連の協会があります。フランス料理の研究会も京都、大阪、名古屋、神戸で活発な活動をしていますし、各種コンクールなども行われています。けれども、これらの協会やコンクールが一堂に会したことは、今まで一度もありませんでした。

　「一度みんなで輪になろう！」そこから新たな地平も見えてくるのではないでしょうか。APGFが多彩なガストロノミーのプラットフォームを提供しようと考えたのです。

パーティーは着席ビュッフェスタイル。20を超えるスタンドが設けられました。各協会や団体ごとにスタンドを担当し、会またはコンクールを代表する料理を提供しました。

　また各スタンドにはメートル・ドテルが配置され、デクパージュ等のサービスに当たりました。

　例えば「MOFスタンド」では、来日したMOFシェフのステファン・ブロンと渡辺雄一郎（ナベノイズム）がタッグを組み、UNDER29料理コンクール優勝者の山本健一郎がヘルプに入り、山本晃平（APGF理事）がサービスを担当しました。

　「テタンジェコンクールスタンド」では、二人の世界大会優勝者、堀田大シェフ（1984年優勝）と関谷健一郎シェフ（2018年優勝）が作った優勝作品を作り、2004年世界大会で準優勝した「メートル・ド・セルヴィスの会」田中優二副会長がサービスするといった趣向です。なんて贅沢なんでしょう。

　フランスからもクリストフ・ラングレー氏（『Le Grand Véfour』）、ティエリー・マルクス氏（国際エスコフィエ協会会長）、ジュリアン・リシャール氏（モンタニエ国際料理コンクール2018年優勝）、オリヴィエ・バラード氏（『Château Saint Jean』）、クリスチャン・テットドア氏（MCF会長）、アリシア・ププネ氏（「Hôtel Bristol」／CGBフランス大会 2018年優勝）ら、豪華な陣営が来日してくださいました。

「輪になろう」コンクール主催団体
メートル・キュイジニエ・ド・フランス "ジャン・シリンジャー杯"、メートル・ド・セルヴィス杯
　主催：フランスレストラン文化振興協会（APGF）

U29/パティスリー/サービスコンクール

　主催：フランスレストラン文化振興協会（APGF）

　　　　　リエゾン・デ・ルシャルシャー・ド・グ（美味追求の絆）

プロスペール・モンタニエ国際料理コンクール

　主催：クラブ・ガストロノミック・プロスペール・モンタニエ

ル・テタンジェ国際料理賞コンクール

　主催：シャンパーニュ・テタンジェ

ポキューズ・ドール国際料理コンクール

　主催：ポキューズ・ドール国際実行委員会

アンドレ・ルコント杯洋菓子コンクール

　主催：フランス料理アカデミー

フレール・エーベルラン杯コンクール

　主催：フレール・エーベルラン杯実行委員会

サンペレグリノヤングシェフコンクール

　主催：サンペレグリノ

食文化関連団体

アミティエ・グルマンド/一般社団法人日本ホテル・レストラン
サービス技能協会（HRS）/一般社団法人日仏食文化交流機構/
NPO法人レ・ザミ・ドゥ・キュルノンスキー・ジャポン/カナル
ディエ協会日本支部/クラブアトラス/公益社団法人全国調理師養
成施設協会/ゴブラン会/一日会大阪/トック・ブランシュ国際倶
楽部/公益社団法人全日本司厨士協会/一般社団法人日本エスコフ
ィエ協会/日本シャルキュトリ協会/非営利団体全日本メートル・
ド・テル連盟/クラブ・プロスペール・モンタニエ日本支部/京都
フランス料理研究会/神戸フランス料理研究会/名古屋フランス料

理研究会/フランス農事功労章協会/ルレ・エ・シャトー

2019年　第18回コンクール

　第18回コンクールは例年通り、フランス大使館及び観光庁の後援をいただき、盛大に開催することができました。メートル・キュイジニエ・ド・フランスのパリ本部からテットドア会長ほか6名の使節団が派遣され、日本人審査委員と共に料理・サービスコンクール決勝の審査に当たりました。「レストラン形式」で行われたサービスコンクール決勝では100名を超すギャラリーがこれを学士会館で観戦し、レストランサービスへの注目の高さを実感するものとなりました。授賞式ガラディナーは同日、明治記念館にてビュッフェスタイルで開催しました。

メートル・キュイジニエ・ド・フランス"ジャン・シリンジャー杯"
優勝：五十嵐直登『ミリアルリゾートホテルズ』

　会場：厨BO！汐留フランス料理文化センター

　フランス審査委員長：クリスチャン・テットドア

　　　　　　　　（メートル・キュイジニエ・ド・フランス協会会長）

　日本名誉審査委員長：中村勝宏

　日本審査委員長：青柳義幸（APGF副代表）

　メイン料理審査員：クリスチャン・ネ（『La Pyramide』）、上柿元勝（フランス農事功労章協会会長）、ルノー・オージェ（『トゥールダルジャン』）、福田順彦（日本エスコフィエ協会会長）、クリストフ・ポコ（日本シャルキュトリー協会会長）、斉藤正敏（パレ

スホテル東京）、杉本雄（帝国ホテル東京）、高良康之（『レストラン・ラフィナージュ』）、斉藤哲二（東京會舘）

デザート審査員：ミッシェル・バスケ（メートル・キュイジニエ・ド・フランス協会名誉副会長）、正木裕文（正木牧場）、岩崎均（ホテルメトロポリタンエドモント）、川本紀男（『金沢プレミナンス』）、飯塚隆太（『レストランリューズ』）、関谷健一郎（『ラトリエ・ドゥ・ジョエルロブション』）

決勝課題：温製メイン料理

①ホロホロ鳥１羽とフォアグラ（デルベラ社製）、赤ワイン使用
　ガルニチュールは２品以上、１品はキノコを使用

②デザート – バナナを使用

メートル・ド・セルヴィス杯

優勝：深津茂人『ホテル・ラ・スイート神戸ハーバーランド』

最優秀コミ賞：長谷川律希『エコール辻東京』（学生の部）

会場：学士会館（レストラン形式）

審査委員長：山本正弘

　（APGF副代表/メートル・ド・セルヴィスの会会長/学士会館）

フランス審査委員長代理：ミカエル・ブーヴィエ

　　　　　　　　　　（MOF/『La Pyramide』）

日本名誉審査委員長：下野隆祥

　　　　　（メートル・ド・セルヴィスの会顧問/APGF理事）

審査員：田村敏郎（メートル・ド・セルヴィスの会名誉会長『銀

座レカン』)、田中優二（メートル・ド・セルヴィスの会副会長/第11回優勝『レストラン タテルヨシノ』）、内田淳也（メートル・ド・セルヴィスの会副会長/第10回優勝/葉山ホテル音羽ノ森）、日紫喜勇（メートル・ド・セルヴィスの会/第13回優勝）、宮崎辰（メートル・ド・セルヴィスの会/第14回優勝/2012年クープ・ジョルジュ・バティストサービス世界コンクール東京大会優勝）、稲葉健治（全日本メートル・ド・テル連盟副会長/ホテル・ラ・スイート）、三浦和也（メートル・ド・セルヴィスの会/第15回優勝/エコール辻東京）、長谷川純一（メートル・ド・セルヴィスの会/第16回優勝/俺の株式会社）、中林大治（メートル・ド・セルヴィスの会/第17回優勝/リーガロイヤルホテル）、山本晃平（APGF理事/カマラッドの会会長/東京ベイ倶楽部）

着席審査員：番井啓介（観光庁国際観光課欧米豪市場推進室）、駒井正義（メートル・ド・セルヴィス杯テーブル審査委員長）、川崎孝信（メートル・ド・セルヴィスの会顧問/ANAクラウンプラザ京都）、黒川浩史（全日本メートル・ド・テル連盟/メートル・ド・セルヴィスの会副会長/帝国ホテル東京）、パトリック・パッション（メートル・ド・セルヴィスの会顧問/『ル・プティ・ブドン』）、フランシス・ロバン（メートル・キュイジニエ・ド・フランス協会副会長/事務局長）、マチュー・ガレル（メートル・キュイジニエ・ド・フランス協会コンクール担当理事）、ジャンピエール・サンマルタン（メートル・キュイジニエ・ド・フランス協会副会長・新規事業担当）、アンドレ・

フルネ（国際プロスペール・モンタニエ元会長）、カトリーヌ・フルネ（アンドレ・フルネ氏令夫人）、高橋久也（第1回優勝/ロイヤルパークホテルザ・汐留）、五味丈美（第10回入賞/ビストロ・ミル・プランタン）、田中保範（株式会社Ondo代表取締役社長）、本間るみ子（株式会社フェルミエ取締役会長）ほか

課題：お迎え

アペリティフ（シャンパンの抜栓とサービス）

アミューズブーシュ（イギリス式サービス）

白ワインのサービス

前菜（イギリス式サービス）

魚料理（皿盛・クロッシュ・サービス・ソースはイギリス式）

赤ワインのサービス

肉料理（仔鳩はゲリドンサービス、仔羊はクロッシュサービス）

フロマージュ（ロシア式/ゲリドンサービス）

デザート（ロシア式/ゲリドンサービスフランベ）

ミニャルディーズ（イギリス式）

お見送り

対 談　青柳義幸シェフ・山本正弘氏

> **青柳義幸**：株式会社明治記念館調理室（明治記念館）
> 　　　　　　常務取締役統括総料理長
> **山本正弘**：株式会社学士会館精養軒 取締役料飲部長
> **大沢晴美**：APGF 代表（司会）

大沢　青柳さんと山本さんは、コンクール出場経験者であり、また
コンクールの運営・審査の中心人物として長年ご尽力いただいて
います。今日は、その両方の経験からコンクールの内容について、
また参加者にとってのコンクールの意味、業界にとってのコンク
ールの位置付けなどをお話しいただきたいと思います。今後の課
題や方向性などにも触れていただければと思います。まずは青柳
さんから自己紹介をお願いいたします。

世界大会最初の日本代表

青柳　株式会社明治記念館調理室、常務取締役統括総料理長の青柳
義幸です。18歳高校卒業と同時に東京會舘に入社し、２年間サ
ービスをした後、20歳で厨房をやらせてもらえるようになりま
した。その後ロイヤルパークホテル、東京ドームホテル、浦和ロ
イヤルパインズホテルを経て、明治記念館に入りました。コンク
ールは、ロイヤルパークホテルにいた97年に優勝しました（第
４回メートル・キュイジニエ・ド・フランス"ジャン・シリンジ
ャー杯"）。ロイヤルパークホテルでは僕の前に２年間優勝してた
ので、３年連続で取らなきゃいけないという社風があり、プレ
ッシャーでしたね。優勝したことから人生が変わりました。優勝

した賞品として、１か月後からフランス研修に行かせてもらいました。32歳だったのですが、それがものすごいキャリアアップになりました。

大沢 フランス各地の食べ歩き旅行、パリのフェランディ校の留学コース、その後のフランスのレストランでの研修というワンセットでしたね。

青柳 自分としては、フランス料理をやっていこう！という本当の意味での芽生えになりました。研修後にロイヤルパークホテルをメイン会場にして開催予定だった「アルザス・オ・ジャポン」（1997年秋）の打ち合わせもさせてもらいました。

大沢 食べ歩き旅行ではアルザスのストラスブルグで毎年開催される食の見本市「EGAST」見学も旅程に入れていました。すると青柳さんはそこでいきなりフランス料理のデモンストレーションをさせられましたよね。「アルザスをテーマにした料理コンクールで優勝した日本人が来る」ということが話題になっていました。

青柳 そう、そのコンクールで優勝した作品を30〜40分で作れ！って、いきなり言われました。

大沢 フランス的な準備のなさというか、ぶっつけ本番でね。メートル・キュイジニエ・ド・フランス協会（MCF）会長としてコンクールの審査委員長も務めたフェルナン・ミシュレール/Fernand Mischlerシェフが全面的にバックアップしてくれたとはいえ、旅先ですから大変でしたね。

青柳 言葉も分からないのにね。もうすごいチャレンジでした。2001年にサービスの人達が集まって「メートル・ド・セルヴィスの会」というのを立ち上げたので、僕たち調理人もそういう会を作ろうと思って、2004年に「アヴァンセの会」を作りました。

そこからコンクールのお手伝いもさせていただくようになりましたが、その頃の試食審査は日仏のグラン・シェフが審査員だったので、私達はコンクール運営や厨房審査をしていました。

大沢　厨房審査も大変ですよね。

青柳　事前に食材を検査して、コンクールでは実技の衛生面、テクニック、時間管理などを審査します。

大沢　試食審査だけじゃないのが、ポイントですよね。

青柳　試食7、厨房3くらいの割合ですね。選手だった経験もあるので公平に見ることを大事にしていますが、厨房審査の点数がある程度高く良くないと、優勝できないんですよ。

大沢　過去の結果を見ると、厨房審査の点数と試食審査の点数は間違いなく連動していますよね。不思議なくらいです。

青柳　結局コンクールは日々の仕事の延長線だと思うので、厨房で調理台がきれいな人がだいたい上位に来ますね。メンタルも大事で、緊張もあるだろうけど、だんだん自分のペースに持っていけるような段取りができないと、工程がぱっと抜けてしまう人もいます。結局、全てが日々の仕事ぶりなんです。

大沢　フランスのプロスペール・モンタニエ国際大会でも、青柳さんは日本人第一号として参加していらっしゃいますけど、仕事ぶりって必ず出ますよね。例えば厨房でコミを怒鳴りつけたりするフランス選手がいました。おそらくコミをしてくれる学生さんがミスをしたんでしょうけど、その子はそこから委縮して動けなくなっちゃうでしょ。そうすると、結局いい結果にならないです。きっとそれが彼の日常の仕事ぶり、人間性なんだろうなぁと思って見ていました。

青柳　いくら技術が高くても、そういう面が出ちゃうと仕事に影響

が出て完成度が落ちるので、メンタルは大事だと思いますね。

大沢　私の役割は、主催者として選手や審査委員ができるだけやりやすい環境を整えることだと思っています。コンクールのバックヤードで資金集め、広報などの手配、フランス人審査員招聘やフランス大使館など後援団体との調整など。コンクールの現場の運営はすべて「アヴァンセの会」がやってくださるので、本当に有り難いです。

青柳　選手がいかにいい料理を作れるか。やはりいい環境が大事で、選手がやりやすいようにしたいといつも考えています。たぶん一番選手に歩み寄ろうとしているコンクールだと思います。そうした継続が力になって、プロスペール・モンタニエ国際料理コンクールから世界一のシェフを３人＊出せるようになりました。

＊隈元香己シェフ（2014年第64回コンクール優勝）
林啓一郎シェフ（2019年第69回コンクール優勝）
安達晃一シェフ（2020年第70回コンクール優勝）

大沢　日本で"メートル・キュイジニエ・ド・フランス杯"を後援しているMCF協会はフランスで最も会員数が多く歴史のあるシェフの協会で、日本ではこのようにプロを対象にしたコンクールを支援しています。でも、フランスではアプランティ（見習い）のコンクールを開催しているものの、プロ対象コンクールはやっていませんよね。一方プロスペール・モンタニエ協会は、フランスで最も歴史と権威のあるプロを対象にした料理コンクールを毎年開催しているのに、日本ではアプランティコンクールだけで、プロ対象のコンクールは開催していません。この状況から、2010年にパリでMCF協会会長とモンタニエ協会会長に面談をしていた

だき、日本のMCFコンクール優勝者がモンタニエ国際コンクールにチャレンジできるよう調整していただきました。「世界に羽ばたく料理人」のステージを作るためです。モンタニエ国際会長アンドレ・フルネイ/Andre Fournet氏がモンタニエコンクールの規約を国際化する方向で修正するなど尽力してくださり、日本のMCFコンクール優勝者への門戸が開かれました。そして翌2011年に「日本人選手第一弾」として青柳さんが参加し、見事3位入賞。ここから、日本人シェフの快進撃が始まったんですよね。

コンクールの楽しさとつらさ

山本　学士会館取締役料飲部長の山本正弘です。FFCCの「メートル・ド・セルヴィス杯」は94年がスタートですが、僕はその3～4年前に別団体がやっていたコンクールに出場したのが初めての経験でした。学校を卒業してからパレスホテル東京に35年おりました。1980年代当時のパレスホテルは今と雰囲気が違っていて、落ち着いた感じの日本的で伝統的なホテルでした。入社して配属先の希望を聞かれた時、自分は接客係はダメと思ってたんです。ホテルに入っておいて接客がダメって変な話なんですけど、レストランのようなパーソナルな感じは苦手で、宴会サービスのようにコマとして働く方が自分としては向いているなと思って希望したんですけど、フランス料理レストラン『クラウン』に配属されました。パレスホテルでトップのレストランで、新入社員が入ったのは20年ぶりと聞きました。それまでは3～4年経験してから配属されるレストランでしたから、少しずつホテルが考え方を変えようとしていた時期かもしれないですね。とにかくフランス料理のことは何も知らないので、先輩に導かれながら、学んでい

きました。当時は「見て覚えろ」の世界で、レクチャーしてくれる時代ではありませんでしたが、逆にそれが自分にとっては好都合だったのかもしれません。「自分で勉強しなきゃ！」って思えたからです。サービスはもちろんのこと、料理もワインも覚えなきゃいけないと思って、とにかく勉強しました。「他の人に負けたくない」って、負けず嫌いなんですね。何が一番嫌だったかと言うと、お客さまに尋ねられて答えられないことで、とても恥ずかしいと思いました。1年目だろうが10年目だろうがお客さまには関係ないので、とにかく勉強して知らないことを少しでもなくそうと思いましたね。その後コーヒーショップに移動したんですが、ホテルならではの朝食サービスがあったりするので、ホテル全体のことが分かってくるんですよ。でもコーヒーショップにいてもどこにいても、気持ちにはいつもフランス料理がありました。フランス料理って夢があるじゃないですか。僕が入社した頃に堺正章さんの「天皇の料理番」というテレビ番組を見て、この世界ってすごいなぁ、って思ったんです。

大沢 パレスホテルの目の前には皇居がありますしね。

山本 何か所か異動して、クラウンに戻ったのが30代半ば。それから管理職になるまでは、ずっとクラウンでした。戻った頃は世の中がサービス接客に目を向け始めていて、HRSができたり、「メートル・ド・セルヴィス杯」が始まったりしてました。まずは自分がどんな立ち位置にいるのか知りたかったのでコンクールに出場したんですが、コンクールでは自分のできなさ加減を、講習会では自分の知らなさ加減とかを思い知らされましたね。

大沢 え、そうだったんですか？　熟成の域に達したサービスマンというイメージでしたが。

山本　僕は出場したとき30代でしたが、他の選手は20代が多かったんですよ。若干でも年齢が上で経験的にも先輩なのに「知らない」ってことがつらくて。当時は街のレストランの子達もすごく勉強していたので、彼らの知識やテクニックのレベルを思い知らされたわけです。コンクールでは勝ち負けがあるので、そこでは勝ちたいと思いましたね。ただコンクールや講習会で得たものを現場で活かさなければ仲間のためにならないので、職場に戻って彼らに広めていきました。そうするとホテル自体も、それまで料理やサービスの伝統的なものは評価されていたけど、それにプラスして今フランス料理にはサービスが本当に必要であることや、井の中の蛙ではいかんのだということが分かってきて、そうすると勉強に行くのにシフトを調整してくれたりと協力的な雰囲気になってきました。「メートル・ド・セルヴィス杯」には1997年に初めて参加して、99年には決勝まで残りました。その年は初めて「サービスコンクール決勝観戦ガラディナー」があり、200人以上の観客のいる宴会場のど真ん中でコンクールをやるという、素晴らしく大きな舞台に出る運に恵まれ、準優勝を果たしました。その後は40歳という年齢制限に引っかかったので出場不可。コンクールの楽しさやつらさを仲間や後輩に味あわせてあげたいと思ってお手伝いする側に回った次第です。当時はまだ審査員はフランス人や日本人の重鎮が中心にいらしたので、準備や選手の誘導など運営のお手伝いをさせてもらいました。2001年に先ほどお話に出た「メートル・ド・セルヴィスの会」創設メンバーに入らせてもらって、副会長に就任しました。初代会長は今『レカン』にいる田村敏郎さんです。この会は、コンクールを応援する会です。だからサービス以外に料理人もいて、レストランを好きなお

客さまも会員です。いろんな人がいて、みんなでコンクールを応援しましょう、先々は自分たちでコンクールをできるようにしましょう、という思いで立ち上げました。2010年から2012年はコンクール実行委員長で、2013年からは下野隆祥さんから引き継いで審査委員長をやらせてもらうようになりました。思い出深いのは2012年の世界大会で、コンクールの後のガラディナーは新装して間もないパレスホテル東京で開催して、フレデリック・カイザー氏と私でサービスの指揮を執りました。

ガラディナー

山本　このコンクールは、料理とサービスの決勝が同時に行われていることと、その後にガラディナーをすることが大きなポイントだと思います。決勝は料理・サービスそれぞれ別会場にて行われ、終了後一緒に授賞式とガラディナーです。前日は料理人は食材を運び入れたりサービス人は会場を設営したりと夜遅くまで準備してますし、当日は朝早くからみんな動いてますし、だから打ち上げのビールが美味しいんですよね。

大沢　そのために頑張っているとも言えますよね。知らない者同士、料理もサービスも一緒にやるんですけど、もうそれが仲良くなる瞬間ですよね。

山本　フランス人が、「料理人とサービス人がなんでこんなに仲良しなんだ？」って、びっくりします。同じ店なら仲いいのかもしれないですけど、コンクールとかガラディナーで年に1回しか会わない人達もいるんですよ。それが集まって、コンクールやってガラやって打ち上げて盛り上がるんですよ。

青柳　その時のみんなの笑顔ったらないですよ。だからメートル・

キュイジニエの会長さんが、「日本では料理人もサービス人もみんなが仲いいからジェラシー沸いた」って言ってたらしいです。これがFFCCからAPGFに受け継いでいるうちのスタイルですね。

山本 ビールだけじゃ終わらなくて、二次会三次会って続きます。企画の段階から打ち上げを決めて、サービス人は最後にラーメン屋に行って、前年優勝した人が全員分を払うという「伝統」ができました。

大沢 審査員っていうのは普通コンクールで終わりじゃないですか。でもこのコンクールの審査員は、コンクールが終わったら選手と一緒にガラのフォローに回るんですよね。世界大会の時(2012年)は、世界中から出場した選手もサービスに回って、自分の国の在日大使にサービスをするという演出をしました。また400名以上の宴席でクロッシュサービスをしました。山本さんにはふつうのバンケットではできないし、やろうともしないサービスの総指揮を執っていただきましたね。

山本 もう、ガラディナーの方が大変です。コンクールは自分達と選手でやるんですけど、ガラの場合はお客さまに接するわけですから大変ですよね。毎回ガラが終わってコンクールが終わるって感じです。

青柳 料理もそうです。毎回フランス人審査員にはガラディナーで料理を出してもらうんですが、実際に厨房に入って一緒に作ると、人としても料理人としても愛着が湧いて関係性が深まるんですよ。サービスとの関係性も密になります。だから表彰式が終わっても料理とサービスが繋がっていて、そういう協力関係が確立してきていますね。

大沢 フランスから来日する料理の方もサービスの方も、本当に日

本が大好きで、頼まれなくても来てくださるんじゃないかと思う
くらいです。それはきっとコンクールの審査よりも、その後のガ
ラディナーの効果だと思います。日仏が共同作業をし、審査員と
出場者が共同作業をし、料理人とサービス人が共同作業をして、
お客さまに三重のもてなしをするんですが、着席であれビュッフ
ェであれ、料理とサービスと食べ手がコンクールを支えて、次の
世代に繋げていく場なんじゃないかなと思っています。

選手の育成

山本　ボランティアで手伝ってくれるのは運営スタッフだけじゃな
くて、コンクールの予選で負けちゃった子達もいます。事前の講
習会に参加して、コンクールを戦い、最後のガラで一緒に仕事す
るという長い付き合いになるんです。地方から参加する子は自分
で交通費を払って来ます。普段一緒に仕事や話ができないトップ
クラスの人と一緒にガラディナーをやれるので、すごく勉強にな
ると言ってます。フランスや日本全国のホテル・レストランで働
いている人達の考え方ややり方の違いを知ることができる機会で
すから。それは我々にとっても同じです。世界大会ガラでは400
人のお客さまに120人のサービスで、しかもその120人は全員が
プロフェッショナルなんですよ。例えば結婚披露宴なんかでもサ
ービスはたくさん働いていますが、そこにはセミプロも多いんで
す。でもここにはプロフェッショナルしかいないんですよ。もち
ろんソムリエも一流のレストランで活躍している人ばっかりです。
こんなすごい環境に身を置くだけでも、学ぶことがたくさんあり
ますよ。

会場・ホテルのノウハウ

大沢　一番大変なのは、準備をする皆さんですね。

青柳　コンクールがある時は、僕は自分の奥さんより山本さんと話す時間が長いですもん。そうじゃないとできないです。

山本　あと、会場も大事です。ロイヤルパークホテルの中村裕さんにご理解いただいて長年会場の協力をいただいてますが、それもホテルがノウハウ持っているからできるわけで。ロイヤルパークさんは何人も優勝者を出しているので、実力は十分。そうなると会社を挙げて協力をしてもらえるし、会社のビジネスにも繋がりますから。明治記念館でやった時も、なんの準備も要らないんですよ。青柳さんがいるので。

大沢　協力できるノウハウを持つ重要性ですね。

山本　今度どこかに新しいホテルができて、豪華な宴会場があるからそこでやろうと思っても、できないです。我々が百人単位で行ったとしても、できないですよ。やっぱりその会場自体がノウハウを持っていないと難しいです。

大沢　会場のノウハウは、そこにいる「人」ってことですよね。世界大会が新しいパレスホテルでできたのも、サービスでは山本さんがいらして、料理ではロイヤルパークホテルで長年ガラを担当され、その後パレスホテルの総料理長となった斉藤正敏さんがいらしたから。2017年、APGFとして初めてのコンクール・ガラディナーが明治記念館で開催できたのは青柳さんがいらっしゃったおかげです。さもなければ絶対できなかったと思います。

青柳　ガラディナーを経験しているからこそ、次の人達もできるようになってきたということですね。

サービススタイルの進化

山本 我々はコンクールをやっている最中に、ガラディナーのサービスのシミュレーションをしておくんですよ。それを完成させておかないと選手がそこに参加できないんです。そこで運営側の日本人とフランス人の考え方でどうしても重ならないケースがあるんですが、やはり彼らのサービスをしてもらおうと思うので、結局日本人が折れるんです。どこが違うのかっていうと、日本人はできるだけ無駄なく時間かからないようにスムーズにやりたい、フランス人はスタイルを決めるとそれを徹底して守りたい。例えばフランス人は、料理は全員の皿を下げない限り次を出さない。我々としては下げながら出せばいいんじゃないかと思うんですが、最初の何回かのガラディナーはそれをやって終了が22時をはるかに過ぎちゃいました。そのうちにフランス人チームもだんだん学習してきて日本チームに歩み寄って、効率よくかつ優雅なサービスができるようになりました。1チーム7〜8人で10幾つチームがあって、その10幾つのチームを2つに分けて、フランスのトップの指示で全部が動きます。おそらくエリゼ宮の晩餐を参考にしているんだと思います。日本の宴会サービスだとつまらないんですよ、効率よくやっちゃうから。フランス人のサービスは、隊列が進んでいくさまとか、いいんですよね。

大沢 フランス人のサービスは、見せるんですよね。例えばクロッシュを外すときも、ウエイブをかけて順番に外していったりね。

山本 もちろん一斉に外すのもきれいなんですけど、次から次にウエイブを作りながらクロッシュを上げていくとやっぱりカッコいい。そういうシミュレーションやリハーサルを事前にするんです。

大沢 リハーサルしないと、できないですよね。

山本 コンクールでガラディナーをやったことで、ホテルの宴会料理の流れが変わったと思います。日本中のホテルの宴会で料理もサービスも限りなくレストランに近いクオリティでやろう、と思うようになったのは、このコンクールの大きな貢献だと思います。

大沢 一番分かりやすいのはシルバーのセットですよね。日本の宴会では最初に全部並べるし、マナー教室では「外側から使いましょう」とか言いますでしょ。でもあんなの本当はあり得ないサービスで、最初は最低限セットして、それから使うものを次々にセットしてくのがレストラン。それに近いサービスを宴会でもやろうっていうフランス人と、いつもせめぎあいでしたね。

山本 そのうえ、新しいシルバーのセッティングを自分たちのテーブルでできるタイミングであっても、他のテーブルのタイミングが来るまで待ってるわけですよ。その間はみんな厨房に下がっているけど、宴会場の厨房も広いわけじゃなくて、料理人が作業しているから、人がうじゃうじゃいるところで邪魔にならないように逃げてました。

青柳 料理もサービスも人がいっぱいで、それもいつも以上にいるから大混雑ですよ。息苦しくなるくらい。

大沢 それまでは、ホテルの宴会でレストランのクオリティを求めるのは難しかったですね。

山本 大人数に対して必要最小限のサービスでやる方が、営業的には効率がいいわけですから。

大沢 レストランであっても、それは簡単ではないですよね。

山本 潤沢なサービス人が置けるのは高級店で、普通はそこまではできないからそれなりの人数でやるしかないんです。オーナーシェフレストランの宴会でも、80人の結婚式であれば8人10卓で、

2〜3卓を1チーム4人で担当するとかそういった計算をしますから、あくまでも効率です。

大沢 効率性に対峙するのは、なんでしょう？

山本 余裕というか、見せるってことでしょうか。料理がレストラン寄りになってくると、サービスも宴会場のやり方ではなくレストランのやり方に沿ったものになってくるんです。お皿を2枚3枚持つというのは宴会スタイルとして確立されていて悪いことではないけど、レストランのスタイルでやろうと思うとそれはできないです。お皿一枚では手数はかかるし往復も増えるというリスクはあるけど、あくまでもレストランスタイルにしようとするときには必要なサービスですね。

大沢 基本、一人2枚以上の皿は持たない。パーティーの趣旨によって宴会でもレストランスタイルでできるというのが、業界全体に対するガラディナーの成果かもしれませんね。他のホテルの宴会に行って、ロイヤルパークホテルのガラディナーのスタイルを学んでるなぁと思ったりすることが増えてきました。話を聞くと、今は偉くなった人が若い時にガラディナーのサービスのヘルプにボランティアで行っていたと。そんなケースがあちこちに散っているから広がっていったんだと思います。

山本 この20年間で、サービスがぐんと進化しましたよね。

大沢 私もそう感じます。中村勝宏シェフが、「最初のコンクールからフランスの第一線のグラン・シェフやサービスが来てくれたのが大きかった」と言ってくださいましたが、本当にその通りだと思います。

料理の進化

大沢 料理でもグラン・シェフがいらして、日本中のシェフが集まって一緒に料理するんですから、そこでの学びも大きかった。

青柳 「ローヌ・アルプ・オ・ジャポン」（1995年）の時は、私はまだ慣れてなかったけど、多くのグラン・シェフが来てものすごく勉強になりました。フランス人はレストランシェフが多いので、何百人って経験はあんまりないと思うんですが、やっぱり考え方っていうのがあって、例えば100名だったら、10名の料理を10回作り、10名のソースを10個作ればいいじゃないか、っていう発想の転換を教えてもらいました。その教えを当館の宴席でも取り入れています。

大沢 レストランに限りなく近い味を、宴会で出すってことですね。

青柳 100名を10人でやるのと10名を3人でやるのでは、効率は違いますが、レストランに近づけるんですよ。サラダも100名をいっぺんに作ろうと思えば、最後はしなしなになっちゃう。でも10名のサラダを10回に分ければ美味しく出せる。

大沢 料理では、フランスと日本の考え方の違いってなんでしょう。

青柳 山本さんと同じで、料理も効率が大事です。でもフランス人は拘ります。着席の場合は分かるけど、ビュッフェでも拘るんですよ。ビュッフェなら効率的でいいじゃないかと思うんですけど、フランス人は待たせてもいいから一皿ずつ仕上げていくという考え方がありますね。

大沢 効率性よりもクオリティなんでしょうね。基本的に彼らの頭の中にはレストランがあると思います。それが大きくなったのが宴会というイメージがあって、だから「レストランが大きくなったからといってクオリティを下げるのか？いいや違う！」ってこ

となんですよ。フランスのホテルでは大規模な宴会はあまりない
んです。私の経験ではプロスペール・モンタニエのガラで一番大
きな時で200〜250人くらい。ベルサイユ宮殿やパリの市庁舎な
ど公共施設を使ってやる時は大人数ですけど。体育館を使って
500〜600人という時もありましたが、そういう時には多くの場
合ケータリング会社が活躍しています。電源から何からトラック
で持ち込んだりなど、別のノウハウとして彼らは持っているんで
す。ケータリングもいろんなレベルがあって、レストランとどこ
が違うのっていうと、例えば全部真空パック使うとかね。

青柳 アルザスで修業中に、大統領がアルザス市庁舎に来てケータ
リングでの晩餐会があったんですけど、いろんなレストランが料
理を持ち寄りました。それも面白かったです。

大沢 アルザスのシェフ達は連帯感あるから、そういうの得意なん
ですよ。他ではなかなか難しいですね。ケータリング時のサービ
スはサービス人の協会がフォローするんです。日本の配膳会社み
たいではありますけどそこと違うのは、レストランのそれぞれの
役割、コミならコミ、シェフ・ド・ランならシェフ・ド・ラン、
メートル・ドテルならメートル・ドテルって資格が全国共通であ
るということ。例えばメートル・ドテルの要請があると、メート
ル・ドテルを3つ星のレストランでやってました、っていう人
が派遣されるんです。サービスの基本がばちっと固まっていてラ
ンク付けができているから、いきなり職場が変わっても通用する
んですよね。ずっとフリーランスの人もいるし、最初はヘルプで
行った先でそのまま勤めるようになる人もいます。

お客さま

山本 ガラディナー、準備も大変だけど、やっぱりお客さまがいるっていう大変さが特にあります。でも、もし他のコンクールでガラディナーをやったとしても、たぶん業界の人しか来ないと思いますよ。でもここのガラディナーは一般の食が好きなお客さまが高い会費を払って来てくださる。有り難いですよね。

大沢 私は、コンクールはそういうお客さまに支えてもらうべきだと思うんですよ。お金のことを言ってはなんなんですが、コンクールで赤字なのは当たり前なんです。皆さんから若干の参加料はいただいてますが、それで賄うのは不可能だと思います。賄おうとするとすごく高い参加料になりますから。であるならば、「誰に支えてもらおうか？お客さまに支えてもらおう！」というのが最初にコンクールガラディナーをやろうと思ったときの考えでした。レストランで料理とサービスを楽しんでくださる方々がガラに来てくださる、これはあるべき姿だと思うんですよね。

コンクール

青柳 今までコンクールをやってきてよかったのは、順位が出て終わりじゃなくて、選手と審査員に接点があることですよね。地方予選の時も決勝の時も、寸評もするし、アドバイスもしてあげたりとか、交流ができるんです。

大沢 そこまでするコンクールってあまりないんではないでしょうか。

青柳 コンクールって出会いの場所だと思うんですよ。意識の高い料理人達が集まって、審査員の方達もランクの高い方達がいらっしゃるので、そういった方々が直接モノを言ってくれるというのが今の世の中では大切なことなのかなって。

相互理解

大沢 会社に言われて参加したけど、サービスに目覚めちゃったって人もいますよね。

山本 いますよ。コンクールには学生の部門があるんですが、調理師学校の学生がサービスコンクールではサービスのお手伝いをコミとしてやります。予選で選ばれて決勝まで残って順位を出すんですが、そこで優勝して人生変わったって人もいます。その当時は調理師を目指していたのに、サービスが面白いと思ってサービス人として有名レストランに入った子が何人もいます。ホテル学校でホテリエを目指していたのに、コンクールがきっかけでサービスに入った子もいますし。

大沢 サービスって麻薬のような魅力がありますよね。

山本 そうなんですよ。メートル・ド・セルヴィス会の役員もそうで、例えば名誉会長の田村さんや宮崎辰さんとか調理師学校出身が多いですよ。もっとも田村さんの場合は厨房に人がたくさんいたので、空きがでるまでのウエイティングでサービスをやらされていた時代ですけど。

大沢 FFCC事務局にいた福岡俊和さんもそうね。でもサービスを知ることは、料理人希望者にも必要ですよね。

山本 だから意図的にサービスをやらせていたんです。

青柳 僕なんか東京會舘で2年間サービスをやってました。マザーグース松屋とか、本館の宴会とかプルニエ、売店の販売やったり。

大沢 サービス経験をして、どうでした？

青柳 料理人になった時に、サービスが見えるようになりましたね。だから今でもその経験をしてよかったと思います。僕たちは外に出られないけど、宴会場でもレストランでもサービスをしている

風景が描けるんですよね。

大沢　サービスも料理を知ることは大事だっておっしゃいますよね。

山本　料理を知らないと、サービスできないですよ。FFCCの料理
　　講習会にも行きました。一番前の真ん中に座ってたら、中村シェ
　　フから「君はサービスじゃないのか？なんでいるんだ？」って声
　　かけられて、「いや、好きなんです」って答えたら、「変わってる
　　なぁ」って言われました。料理を知ると、お客さまに話せるし、
　　厨房と仲良くなったらいざ自分が困った時助けてもらえるんです。
　　ミスしても本当は10怒られるところが７で済んだりとかありま
　　すし。ある程度のポジションになったら、シェフとはとにかく毎
　　日喧々諤々してました。
_{けんけんがくがく}

大沢　でも仲良くなっているから喧々諤々できるってことですね。

山本　仲良くないと、いろんなお客さまのリクエストを伝えられな
　　いですよ。

大沢　お客さまは好きなものを好きなタイミングで食べたいし、で
　　も厨房には厨房の都合がありますからね。間に入るのがサービス。

山本　シェフが厨房からホールに出てくると、サービスの連中は全
　　員緊張するんですよ。逆に私が厨房に行くと、サービスのトップ
　　が何をチェックしに来たんだろうと、料理人が緊張するんです。

大沢　お互い、いい緊張関係ですね。『ラ・ピラミッド』のパトリ
　　ック・アンリルーさんは名シェフで経営が大変上手ですけど、早
　　い段階からサービスの重要度を強調していらっしゃいました。あ
　　のレストランは、調理場とサービスとのやり取りがすごく多いで
　　すよね。

山本　パトリックシェフは私の大尊敬するシェフの一人です。彼は
　　営業後にミーティングするんですよ。シェフとディレクター、メ

ートル・ドテル、ソムリエで毎日やるんです、夜遅いのに。だから僕もホテルで真似したいなぁと思っていました。でもレストランと違って定休日がないからみんなが揃うことが少なくて、難しかったですね。

職場環境の進化

大沢 職場環境は、コンクールとかで情報交換することで変わってきましたか？

青柳 環境を変えることはチャレンジだと思うんです。例えば私は明治記念館に12年間いて、最初はそういう環境じゃなかったけど、コンクールでの気付きを何回か繰り返すことでスタッフのモチベーションも上がってくるし、食材もそれまで使ったことがないものに出会うと燃えてくるんですよ。だからきっかけを与えてもらったと思います。

大沢 新しい食材、新しいチャレンジ、簡単ではないですよね。

青柳 何かに向かって頑張ろうと思うことが大事だったんですよ。去年（2019年）もガラディナーの前に結婚披露宴が27件も入っていて仕込みもやらなきゃいけなくてバタバタしてたら、フランス人もその雰囲気が分かったんでしょうね、最後はマスクして盛り込みを一緒に手伝ってくれました。そういう経験をすると、僕達も目標目指してやろう！ってことが自然とできてくるんです。うちのスタッフもガラの時には２時間しか寝てないとか、すごく頑張ります。それを繰り返していくうちに、スタッフは成長しますよね。

山本 サービスの方も、僕は学士会館に移ってまだ３年なんですが、最初の年の2017年に、サービスコンクールの決勝を学士会

館でやったんです。

大沢　山本さんが学士会館に行ったから、できたんですよね。

山本　スタッフにとっては、今まで経験したことがないようなことでした。サービスの決勝戦で、それも外部からすごい人たちが審査員や観客としてやってきて、あれは会社にとって刺激になりました。私は会社にもスタッフにも「僕は学士会館を日本のサービスの基地にする。ここから発信するんだ。みんなで一緒にやろうね！」って、スタッフのモチベーションを上げています。

大沢　そうなると、職場環境というより「職場風土」が変わったということでしょうか。でも風土ってなかなか変えられるものではないので、それはすごいですね。

優勝者の進化

大沢　山本さんや青柳さんは統括するお立場ですけど、実際にコンクールに出てガラディナーで手伝う若いプロが経験を持ち帰った時に、職場で化学反応みたいなことが起こるんでしょうか？

山本　コンクールで学んでできるようになったことをお店にアピールして、メニューに入れてもらったりしてますね。

大沢　コンクールで頑張ったからこそ、胸張ってお店にアピールできるんでしょうね。

山本　お店的にも、優勝したから優勝記念のメニューを出します！と言って、営業に繋げてたりしてます。宮崎辰さんが世界大会で優勝した当時の『ロブション』は皿盛り料理しかなかったけど、彼を活かせる料理が復活したんです。『タイユヴァン・ロブション』の時はデクパージュをしてましたけど、『ジョエル・ロブション』になってからゲリドンサービスはゼロになったんです。宮

崎さん目当てのお客さまがたくさん来るようになったのに皿盛り料理だけだと活躍の場がないじゃないですか。だから彼をクローズアップさせるために切り分けたり取り分けたりする料理を復活させたんですよ。これはコンクール優勝の影響ですよね。

大沢　それはいいですね。どんどんやって欲しいですね。それによってお客さまにもコンクールのことや選手の頑張りを知ってもらえますしね。

山本　コンクールで優勝すると、その店は必ず次の世代が出てくるじゃないですか。そうするとその店のお客さまが応援してくれるようになるんですよ。決勝戦は、家族や仕事仲間だけじゃなくて、お客さまも見に来たりするんですよ。

大沢　それってすごく素敵な風景ですよね。

山本　普通のお客さまは店で食べるだけなのに応援まで来てくれるって、本人にとってはプレッシャーですけど、そういうお客さまを持てるようになることっていいことだなぁと思いますね。

サービスの人材育成

大沢　今の若手のサービスってどうですか？

山本　話下手な接客とかね。

大沢　え、それってどういうことですか？

山本　「私、接客大好きなんです！」って言うけど、話すのが得意じゃないとか。逆の子もいます。そんな子達を同じようなスピードで引き上げられればいいんですけど、なかなか難しいですね。まずは自分の仕事に対する探究心を持ってほしいです。勉強だけでなく興味を持つということです。我々の先輩のメートル・ドテルの皆さんは料理だけでなく、お花だったりお茶だったり武術だ

ったり、自分はしないまでも空気感とかいろんなことを勉強しに
行くんです。なんでも興味を持って、その動作を見てます。

大沢　そう、一流のサービス人の皆さんは多趣味ですよね。

山本　別に深くなくていいんです。浅くてもいいんですよ。とにか
くいろんなことに興味を持ってもらいたい。勉強しろ！って言っ
たって、何を勉強したらいいのか分からないじゃないですか。だ
ったらまずお酒が得意か得意じゃないかから始まって、国別にと
か種類別にとか、ターゲットを自分で決めさせるんですよ。それ
によって勉強の仕方が変わってくるので。鶏の丸焼きだって、サ
ービスは切ればいいという考えもあるけど、どうやって縛って、
どうやって火を入れて、中心温度は何度だろうとか、調理を知っ
ていれば、お客さまからいろんな質問をされた時なんでも答えら
れる。僕らはお客さまとの会話の中でどれだけ引き出しがあるか
が評価になるんですよ。

大沢　じゃあ、たくさん引き出しを持っていないといけないですね。

山本　たくさん持っているけど、全部は出しきらないことも大事で。
饒舌を嫌うお客さまもいるので、そのあたりの引き際が大事で
す。他のレストランに行ってそういうのにも接して、こういう引
き方があるなぁと、よければ真似すればいいし、よくなければ真
似しなければいいし。

大沢　いいサービスをするには、たくさんのサービスに接した方が
いいということですね。

山本　いいと思いますね。だって、いいサービスを知らなかったら
いいサービスができないですから。美味しい料理を知らなかった
ら美味しい料理を作れないのと一緒です。自分がされて嬉しかっ
たら人にすればいいし、自分がされて嫌だったらしなければいい。

ましてやお客さまに対してはそうですよね。お客さまの立場になればお客さまの気持ちが分かります。よく言うのは、「お客さまは賢いんだぜ！」お客さまの目は確かだし、鋭いし、みんな見抜いている。だからそういう考え方で接しないといけないんです。失敗したらごめんなさいでいいんです。そうでないからお客さまに叱られるんですよ。

大沢　お客さまって厳しいけど、意外と寛大でもあるんですよね。

山本　本当はシェフが料理を間違ったんだけど、それを自分が謝ればそれで済むんです。でもそれは後々お客さまは分かるんですよ。あぁ、この子はかばったんだなって。まぁ、その逆もありますけどね。だから、サービスが料理をリスペクトするのは当たり前だけど、料理もサービスをリスペクトしないといい店にはならないと思いますよ。

料理の人材育成

大沢　中村裕さんも中村シェフも、まさに同じことをおっしゃっています。でもそういう風になかなかならない現場もあるのは、どうしてなんでしょう。

青柳　それはもう、コミュニケーションができていないという一言ですよね。僕は料理を出す時、必ず「お願いします」って言葉をかけるんです。それはサービスの人にそれを受け取ってもらって、お客さまに出してもらっていると思っているからで、お互いがそういう風に仕事しないとボタンの掛け違えになってしまう。尊重し合うことで、仕事がやりやすくなるんですよ。

山本　全く、同感です。

青柳　僕は、コンクールは逆算ゲームだと思っていて、仕上がりを

想定して初めて最初の動作が決まる、そこができるようになったら仕事の段取りが常に上手くいくという考え方です。緻密に考えて料理をいかにタイミングよく出せるか、というのが日々の仕事にも反映してくると思うんですよね。だから自分としてはそこが一番コンクールやって良かったなって思う点です。

大沢　面白いですね。中村裕さんと話をした時に、FBはホテルで一番緻密だよっておっしゃっていました。だから世界中のヒルトンの６割以上がFB出身の総支配人だと。青柳さんの逆算のお話を伺うと、中村さんはきっとそういうことをおっしゃっていたんですね。

青柳　逆算をやっていないと、先が描けないと思うんですよ。ぼわーっとしていると組み立てられない。そういう作業をコンクールを通じて一番教えてあげたいなと思いますね。例えば２分で皿盛りして、その前に皿を温めといて、とか緻密ですよね。日頃の仕事に絶対に役に立つと思いますよ。

大沢　そうでないと、コンクールの意味がないですからね。

青柳　全く意味がないです。コンクールだけやっていてはダメなんです。

アドバイス

山本　今、若い人は仕事以外で繋がることを嫌うけど、我々は接客業で人と接する仕事をしているからそれはあり得ないわけですよ。打ち上げでは、コンクールで優勝した人にも「もっとこうしたほうがいい」とアドバイスするし、逆に選手は「なんでここが評価されなかったんですか？」って直接自分の評価を聞きに来るので、審査員も何が良かったのか何が悪かったのか、必ず答えます。全

体的な寸評は決勝の後に言いますけど、打ち上げでは正直に言い
ますし、時には点数まで言っちゃいますから。こういう流れになっ
てきたのは、長年やっていることのおかげかなと思います。

大沢　中村シェフが、レベルの高いコンクールだとみんな聞きに来
るっておっしゃってましたけど、そんな感じですよね。

青柳　泣きながら言ってくる子もいます。それを「どう思う？」っ
て問いかけることで分からせてあげないと、次に繋がらないんで
すよ。職場での出会いには限りがあるし、それ以外の場所で僕ら
がアドバイスするっていうのは、その子の成長のために必要だと
思います。

山本　結果を丁寧に善し悪し共に伝えてあげないと、成長できない
し、再チャレンジできないと思うんですよ。次のモチベーション
にならないんです。なんでダメだったのか分からないと「こんな
に頑張ったのに…」で終わっちゃうから。納得することが大事で
すよね。

大沢　コンクールって、チャレンジも大変なことだけど、再チャレ
ンジって本当に勇気が要ることだと思います。講習会もその助け
になりますけど、こうした個人へのアドバイスって大きいですね。

コンクールの審査

大沢　料理もサービスも、揺るぎなき基本がありながら、でもその
基本も変わってきている部分がありますよね。皆さんはコンクー
ルの課題を作られる立場ですが、これから先の課題で変わってい
く、もしくは変わるべき、というのはあるでしょうか？

青柳　コンクールで一番大切なのは、選手の立場からすれば公平性
ですね。例えば食材でも北海道から沖縄までどこでも手に入るも

のでないといけないし、その公平性は変わらないと思います。レストラン文化という意味では、今決勝ではデザートも付いているんです。今の若い料理人はデザートに触れることがあまりないんですが、レストランでデザートを皿盛りで出すことはよほどのことがない限り変わらないと思います。やはりその店の料理人がデザートまでしっかり作るというのが、宴会場ではなくレストランという意味で揺るがないと思いますね。だからデザートができなければレストランとして意味がないということで、引き続き課題に入れようと考えています。

山本　料理に関わる課題を2大会前から入れてました。料理人のテリトリーだったことをわざとサービスの課題に入れて、デザートのレシピを考えさせるようにしたんです。そうすると味覚やレシピからサービスまでの整合性が理解できているかどうか分かります。それから値段も付けさせるんです。原価を把握できているかどうか、計算能力はあるかとか。それから、もちろん肉の切り方とか魚の分け方とかそういう基本的な技術は確固たるもので評価して、それにプラスして雰囲気とか会話の比重は高めていこうかと思っています。お客さまの満足感にはそこが多くを占めていて、会話の仕方、間の取り方、身のこなしが優雅かどうかとか。お客さまによってタイプが違うと思うので、お客さまを見て自分でどう判断するのか。また自分をサポートしてくれるコミの扱いはその人の指導力包容力とかの評価に繋がります。以前から雰囲気というのは評価の中にあったんですが、その比重を高めていくと、レストランの現場に即したコンクールになると思います。

大沢　先だって下野先生が、最近の若いお客さまはサービス人との会話を好まないとおっしゃっていたんですが、私はサービスの人

とおしゃべりするのが好きです。サービスする側にとっても、自分のサービスがいいのか悪いのか、人によって受け取られ方が違うので、まずはお客さまと会話しなければならないのではと思いますが、いかがでしょうか。

山本　お客さまとの会話の中で以前では考えられなかったことがあったりするんです。例えばアレルギーとか、好き嫌いとか。身体的に食べられないとなると一大事になるので、そういうのを課題に入れたりしてます。オーダーテイクする時に、今ではアレルギー確認は必須ですね。

大沢　問題解決というか、そういうことですね。

山本　たぶん接客でのやり取りをコンクールで学んだり、審査員との会話の中で学んだりすることによって、引き出しが随分増えてくると思いますよ。当然お客さまによって好みがあって、「あのソムリエはこっちに来させるなよ」と言う方もいらしたし、「あんまり喋り過ぎるのは嫌なんだよ、彼の知識を全部聞きたいわけじゃなくて、私は料理とワインを楽しみに来たんだから」ってこともあります。だから、前にも言いましたけど引き際というかやり取りの差し引きですね。

大沢　それって長年の経験で会得することなんでしょうけど、でもコンクールだと他の人を見たり自分が審査されたりすることが疑似体験になるので、経験値が上がりますよね。

山本　しゃべり方とか、我々も本当に勉強になりますよ。審査していても、あぁこういう受け応えの仕方って素敵だなって思うことがあります。動き方とかスピードとか邪魔にならなかったとか、いいと思う人がいます。逆に自己主張するやつもいるんですけど、それは違うだろうと。でもそれを喜ぶお客さまもいるんですよね。

だから私は、コンクールを見学していろんなサービスを見なさい
よ、って言うんですよ。ダメ見本もありますから。

今後の課題
環境づくり

大沢 素晴らしい料理をこれからの人達に作り続けていってもらう
ためにはどういうことが必要になるんでしょうか？

青柳 やはり環境でしょうね。コンクールも、誰もが「出たい」と
思えて、それが言える環境づくりが大切です。若い子って自分の
主張をあんまり言わないので、そうした環境づくりをしてあげる
のが僕たちの立場の役割ではないでしょうか。

大沢 最近は、若い子がすぐ辞めちゃうじゃないですか。そういう
意味でも、環境づくりって大事なんでしょうね。

青柳 やっぱり好きにならないと続かないじゃないですか。それが
食べることなのか作ることなのか、最初はどちらかに分かれるん
ですけど、それを好きになることが境目だと思うんです。だから
早くそういう風になるようにしてあげないと。昔自分が大きなホ
テルにいる頃は同期が100人いて、最初にやることはごみ捨てだ
けでした。今はもうそういう時代じゃないので、若い子たちに早
く食材に触れさせて早く作ることや食べることが好きになっても
らう作業を僕達はしなきゃならない。そうでないと離職も増えち
ゃいます。

大沢 そのためにも、丸ごとの食材に触らせることを意識的にやっ
ていただきたいなと思います。今は効率を考えて納品時には野菜
はカットしてあり、魚はおろされてる、ということが多くなって
きたと聞きます。でも料理って魔術みたいなものじゃないですか。

だから食材を変化させる喜びみたいなものを持ってほしいと思って。経営的な観点と教育的な観点をどうすり合わせていくかということは、難しいけれど大事だと思います。

青柳　感染症拡大で今はすごく時間があるので、この時期を上手く使わなきゃいけないと思っていて、それこそ今ローストチキンを若いコック達におろさせているんですよ。チキンを縛るとか焼くとか捌くとかやっていれば、今度はソースに興味を持つようになって、という総合的なことをやると楽しくなると思うんですよ。今だからこそできる事を会社として続けていくことで、それを若い子たちの教育にしていかないと絶対ダメだろうと思いますね。

大沢　丸ごとの食材を見たり触ったりすると、プロの人はこれをどうしてやろうか、とワクワクするんでしょうね。

青柳　何事も、できないとつまんない。でもできると面白い。それが成長に繋がってくると思います。

山本　コンクールでやっていることって、フランス料理の伝統とか格式とかそれを引き継いでいることです。サービスも技術というのはオリジナルでやっているわけではなくて、全てがフランスで始まったものを見聞きして引き継いでいることなので、これは変えられないと思いますね。今は皿盛りの料理が99.9％で、切り分けたり取り分けたりするレストランは一握りしかないんですが、じゃあそれは要らないのか、というのではないんです。サービスの技術とか考え方とかテクノロジーとかは、継承していかなければならないと考えていて、コンクールはその一つの方法だと思います。そういうことが正しくできるサービス人は稀少になっていくわけで、他の店でできないけれどうちではできるというセールスポイントにもなってきますよね。私のレストランでも、デザー

トのフランベをやったり、他の店ではやっていないものをやらせたりしてます。手間はかかりますけど、「目の前のお客さまのためだけにやる」というのが一つの売りになるし、技術の継承にもなります。そういう環境を意識的につくることが、スタッフのモチベーションや成長に繋がりますね。

大沢　顧客づくりとお店の売り上げにも繋げないと、続いていきませんよね。レストランってその時代の食文化がぎゅっと凝縮したものだろうと思うんです。そのベースにあるのが、おっしゃったように料理やサービスの何百年も脈々と続いている技術やノウハウで、そういう伝統的なベースの上に流行の先端のようなものが入ってきて、それが一緒になってその時代のレストラン文化っていうのができてくる。だから1900年代の『カフェ・アングレ』（P279参照）は食文化の粋だったわけじゃないですか。女性の着ているものは最先端だったでしょうし、そうしたトータルしたものがレストラン文化としてあると思っているんです。そのレストラン文化を支えていく環境づくりがコンクールの役割の一つだと思いますね。

審査員の育成

山本　あとね、いい審査員を育てることも課題ですね。審査員のレベルはコンクールのレベルに相通じるものがあるので。レベルの高い審査員を育成するために、評価の仕方を教えてるんです。

青柳　厨房審査も試食審査も、いい審査員がいないとレベルが上がらないです。例えば全員にAをつけてる人は、差が分かっていない。判断できる人はちゃんとABCって評価が分かれるんですよ。それにしても、中村シェフって評価するのが早いですよね。

大沢 中村シェフとは他のコンクールでもご一緒することがあるんですけど、20数人を食べて、さっと点を付けるんですよね。

青柳 このコンクールでも10人全部評価が違うんです。すごいなぁっていつも思います。だから審査員がレベルを上げないと選手のレベルも上がらないと、私も思いますね。

大沢 審査員を教育するのは審査員。大切なポイントですね。

山本 だから審査するときは点数だけでなくコメントを入れてくれって頼むんです。何が良かった何が悪かった、じゃあこのマイナス点はどういう理由だというのがないと、点数だけだと自分の好みになっちゃうんです。そこで、よく理解できてる審査員とまだそこまで理解できていない審査員を組ませるんですよ。

大沢 コンクール立ち上げの頃は、フランス人と日本人の審査員でペアを組ませてましたよね。今は日本人ペアが多いですけど。

山本 今でもフランス人が来てくれた時には、日本人の若手の審査員を組ませますね。そして審査の仕方を学んでもらうんです。

青柳 料理でも、ベテランと若い料理人でペアを組んで、立ち居振る舞いや会話の内容も若い人に意識させて、今後の成長を促しています。

大沢 いろんなところで人材育成しているってことですよね。

青柳 ただ、若い子たちは順位を付けたがらない時代になっているんで、じゃあこれからのコンクールってどうするの？っていう話にもなってきちゃいます。でもコンクールっていうのは順位を付けなきゃいけないし、それの価値観を分かってもらえるかどうか、僕達審査員も今後これからのコンクールの在り方を根本的に考えなきゃいけないのかなって思っていて、それができたら次の世代に移行しようかなって考えてます。

レストランの現状

大沢　お客さまは進化を受け止めていると思いますか？

山本　フランス料理に限らずイタリア料理でも、決められたコース、それもお任せコース１本しかないレストランが多くなって、ア・ラ・カルトでお客さまご自身が料理を選び、コースを組み立てるという行為が少なくなってきているんですよ。そうなるとサービス人はオーダーを取る必要がなくなってしまって。今は接触を避けるためにアプリでオーダーするようにもなっていて、そうなると我々は運ぶだけになってしまうんです。こういう状況は警戒すべき部分があると思います。一方、これはお客さまの求めでもあったりするんです。例えば「青柳さんが大好きだから、青柳さんの料理なら何でもいいわ」であればいいんです。でも「今日は肉をがっつり食べたい、それもコテコテのソースで食べたい」と思っていてもそれを選べる店が少なくなっています。今後我々はどうしていったらいいのか、考えてしまいますね。

大沢　それも高級店ほど、そういう傾向ありますよね。

山本　安くて頑張っている店は、ちゃんと選べたりするわけで。小回りが利くから「こんなの作れる？」って言えるけど、でも例えば木村拓哉主演ドラマの「グランメゾン★東京」とかだと、そういうこと言えないって感じでしょ。なんだか変な進化だと思いますね。

大沢　私はね、揺り戻しは来る、このままいくはずがないと思っています。今回の感染症でも分かるけど、人間ってやっぱり人と交わってこそ楽しいんですよ。元々レストランでは、人との出会いがあって、隣りのお客さまは何を食べてるのかな？とか様子を見て、それでサービス人や料理人と会話をして、食べる料理を決め

ますよね。それがまた求められる時代が来るはずだと思っています。それに、お客さまも料理の頼み方を知らないままで過ぎてしまうかもしれない。コースメニューだけだとまた行こうとはなかなか思わないし。

山本　今はレストランに何かを食べに行こうではなくて、その店に行こうだからね。

大沢　働くスタッフにとっては、少しかわいそうかもしれませんね。シェフのファンの顧客ばっかりだと「まぁすごい！」ばかりで、成長できないかも。

青柳　フランス料理なのにソースがなかったり、骨を活用してなかったり、野菜だけ出してきて味がなかったり、そういうのを見ると技術ってあるのかなぁって思います。地方に行ったときもすごくいい魚があるのに、そのアラで出汁を取らないとかあるんですよ。お店でコースしかないってことになると、料理もそれしか学ばないので、人も育たないですよね。僕達はお客さまと会話して、どうしようかって考えるのに、それがないとちゃんと教えることができないです。これが絶対必要だと思います。

大沢　今フランスでも食材は使い切らないとダメよ、という大きな流れですから、ちょこちょこフィレだけ使って他はどうしてるの？っていうのは論外で、プロたるもの食材は全部活用してほしい。コンクールでも、厨房審査では無駄を出している人は減点していくようになってますよね。この傾向はもっと強くなるだろうし、場合によっては規格外の食材を使ってそれでなんとかするとか、そういう風に進んでいくとコンクールの社会貢献度が上がるのではないでしょうか。レストランの現場でもその流れが出てくるかもしれません。

理想のレストラン

大沢　理想の料理やサービス、ひいては理想のレストランってなんだと思いますか？

青柳　料理では、いい食材があってこのスタイルだよね！と思えるのは、年に一度できるかどうかですけど、それをいつも求めていきたいと思います。お客さまからのオーダーで気付かされる時もあります。大きな席で、季節とか風景もあると思うんですけど、完璧に合ったな！と思える時があって、それで評価をいただいたということもありますね。

山本　理想のサービスとレストランは繋がっていると思うんですけど、料理を作る人と提供する人と食べる人の３者が納得して楽しんでもらえる、それが同時に発生したら理想だと思うんですよね。でも理想を達成させるためには料理人は食材も調理も勉強しなきゃいけない。僕たちサービスは料理もサービスも勉強しなきゃならない。食べる人はいいレストランの使い方をされた時にご自分も楽しいでしょうし、我々もすごく豊かな気持ちになる。それが一番の理想かな。

大沢　そういう時って、場の空気が変わりますよね。客として食卓についていて本当に稀に、料理は素晴らしいしサービスの人達も楽しんでいるなぁと感じることがあります。そんな時は他のテーブルのお客さま達も楽しく盛り上がっているし、なんだか調理場・サービス・客が一体となってレストランが盛り上がってる、と感じるんです。

山本　それが理想的なサービスかな。自分だけが満足して、今日はきれいに鶏が捌けたぜ！でも厨房に行ってガラを見せたらシェフになんだこれ？って言われるかも。それもダメですよね。

240

コンクールと認定制度

大沢　コンクールって事前に勉強もするし優勝という目的もありますけど、その先にあるのは立場を超えた関係性の構築です。それをもっと広げるためには、コンクールの認知度を上げるほかにも何かが必要かもしれませんね、認定制度とか。でもどういう形で認定するかということだと思います。コンクールと認定の違いは、コンクールはどんなにレベルが高くても低くてもそこで順番を付けることですよね。認定するっていうのは、求められるレベルをクリアすれば1人だろうが100人だろうが認定するってことです。フランスの場合はそれがMOFですよね。MOFは順位を付けるんじゃなく、レベルに達していれば5〜6人くらい、場合によってはゼロ人のこともあるけど、MOFのシェフやメートル・ドテルとして認定されるんです。それは日本でも将来的に必要だと思いますが、それをやるためには政治を動かさないと社会的認知度に至らないので、勝手に協会を作って認定しましょうと言っても意味がないんですね。MOFみたいに認定したら総理大臣が何かを渡すくらいのものにしないと意味がないと思います。なんとかそれを日本で立ち上げるための第一歩を作りたいと思っています。

山本　大沢さんのおっしゃる通りだと思いますね。じゃあコンクールってなんなの？って話になるんだけど、それは自分でいろいろチャレンジすることです。優勝した人とできなかった人には大きな差があります。ただ優勝した人もそれにいつまでもしがみついても時代は流れていくので、それは通過点です。次を目指さなくて停滞するんであれば何の意味もない、そこが紙一重だと思います。だって次の年にはまた新しい人が優勝するわけですから、次のステップという領域に行かないと絶対進歩はないだろうなと思

いますね。

大沢　優勝した人に対して、新しいアクションも考えたことありますよね。

山本　シニアコンクールですね。でもそれならそういう人を集めて豪華なレストランをやった方がいいんじゃないかって話にもなりました。それこそ「アヴァンセの会」のシェフ達が料理を作って、「メートル・ド・セルヴィスの会」の人がサービスするようなね。

大沢　テレビドラマの「グランメゾン★東京」が放映された後、レストランに新たな若い客層が増えたと聞いています。またフランス料理を目指す学生も増えたとか。テレビの影響ってすごいですよね。スターがいると食べに行きたい、サービスを受けたいと思ったりするし、自分が料理人やサービス人になりたいという若者も出てくるので、コンクールの結果をその後の活躍やビジネスなど社会的にどう広げるかが今後の課題ではないかと思っています。2021年はコンクールイヤーでもあるので、さらなる飛躍を目指していきたいと思います。

第6章

私のフランス食文化史

私は日仏のシェフやメートル・ドテルへのインタビューで、必ず「なぜフランス料理人（サービス人）になったのですか？」という問いかけをしてきました。様々な答えの中で、シェフやサービス人の人となり、そして自分をどこに位置付けているのかを垣間見ることができたと思います。

　では私自身はなぜ、フランス食文化を自分の仕事としたのでしょうか。本書でも「なぜフランス料理なのか？」「なぜフランスレストランなのか？」という自問自答を記してきました。そしてその答えを探すことが、歴史に目を向けるきっかけとなりました。

　メートル・ドテルの鴨のデクパージュという技術はどこから来て今に至っているのだろう？どうして日本ではこれほどまでにフランス料理が受け入れられたのだろう？フランスと日本のレストランの違いはどこから来たのだろう？こうした素朴な疑問を持ちながら学んだことや自分が理解したことをお伝えしたい、という思いから、サービス講習会等では私なりに「フランス食文化」にまつわるお話をしてきました。例えば、現代のメートル・ドテルが「自分の職業のルーツはベルサイユ宮殿にある」と知ることは、やはり意味ある知識と言えるのではないでしょうか。

　いわば私の「独断と偏見の食文化史」をここに掲載したのは、各自が自分なりの歴史観を持つことで自分の立ち位置を確認することができ、次世代に繋げることもできると思うからです。ですから、ご批判もあるだろうと思っています。

　なお、近代以前の記述に関しては食文化研究をライフワークにしている大澤隆の監修協力を得ています。

「私のフランス食文化史」年表

フランス	日本
中世 5～15世紀 希薄な個人意識、椅子食器などの共用、 スパイスは高価な解毒剤	
	平安時代（770～）
フィリップ1世（1060～1108） 王位世襲制の確立 1096 第1回十字軍　その後断続的に1204年まで続く フィリップ2世（1180～1223）	鎌倉時代（1185～）
1337 百年戦争　始まる ジャンヌ＝ダルク（1412～31）	室町時代（1336～）
大航海時代（15～17世紀） 香辛料貿易拡大のために海外進出、 新しい食材の流入	
1488 ディアス、喜望峰到達（ポルトガル） 1492 コロンブス、アメリカ大陸到達（スペイン） 1498 ヴァロア朝 ルイ12世（1498～1515）	
フランス・ルネッサンス（16世紀～） 個人意識、食卓を囲む、テーブルアート	
フランソワ1世（1515～47） 　フランス・ルネサンスの契機を作る アンリ2世（1547～59） 　1533年 カトリーヌ・ド・メディシスと結婚 1562 ユグノー戦争　　1598年に終了	
ベルサイユ宮殿の時代（17～18世紀） プロトコール、フランス式サービスの確立	安土桃山時代（1573～）
ルイ14世（1643～1715） ルイ15世（1715～74） ルイ16世（1774～92） 1618 30年戦争	江戸時代（1603～）
フランス大革命後 パリで一気にレストランが増加「ロシア式サービス」	
1789 フランス革命 1796 ナポレオンのイタリア遠征（～97） 1799 統領政府（ナポレオン～1804） 1804 ナポレオン法典成立	

皇帝ナポレオン1世（1804~1814、1815）	
1814 ウイーン会議	
百日天下	
1830 七月革命	
1848 二月革命	
1852 第2帝政（1870年まで）	
1855 第1回パリ万博	
1867 第2回パリ万博	明治時代(1868~)
1878 第3回パリ万博	1874 宮中晩餐会
1889 第4回パリ万博	
1900 第5回パリ万博	
ミシュランガイド発刊	大正時代(1912~)
	1914 第一次世界大戦
グランドツーリズム　1930年代~1950年代に頂点	昭和時代(1926~)
1939 第二次世界大戦始まる	1941 太平洋戦争始まる
1945 第二次世界大戦終わる	1945 太平洋戦争終わる
1961 SOPEXA（フランス食品振興会）設立	
	1964 東京オリンピック
1967 ヨーロッパ共同体（EC）発足	
1968 五月革命	
ヌーベル・キュイジーヌ　1970年代~80年代初頭	1970 大阪万国博覧会
1973 ヌーベル・キュイジーヌ宣言	
キュイジーヌ・ド・テロワール　1980年代~	1980年代 フランスレストランブーム
	1986 SOPEXA-japon設立
	平成時代(1990~)
	1990 FFCC設立
1992「料理分子学国際学会」中心メンバー：ティス	
1993 ヨーロッパ連合（EU）発足	
新キュイジーヌ・ド・テロワール　2010年代~	
2012 クープ・ジョルジュ・バティスト サービス	
世界コンクール東京大会	
	2017 APGF設立
	令和時代（2019~）

参考文献:詳説世界史・日本史図録（山川出版社）

中世（5世紀～15世紀*）

　ヨーロッパの中世は長く、およそ1000年もあります。最初の500年間ほどは、ゲルマン民族大移動の混乱が終息できなかったのでしょう、見るべき資料が貧弱で、料理の観点からは多くを語ることができません。中世の食文化が花開いたのは10世紀以降とされています。

　　*中世の期間については諸説ありますが、ここではフランスに視点を置き、私の知る限りで最も長い期間を採りたいと思います。

教権と王権

　当時のフランス（と言っても、フランスという概念自体がまだ存在していませんが）は、日本の戦国時代のような小国＝領邦（りょうほう）の集まりでした。ざっくり言うと、領邦の中心には領主が住む城館と教会を取り囲む城壁の中に「町」があり、「祈る人」＝聖職者、「戦う人」＝領主やその家族と従臣が住んでいて、「耕す人」＝農民は城壁外の農村に住んでいました。

　ゲルマン民族の大移動の余波が収まり経済が再生するにつれて農村部の人口が増加し、その過剰部分が「町」に流入して徐々に商人や職人が分化するようなり、「町」の発展が始まります。手狭になれば、それまでの城壁を取り壊し、その外側に新しい城壁を築くことを繰り返して「町」は拡大・成長していきました。パリはその典型的な例でしょう。

　当時の世界観では神が絶対的中心にありましたから、社会的には地上における唯一の「神の代理人」としてローマ法王がトップに君臨するヒエラルキーが形成されていました。ですから、教会の権威

＝教権は絶大で、領主の代表者である王でさえ無条件にひれ伏すべき存在でしたが、実のところこの教権と王権は、権力をめぐり中世を通じて激しい確執を繰り返したのです。最終的には王権が勝利しますが、それはずっと後の時代のことです。

希薄な個人意識

　現代の外交的な正餐と同じく、当時の王侯の饗宴も、単に食事を楽しむ場ではなく、権威を示すための極めて政治的な場でした。

　しかし専用の座席が決まっているのは王/領主だけで、それ以外の会食者が座るのは独立した一人用の椅子ではなく、ベンチシート。各人が一人掛けの椅子に座るのは、ルネッサンス期以降のことです。

　グラスや食器も共有で、ワインはアナップというグラスで回し飲み、スープはエキュエールというお椀を二人で1個使っていました。

　「個人主義」の発祥地ヨーロッパでも、この時代は個人あるいは自我という認識が現代に比べれば極めて希薄だったことが、個人用の椅子や個人用食器がないという食卓風景によく表れています。

　こうした公式の饗宴の食卓では主にテーブルの片方だけに座り、テーブルを囲んで向かい合うことはありません。それは会席者達がサービスとサービスの間に行われる吟遊詩人や道化・芸人などのパフォーマンスを楽しむためであり、かつ饗宴で何をどれほど飲み食いしているかを、その場に入場を許されはしても食卓に着くことは禁じられた者達（下級貴族や庶民達）に見せつけるためです。この時代は、質的にも量的にも贅沢な食事を供せること自体が、主催者の権威を高め、尊敬を勝ち取るために有力な手段だったのです。

≪サービス≫

　中世の饗宴では、料理は大皿で供され、現代のフランス料理のサービスとは違って塩味の料理も甘味の料理も同時にテーブルに並べることがルールでした。とにかく食卓を料理で埋め尽くすことが、権力を誇示することに繋がっていたからです。

　一つの饗宴で、最低でも３回、多い場合には６〜７回にわたって食卓上の皿を全て取り替える配膳が行われました。この各回の配膳のことを「サービス/service」と呼びます。例えば第１サービスは肉入りスープ類、第２サービスは豚肉とその加工品が中心、第３サービスは鳥類中心などといった具合です。サービスごとの料理の「主題」は、その宮廷所属の「プルミエール・パンティエ」（現代風に言えば、プルミール・メートルドテル）によって決められました。

　各サービスの間には、前述した通り芸人のパフォーマンスが行われ、これをアントルメ（entre/間、mets/料理）と呼びましたが、最後のサービスの直前のアントルメは、芸人のパフォーマンスに代わって塩味・甘味取り混ぜた軽い料理が供されました。

　現代でもデザートに供する菓子類をアントルメと呼ぶことがあるのは、こうした中世の食卓サービスに由来します。

カトラリーや食卓

　お皿の代わりにトランショワール/tranchoirという木片を使い、その上にパンや料理を載せました。皿代わりに使われるパンのことも、やはりトランショワールと呼びます。

　ナイフは、肉の塊を捌き、突き刺して、口に運ぶためにあります。ですから、この頃使っていたナイフは、先がとがっています。

スプーンは、お粥を食べるために13世紀頃からあったようです。

フォークはまだなかったので、手づかみで食べることがスタンダードでした。ちなみに、食事の前には手洗いの儀式があります。キリスト教の影響（身を清めて神様に感謝する）もありますが、手づかみで食べる前に指を清潔にするという、実用的な理由もあったのでしょう。

ナフキンはまだ存在しなかったので、食事で汚れた手はテーブルクロスで拭くのが礼儀でした。そのため一つのサービスが終わるとテーブルクロスごと取り替えていました。

食卓の上には、ネフ/nefという君主用舟形食器が配されます。芸術的な意匠で、開閉できる扉の中には、スパイスが入っています。

現代では塩とコショウがセットでテーブルに載っていますが、当時は違っていました。塩は当時から比較的自由に手に入れることができたので、コショウのようにネフに入れるという特別扱いはされず、ネフとは別に「塩入れ」がぽんと置いてあったのです。

≪料理≫

スパイス

スパイスは、ナツメグ・コショウ・クローブ・シナモンなどで、毒消しの力を持つと考えられていました。当時のスパイスはインドや中東などオリエントから来た大変な貴重品で、「スパイスと銀（当時は銀本位制）は同じ重さで取引される」と言われるほど価値がありましたから、食卓に載せることは強大な権力と富とを誇示することでもあったのです。

当時のイタリア半島は都市国家と法王領、その他領邦の集合体で

したが、東方の玄関口であり海外貿易の拠点として活発に活動していたので、スパイスや砂糖を真っ先に入手することができました。それらをヨーロッパ諸国に高額で販売することで、大いに繁栄していたのです。砂糖が潤沢なので、イタリアはお菓子の発展も早かったようです。

ちなみに、スパイスと砂糖は調味料や食材としてではなく、薬品として薬局で販売されていました。スパイスの薬効が大いに信じられていたからでしょう。

こうしたイタリア都市国家の繁栄を目の前にしたポルトガルやスペインなどは、15世紀末にイスラムの軛（くびき）を脱すると直接スパイスを入手しようと海を渡ることを試みるようになりました。

そこから大航海時代が始まり、新大陸発見に繋がったのです。

中世のフランス料理技術

1．スパイスを多用する

　　権力と富の象徴だからです。

2．肉類は茹でてから調理する

　　当時、料理と医学は未分化でした。医食同源、つまり人は料理を健康維持のために食べるものと考えられていたのです。

　　ですから当時の医学的知識に基づいて、あらゆる食材は「熱」「冷」「乾」「湿」の4カテゴリーに分類されていました。

　　そして、互いに反対の性質の食材と併せて調理することが健康維持に有効と考えられたため、「熱」食材の肉は「冷」と「湿」の性格を持つ水で中和するため、まずは茹でることが料理人の常識だったのです。

3. 魚は塩漬けにする

　フランスに限らず中世のヨーロッパでは、人口の絶対的多数が1年のおよそ1/3に及ぶキリスト教の「肉断ち日」を順守していたので、魚需要は極めて旺盛でした。

　漁場から市場までの長距離輸送に必要な保存のための塩漬けの技術は、12世紀頃には発明されていました。魚としては中世中期までは北海で獲れるニシンが主役でしたが、北の海からニシンが消えるとタラが登場します。

　「ブランダード」というプロヴァンスの郷土料理は、そのタラを使う料理です。この時代、北の海で獲れるタラは塩漬けにして漁場から直接南仏まで運び、陸揚げした後はさらに内陸部の市場まで保たせるため干物にして流通ルートに乗せられました。地中海では、昔も今もタラは獲れないのです。

　厨房ではこの干物を水で戻してから調理します。

　それが南仏の郷土料理となったのは、当時塩の主要生産地が地中海だったからです。タラ漁の船団は北海（中世後期は北大西洋）での漁期が終わると塩漬けタラを地中海に運んで地元の干物業者に売り、その売り上げで次の漁期に使う塩を大量に買い込んでは母港に帰ったのでした。

　ちなみに日本では、ブランダードを作る際にわざわざ生のタラを塩漬けしてから干し、これを戻して作るという手間を加えるシェフがいるほどです。

4. 調味は甘酸っぱい

　当時は料理にも貴重な砂糖を使っていました。甘味をつけ

ることは贅沢の象徴でもありました。

酢は、ワインビネガーなどです。

5．とにかく味よりも見栄え重視

　　ローストした白鳥に羽を付け直して華やかな白鳥を再現したり、豚の丸焼きの上にかぶとをかぶった鶏を乗せるなど、見た目の派手さで権威を示そうとしたようです。

　　食事自体が、一つのスペクタクルだったのです。

6．食材の位階制度

　　キリスト教神学の世界観が支配的だった中世には、人間界とは別に自然界にも格の高低がありました。「天にまします」神の座に近い場所で行動できる創造物がより高貴であり、天から遠ざかるに従って格が下がると考えられたのです。また、直接神の手で生み出されたのですから自然にあるものの方がより尊く、多少とも人の手が入ったものは相対的に卑しいとされました。こうした世界観は、理屈ではなく伝統として現代にも残っています。

　　例えばフランスのレストラン『ル・グラン・ヴェフール』には、今に残る「ピジョンのレニエ３世」というスペシャリテがあります。来店したモナコのレニエ大公のためにレイモン・オリヴェールが考案しました。ちなみにオリヴェールは来日して1963年に東京會舘にフランス料理レストランをオープンさせた歴史的に有名なシェフです。

　　なぜピジョンかというと、神の座に近い空を飛ぶことがで

きる創造物だからです。食材として四足獣や魚よりも格が高い分、高貴なる大公にふさわしいのです。

　一番格が高い創造物は「火の鳥」といった想像上の鳥、次は猛禽類など高い空を飛ぶ鳥、次いで中空を飛ぶ鳥類といった具合で、高貴な人は格の高い食材を食べるというこの考え方は、今も一種の「シェフの基本教養」として根強く定着しています。

　地上だけで行動する創造物は、鳥類より下の格となります。そしてその中で、鹿やイノシシなどのジビエは人の手で飼いならされていない分、家畜よりも格が高いのです。

　これに対して豚は、最初から食べるために養われていますから格は高くありませんが、庶民にとって大切な食材です。元々は野生のイノシシとかけ合わせた豚を農民が飼育していました。耳からしっぽまで全部食べる、全身食材です。冬の初めに村中総出で肥育した豚を食肉処理し、シャルキュトリー（ハムやソーセージなど）を作って冬を乗り切ったのです。

　豚肉の加工品は古典ギリシア時代にはすでに存在していたという説もあるくらい古く、古代ローマ時代には現在のフランスに当たる地域にいたガリア人が作るものが評判だったようです。中世末の1475年、フランス国王フランソワ１世が精肉店から分離した独立した職業として、「シャルキュティエ（Charcutier/Chair肉＋cuir火入れする）」を認可しています。

　牛は家畜の中では豚よりも格上ですが、格式の高い饗宴では積極的には使われないのが一般的です。そもそも、牛は古来第一義的には食用ではなく農作業用、また牛乳や越冬用の

チーズを作るために飼育されてきた家畜であり、農民の友というべき存在だったのです。食材として浸透していくのは農作業用に使われることが少なくなってからで、ずっと後のことなのです。

　魚や貝など、海中や水中を主な行動場所にしている創造物は、さらに格が低いと考えられました。フランス人に魚を食べる習慣が少ない一因は、中世の「肉断ち日」に対するネガティブな気分に加えて、こうした伝統的な世界観が影響しているのかも知れません。

　最近はフランスでも魚がヘルシーであると評価されていますが、1990年代にはパリの『プルニエ/Prenier』『ル・デュック/Le Duc』『ドーム/Dome』など数店舗しか、魚料理の専門店はなかったと思います。

　動物だけでなく、植物にも位階がありました。やはり天に近いものほど格が高いと考えられたので、木になっている果物などは格上で、地に埋まっている根菜類は格下となります。

　王侯貴族や富裕層に仕えた当時のシェフには、当然ながらこのような基本知識が求められました。

　このような世界観とそこから派生する知識は、基本的に修道院で培われました。当時、騎士や職人を除いて領民が国境を超えることなどまずありませんでした。しかし修道僧は、ヨーロッパ各地に散らばるおびただしい数の修道院が赴任地となりました。

　それを可能にしたのは、ラテン語という共通言語です。そのおかげで、聖職者だけが地域を超えてスムーズに情報のや

り取りができたということでしょう。このような環境の中で、修道院では知識の共有や蓄積が図られ、科学技術や医学、文学はもちろん、食分野でも生産技術、灌漑技術はじめワイン、シャンパン、チーズ、料理作りなど食に関わる幅広いノウハウが発明され、発見され、磨かれ、発展し、地域社会へと伝播して、フランスガストロノミーに大きな貢献をすることになったのです。

7．ソースのとろみはパンなどを加えていました。

8．調理は「直火（じかび）」のみでしたが13世紀にオーブンが出現します。

9．油脂は豚脂肪（ラード）が主体

　　フランスの4大油脂は、ラード、バター、オリーブオイル、鴨油です。とはいえ、当時バターはノルマンディー地方、オリーブオイルはフランス南部、鴨油はフランス南西部に限られていました。一方ラードは、豚が全国で飼育されていた関係で、国中どこでも手に入れることができました。

　　当然のことながら、使う油によって料理の仕上がりが全然違ってきます。だからこその郷土料理なのです。

　　例えばアルザス料理の「シュークルート」は、豚のいろいろな部位とシャルキュトリを酢漬けキャベツと一緒に煮込む料理ですが、あっさりとしたオリーブオイルを使ったとしたら、本来の風味とはおよそかけ離れた代物になってしまうでしょう。

～ギルド制とコンパニオン～

　「ギルド制」とは、中世ヨーロッパの都市各地で結成された商工
業者の職業別組合です。10世紀中頃から、国王や大諸侯の保護下
に「ギルド」という独占的で排他的な同業者組合ができました。

　初期には大商人のギルドしかありませんでしたが、13～14世紀に
は石工や大工といった手工業者や小商人も新しいギルドを結成しま
した。食の分野でもパン、パティスリー、精肉、そして後にはシャ
ルキトリーなどでギルド制が取り入れられ、それぞれ認可制となり
ました。提供するものや場所などをしっかりと規制することで、権
力者は徴税をしやすくなったのです。

　技術を伝承するために中世から受け継がれている制度がもう一つ
あります。「コンパニオン」です。16世紀後半から17世紀初頭に起
きたフリーメイソンの起源とも言われ、「徒弟制度を支えたシステ
ム」です。

　例えばシャルキトリーの親方（メートル）の元で学んだ弟子が推
薦を受けて、他の地方の別の親方の下で働くという仕組みです。技
術の確実な伝承という意味もあったでしょう。そういう修行を重ね
ることで腕を磨き、やがて認可を受けて独立する、という道筋です。

　この伝統は今でも生きています。フランスの料理人は多くのレス
トランを巡る修行の中で、技術や知識や経験という「自分のカバン」
を豊かにしていくことが推奨されています。というより、「最良の
職人になるための技術と生き方の習得」のために、親方の元を巡る
旅をすることが当然と考えられているのです。

　『ラ・ピラミッド』のパトリック・アンリルーはスタッフのMOF

チャレンジを推奨し、店を挙げて支援をしてきました。結果2人の
MOFシェフと1人のMOFメートル・ドテルが誕生しました。けれど
も、アンリルーは2人のシェフを当たり前のように他のレストラン
に送り出し、彼らの新たな挑戦を祝福しています。職人は「旅」を
して大きくなる、という中世以来の伝統が今も息づいているのです。

　私はフランスのシェフ達から、ジョエル・ロブションがコンパニ
オンとして修行を積んだことや、「チュリエス・マガジン」の主宰
者であるパティシエ、イヴ・チュリエス/Yves Thurièsが現在もコン
パニオンの主要な実力者であると聞いていますが、事実は不明です。

　唯一コンパニオンによって修行した、と明言しているのは、アル
プス・メジェーブの3つ星『フロコン・ド・セル/Flocon de Sel』の
シェフ、エマニュエル・ルノーです。

　ルノーシェフによると、物質を変化させる職業のすべてにコンパ
ニオンは存在し、食材だけでなくワイン生産の「ビオディナミー」
にもその精神が生きているのだとか。ただ私の知る限り、チーズは
農産物という扱いで、その枠には入っていないように思います。

　コンパニオンには階級がなく、名誉もありません。無名に甘んじ、
ひたすら技能を学ぶ精神が基本となるのだそうです。ルノーシェフ
は、汚いハンカチのようなものをいつもポケットに入れていました。
それはコンパニオンの証で、MOFのメダルよりも大事なのだそう
です。ちなみにMOFのマークは、コンパスとナイフがモチーフに
なっています。フリーメイソンのマークもコンパスと定規がモチー
フで、共通の神秘性を感じます。中世の昔から「物質を変化させる」
ことは、魔術のように神秘の衣をまとっていたかもしれません。

大航海時代（15〜16世紀）

　イスラム勢力とキリスト教勢力が混在していたイベリア半島の国々は、中世の大部分の期間を通じてヴェネツィアをはじめとするイタリア半島の都市国家に、中世末はオスマントルコ帝国に地中海の制海権を完全に掌握（しょうあく）されていたため、極めて利益率の高い地中海貿易に全く関与できませんでした。

　しかし、ポルトガル王国やスペイン王国はイベリア半島を8世紀以来支配してきたイスラム勢力を次第に駆逐（くちく）して国力を増しながら、ポルトガルは15世紀初頭から、スペインは15世紀末から、イスラムが残した優れた造船術と航海術を駆使して、外洋に新たな交易ルートを求めていきます。大航海時代の始まりです。

　スペインのイサベル女王の認可を受けたコロンブスが大西洋に漕ぎ出したのは1492年、ヴァスコ＝ダ＝ガマがインドに到着したのは1498年でした。これによって、ヨーロッパには新世界の新食材がもたらされ、また東方の香辛料の流通に一大革命が起こりました。

新しい食材

　新世界からもたらされた新食材には、七面鳥、ピーマン、ズッキーニ、トウモロコシ、ジャガイモ、トマト、パイナップル、イチゴ、ひまわりなどがあります。

　ジャガイモは1570年にスペインに上陸し、イタリア、フランス、ドイツへと広まっていきますが、当初は花を観賞する珍奇な植物として扱われました。それが18世紀の汎ヨーロッパ的な天候不順によって飢饉（ききん）が頻発するようになると、北方諸国では次第に根菜が食用

に供されていきます。しかしフランスでは、相変わらず人間には有毒と信じられていました。

　ところが、アントワンヌ＝オーギュスタン・パルマンティエ/Antoine-Augustin Parmentier（1737‐1813年）という薬剤師・農学者・栄養学者が、ルイ16世にジャガイモの食材としての有用性を報告したことから事態は変化し始めます。

　パルマンティエは七年戦争に薬剤師として従軍しプロイセン軍の捕虜となりますが、収容所の食事でジャガイモが極めて栄養バランスの良い食材であることを、身をもって経験しました。

　解放後、小麦の代用にもなる非常食として社会の役に立てたいと切望していたのでしょう、ジャガイモに関する論文を化学的分析結果付きでアカデミーに提出して承認されました。その論文をルイ16世に献じ、それまでフランスで広く信じられていたジャガイモ有毒説を公的なレベルで覆すことに成功したのです。しかし長年のネガティブなイメージは根強く、彼は様々な広報普及活動を生涯にわたって根気強く展開しました。

　この「フランス版青木昆陽」の努力が実を結びジャガイモがフランスで広く普及したのは、18世紀末から19世紀にかけて頻繁に起こった飢饉での非常食として重要性が増していたからです。

　今も、料理名に「○○パルマンティエ」という名前が付いていたら、それはジャガイモ料理ということです。例えば『グラン・ヴェフール』の有名なスペシャリテ「オックステールのパルマンティエ/Parmentier de queue de boeuf」は、マッシュポテトに煮たオックステールを加え、トリュフソースをかけた、まぎれもないジャガイモ料理です。

フランス・ルネサンス（16世紀）

14世紀頃から、イタリア半島トスカナ地方のフィレンツェを中心とするいくつかの都市で「古典古代」の研究が進むと、人の意識も変化していきます。人間を原罪意識で縛り付け、「羊の群れ」としてしか捉えないキリスト教支配を人間性に対する抑圧と考え、キリスト教化する前の古典古代を人間性が開放された理想的な世界とする思想が生まれました。そして様々な局面で「個人」としての主張が、強く前面に押し出されるようになっていきました。

15世紀に入ると、それまで発注主に匿名（とくめい）で作品を納めるのが当然だった画家や彫刻家、建築家達が、自分の作品に署名するようになったことが、そのことを象徴しています。イタリア・ルネサンスです。

フランソワ1世/François Ier（在位1515 - 1547年）は、イタリア・ルネサンスを代表する天才レオナルド・ダ・ヴィンチを筆頭に、イタリア半島から芸術家を自らの宮廷に招聘して、フランス・ルネサンスの契機を作りました。

個人意識、食卓の場合

「個人」が主張されたのは食卓も同様で、公式な饗宴でも会食者全員が個人用の椅子に座ってテーブルを囲むのが、普通になっていきます。中世の饗宴の会席者の視線は、（料理を見るときは別として）離れて座る権力者や自分の食卓前で演じられるパフォーマンスに注がれていました。これがルネサンス期になると、視線は食卓を共に囲む会席者同士の間で戯れるように移っていきます。つまり「見て

見られる」関係が強調されるようになったのです。

　そうなると各人の自意識はさらに磨きがかかり、できるだけ自ら
の品位を顕示できるように、最悪の場合でも自らを貶めないように、
と考えるようになりました。そのためには、まず他人を不快にさせ
ないように努める方向に働きますから、饗宴に招かれるような上流
階層の人達は皆、テーブルマナーに敏感になっていきます。

　テーブルマナーには、所作だけでなく会話も含まれます。当然会
話の内容が豊富だったりお洒落だったり楽しかったり、もしくはそ
の逆だったりと、個人の教養が試される場にもなったでしょう。

　16世紀北方ルネサンスを代表する人文学者デジデリウス・エラス
ムスが、ブルゴーニュ公国の宮廷顧問として「子どものための礼儀
作法」を著したのも、宮廷にそうした強い需要があったからです。

　椅子だけでなく食器も個人用となり、会食者は使用人にナイフや
スプーンを持たせて会食の場へ赴くようになりました。ちなみに、
フォークが登場するのは17世紀まで待たなくてはなりません。

　食卓には、テーブルクロスとナフキンがセットされるようになり
ました。ナフキンは、男性のフリフリした襟が汚れないように、首
元に結びます。

　とはいえ、この時代も依然として基本的には手づかみでの食事で
す。汚れた手をテーブルクロスで拭うために、クロスを長めにセッ
トするのは前の時代と変わりません。

　食物は神が与えてくださった神聖なものであるから神が与えてく
ださった手で食べるのが当然である、という宗教的観念から、人が
作った道具を介して口に運ぶことを嫌っていたのです。

　なお、こうした手食の習慣は17世紀になっても生き延び、ルイ14
世も手づかみで食べることを好んだと伝えられています。

Column

〜カトリーヌ・ド・メディシス〜

　1533年、アンリ2世はフィレンツェの貴族カトリーヌ・ド・メディシスと結婚しました。その時持ってきた嫁入り道具にフォークが入っていたという話は有名です。14世紀シャルル5世の「ネフ」に既にフォークが入っていたという説もありますが、宮廷でフォークが流行り広がっていったのは、カトリーヌが嫁入りした後であることに間違いはないようです。現代で言えば、新しいファッションが人々を魅了するのに似ていたのでしょう。

　カトリーヌは、フォークだけでなく、パティシエも連れて来ました。前述したようにイタリアは砂糖が豊富だったので、お菓子の技術もフランスよりずっと発達していたからです。

　こうしたことから、フランス料理はイタリア料理から来たと言う人が多くいます。しかし私は、それは間違いだと思っています。イタリア半島は中世以来都市国家や領邦に分裂していて、イタリア半島全体を治める統一国家は、1861年のイタリア王国の建国まで存在していなかったからです（ちなみに、現在のイタリア共和国は第2次大戦が終わった時に国王を追放して1945年に成立しました）。

　一方、トスカーナ、ピエモンテ、ナポリ、シシリアなどイタリア半島の各地方には、それこそ古代ローマ以来独自の発展を遂げてきた郷土料理が存在しています。これに、バチカンの法王のための料理も加えるべきでしょう。

これは私の個人的な考えですが、フランスとの違いは、イタリア半島の多彩な郷土料理はイタリア王国の宮廷に集められて、長い年月、日々の実践の中で磨き上げられ、その結果が一つの体系として集大成されるということがなかった、ということだと思います。

　イタリア半島では権力の集中が遅かったということです。イタリア王国から数えても200年にも満たない時間では、そこまでの作業が行われるのに十分とは言えなかったでしょう。

　これに対してフランスの場合、国王の宮廷の料理人は代々レシピを次世代に伝えて「フランス料理」の核を形成しました。

　そうした「国王の料理人」としては、シャルル5世と6世に仕えたギヨーム・ティレル/Guillaume Tirel、通称タイユヴァン/Taillevent が特に有名で、14世紀のレシピ集「ル・ヴィアンディエ/Le Viandier」の著者と言われています。しかし現存するこの本の初版はタイユヴァンが生まれた年より10年も前に出版されているので、彼が唯一の著者というのは俗説に過ぎません。最近の研究によれば、この本はフランス王家代々の宮廷料理のレシピを集めたものと言われています。

　ところで、当時のフランス国王の宮廷（カトリーヌ・ド・メディシスの時代も含めて）は、恒常的に首都が置かれていたのではなく、「移動宮廷」と言って王国内の主要都市を、王家の家族、宮廷料理人を含む従臣達とその家族、各国大使とその従者達全員を引き連れて移動していました。一都市に留まる期間は数か月から2週間程度と異なりますが、移動人数は数千人におよびました。

　滞在中は国王の権威を見せつけるための大饗宴が続き、それだけでなく移動中も食事は欠かせませんから、宮廷料理人という仕事は苛酷と言ってもいいほどの激務でした。

　フランスの様々な地方料理がその食材共々当然のごとく宮廷料理に取り込まれていった要因の一つに、「移動宮廷」があるでしょう。

　また、16世紀末から中央集権化が進展して17世紀に絶対王政が確立していくにつれて、宮廷はパリまたはベルサイユから動かなくなりますが、その代わりに宮廷から派遣された地方官達が国王の歓心を買うために地方の特産品や食材、新しいレシピなどを積極的に注進するようになりました。それにより、国王は首都にいながらにしてフランス各地方の珍味を、宮廷料理人の手によって洗練された形で楽しめました。近代フランス料理のベースはこのようにして形作られていきました。

　言い換えれば、フランス料理は「地方料理が統合され昇華したもの」ではないでしょうか。

ベルサイユ宮殿（17〜18世紀）

　ベルサイユ宮殿は、ルイ14世（在位1643‐1715年）が1661年から建設に着手し、20年後にパリから王宮が移されて「太陽王」による絶対王政の華麗な舞台となりますが、その栄耀栄華はルイ15世、ルイ16世の3代で終わってしまいました。しかし、その間にフランス料理文化は決定的な発展を遂げました。

３つの特徴

　この時代の特徴は、3つあります。

　1．地方料理の宮廷料理への昇華とサービスの高度な洗練

　　　王権が強大化するに従い、フランスのあらゆる地方の食材と料理がベルサイユ宮殿に集結し、洗練され、世界に冠たる宮廷料理にまで昇華されました。詳細は後述しますが、1660年にはヴァレンヌが『フランスの料理人/Cuisinier François』を出版して、中世以降のフランス料理の基本を確立しました。

　　　饗宴の演出については、1674年に匿名のL.S.Rが『もてなしの技法/L'Art de bien traite』を世に出して、サービスの基本を広く伝播することになりました。

　2．プロトコールの原点

　　　ルネサンス以降、食卓を囲むように座って、みんなで食事をするようになると、いろいろなプロトコール/protocole（席次、食卓の手順）が必要となってきました。

　フォークが一般化するのには、随分時間がかかったようです。貴族階級だけを見てもフォークの使用が広がったのは18世紀に入ってからで、ナイフ、フォーク、スプーンの一式は皿の右側にセットされました。19世紀になるとフォークが皿の左側に、ナイフとスプーンが右側にセットされるようになりますが、プロング（刃先）は天井を向くように置かれました。柄に刻印された家柄を表す紋章を見せるためです。

　スペ/souper（夜食）の様子が絵画に残っています。ルイ14世を中央に、男女が互い違いに座っています。誰をどこに座らせるかという席次が明確に規則化されるのもこの時代でした。そして、ルイ14世の隣に座るのは、当然のことながら覚えめでたき女性です。しかし寵が移ると、ある日突然他の女性がそこに座り、前の女性は違うテーブルに座ることも。

　「席次」は、貴族間の力関係を残酷なほど端的に目で見える形で表したので、招待客の大きな関心の的となったのです。

3. 招待

　ベルサイユ宮殿の食事は、招待であって会席者からお金を取っていません。饗宴の目的は王族の権力を誇示することであり、また饗宴を主催することは権力者の「義務」でもあったのです。

　例えば端の席を割り振られて、食べたい料理に手が届かないという不公平があったとしても、誰も文句は言えません。当然のことながら、真ん中の人は有利です。

　ですからフランスのプロトコールでは、席次は真ん中が上位となったわけです。

≪料理≫

　デュクセル伯のシェフだったヴァレンヌ/François Pierre de la Varenne（1618‐1678年）が1660年に上梓した『フランスの料理人』は、後に英訳されたほど成功しました。

　そこには17世紀フランス料理技術の発展が記されています。

1. コショウ以外のスパイスの使用量が減少
　　代わりに現地のハーブを使用

2. 甘酸っぱい調味を排除

3. 砂糖をデザートだけに使用

4. 新しい野菜を導入し、フレッシュ野菜を使用
　　ルイ14世は、野菜好きだったと言われています。ベルサイユに王家専用野菜畑を持っていました。

5. 塩漬けではなく、フレッシュな魚の使用

6. 肉類の火入れ方法の多様化
　　プレゼ/braiser（蒸し煮）が導入されました。

7. 澄ましの技術（卵白でのクラリフィエ/clarification）
　　濁ったスープを、卵白で澄ます技術です。ワインも卵白で澄ませるので、その延長線上でスープにも取り入れたのかもしれません。

8．レデュクション/réduction（煮詰め）の技術の発見

　　つなぎを使わず、ただ煮詰めるだけでとろみを出す方法で、現代フランス料理の基本技術として受け継がれています。

9．リエゾン/liaison（つなぎ）の進化

　　それまではパンや血でソースをつないでいましたが、ルー、バター、デュクセルなどを使用するようになりました。

10．ソースの多様化　ベシャメル、オランデースなど

　　中世の調理方法に比べると、総じて「食材を活かす調理法」が求められてきたと言えるのではないでしょうか。

≪サービス≫

　中世に芽吹き、ルネサンス時代を経て、ベルサイユの食卓に花開いたフランス饗宴文化を支えたのが「サービス」の存在でしょう。

　オフィシエ・ド・ブーシュ/officier de bouche（食専門の責任者）の管理下には、「切り分け職」や「ソムリエ」などの専門家がいます。もともとホスト役である権力を持つ主催者（国王のことも貴族のこともあり）が肉料理のデクパージュ（切り分け）を行っていましたから、権力者の代理として美しいナイフ捌きで丸ごとの料理を切り分けるデクパージュはとても名誉な仕事とされました。また、最初のワインを注ぐのも本来はホストの役目でしたから、ソムリエも名誉な役割です。

　そんな彼らを統括し、料理のメニューの構成を考え、食卓の演出

を企画するのが、オフィシエ・ド・ブーシュです。大革命後はオフィシエ（将校）というミリタリーな響きを避けて、メートル・ドテルと呼ばれるようになりました。

　権力者と会食者達が見守る中、権力者の代理としてサービスをする栄誉に浴する彼ら自身もまた、貴族の出身です。

　中世から近世にかけては、従臣達の子弟を宮廷に「奉公」に出させるのが当たり前でした。ありていに言えば人質で、臣下の忠誠を担保（たんぽ）したのです。また、絶対王政時代のフランスでは長男が父の全財産を相続する制度でしたから、貴族の次男や三男は修道院の僧侶になるか、国王軍に入るか、宮廷に入って食卓外交の専門家になるか、選択肢が限られていたというのも一因でしょう。

　それにしても貴族の次男三男というのは、大事なポイントだと思います。生まれた時から上流の生活をし、教養を高め、上質のサービスを受けながら育った人達がサービスを供するのですから、そのサービスがいかに優雅で華麗であったか、想像に難くありません。

　18世紀になると、シュルトゥ/surtoutという置き物が食卓に華を添えるようになります。金メッキで、デザインも緻密で芸術的です。食事中に使う道具などを載せて、食卓の真ん中に鎮座（ちんざ）します。

　19世紀になると、シュルトゥは銀・鏡・クリスタルなどを使い、より華麗になっていきます。また、料理やスープなど食べ物を入れたり、燭台がセットになったりと、用途のバリエーションが増えていきます。このシュルトゥは王侯貴族しか所有できなかったので、王侯貴族の特権の一つの象徴となりました。

　今、レストランではテーブルの中央に花を飾ります。「花のアレ

ンジメント」はメートル・ドテルのサービスコンクールの課題の一つになっており、記念日などのテーマに沿った盛花作りでセンスを競いますが、実はこの盛花はシュルトゥの名残です。

17〜18世紀に行われていた饗宴の基本形式は、何種類もの料理で食卓を埋め尽くすサービスを複数回繰り返すという点では中世の饗宴と変わりません。サービスの回数は、17世紀には３回のサービスが標準となりましたが、特別な機会には増えることもあり、ルイ14世の大饗宴に至ってはなんと８回のサービスが行われたことがあったと言われています。

17世紀からは饗宴の食卓風景も洗練度を高め、「二重のシンメトリー」という「幾何学的調和こそ絶対的価値である」とする美学が導入されていきます。つまり饗宴の食卓では、全サービスを通じてテーブル上に置かれる大皿の数は同じでなければならず（数のシンメトリー）、かつ全サービスを通じて大皿は同じ場所に置かれなければならない（位置のシンメトリー）とされたのです。
　宗教戦争やフロイドの乱（貴族の反乱）といった苛酷な内乱をなんとか収めて権力を確立してきたことから、宮廷では大庭園からテーブルの上までシンメトリーが象徴する「秩序と調和」が強く求められたようです。

　料理は、順序よく大皿で提供されます。標準的な３回サービスの場合、例えば第１サービスでは「ポタージュ」「アントレ」「オードヴル」、第２サービスでは「ロースト料理」「アントルメ」「オードヴル」といった具合です。最後の第３サービスは、数々のデザートです。

ちなみにフロマージュは庶民性の強い食べ物なので、富と権力を見せつけることが主な目的である王侯貴族の饗宴にフロマージュは素のままの姿では登場しません。

　以上のように、供される料理群にサービスごとに「ポタージュ」とか「ロースト」などの統一された主題が与えられ、その料理群をそれぞれ大皿盛りで「二重のシンメトリー」に基づいて配置し、会席者自身が自分の食べたい料理を食べたいだけその大皿から取り分けるのです。

　このベルサイユ式サービス方法を現代の「フランス式サービス」と区別するために「古典的フランス式サービス」と呼びます。

　どのタイミングでどんな料理を何種類配膳するか、というメニュー構成は饗宴全体の演出の重要な一部をなしており、饗宴の演出家として中世のプルミエール・パンティエの流れを汲むオフィシエ・ド・ブーシュ、メートル・ドテルの腕の見せ所でした。

　ただ大変重要な仕事に携わっていたわりには、後年のシェフ達のように歴史に名前が残っていません。唯一、フランソワ・ヴァテル/François Vatelだけは彼の悲劇について詳細が書き残されているので、往時を知ることができるくらいです。

　ちなみに、中世の食べ手は共用のナイフとスプーンで大皿から自分の分を自分で取って手づかみで料理を口に運びましたが、16世紀の食卓の個人化を経て17世紀に入ると、会食者は個人用のナイフとスプーンで大皿から自分の分を自分で取り分け、手づかみあるいはスプーンかフォークで口に運びました。

～フランソワ・ヴァテル～

　その当時のメートル・ドテルとして有名なのは、フランソワ・ヴァテル（1631 - 1671年）です。なぜ有名かというと、彼は自殺してしまったからです。

　そのいきさつはこうです。ヴァテルが仕えていたコンデ公ルイ２世のシャンティイ城を、ルイ14世が来訪することになりました。一行は500人前後の貴族とその使用人ら合計3000人で、２泊３日の滞在という大規模なイベントです。その間は、潤沢な食事や庭での催し、パフォーマンスなどでもてなすのですが、その全てを取り仕切る役割を担うのがヴァテルでした。

　第一日目の木曜日は、25卓を4回転させる大宴会でしたが、無事に終えることができました。その次の日である金曜日は、キリスト教徒は肉が食べられません。そこでヴァテルは事前に魚をオーダーしておきました。しかし当日、待てど暮らせど、魚は届きません。責任を感じたヴァテルは、剣で自分の胸を刺してしまったのです。皮肉なことに、その後、他の港に発注してあった魚が無事納品されました。

　この「悲劇」はルイ14世の取り巻きマダム・ド・セヴィニエが知人に宛てた手紙によって、後世まで知られることになりました。

　2000年にはフランスの俳優、ジェラール・デパルデューが主演した『Vatel』が上映されています。なぜか邦題は『宮廷料理人ヴァテール』となっています。不思議です。

フランス大革命後

　1789年のフランス大革命以前、すでに会食の場としてのレストランは先駆的な形でパリに存在し繁盛していました。しかし、大革命がフランス人の食生活と饗宴に大きな変化をもたらしたことは確実です。

　王侯貴族のお抱えだった料理人は職を失いました。サービス人も同様です。そこで、これまで王侯貴族の食卓を仕切っていた腕に覚えのあるシェフとメートル・ドテルは、二人タッグを組んで店を出すことにしたので、パリで一気にレストランが増加したのです。

　バスティーユ襲撃の7月14日（現在も革命記念日として国家的祝日です）の3日後には、あのコンデ公お抱えシェフがパレ・ロワイヤル近くに店を出した、という例もあります。

　ここで注目したいのは、シェフとメートル・ドテルの両方がいたからこそ、レストランは成り立ったということです。

　日本人はどうしてもシェフだけに目を奪われがちですが、どんなに美味しい料理を作ったとしても、それを美しい形で提供するメートル・ドテルがいなければ、単なる食べ物屋の域を超えることはできません。

　またメートル・ドテルは、新たな客層となったブルジョアジーに食の教養（たしなみや作法）を伝授しました。新たな食べ手を育てたのです。

レストランの隆盛

　それではなぜ、このように一挙にレストランが広まったのでしょうか。その理由として、以下のようなことが考えられます。

1. 規制緩和から始まっている

　　フランス革命後のレストランの隆盛は、革命によってギルドの規制がなくなったことが、大きく影響しました。

　　前述したように、中世の時代から時の権力者は扱える商品に規制をかけてきました。精肉店は牛肉を販売する、シャルキュチエは豚肉と豚肉加工品を販売する、ロチスールはあぶり肉だけ販売する、ブランジェはパンを販売するなどです。

　　絶対王制の確立とともに、権力者は上納金と引き換えにこれらのギルドにその職業に関する排他的独占権という特権を与えたので、ギルドは会員以外に商取引を許さず、生産・流通・市場を規制でがんじがらめにしてきたのです。

　　革命前のパリで、唯一「外食」が可能だったのは下宿屋のターブル・ドット/Table d'hôteでしたが、ここで食事ができるのは基本的には下宿人だけ。しかも毎日決まったメニューを決まった時間に食べるしかありませんでした。

　　大革命が、こうした全ての規制を取り払ったのでした。

　　一軒のレストランでパンも肉も魚もシャルキュトリーも煮込み料理もローストも自由に提供でき、客は食べたい料理を自由に選べるようになりました。宮殿でのディナーのような豪華なメニューを作ることが可能になり、他店よりもより美味しいものを提供しようという競争も生まれたのです。

2．レストランは平等の場

　　それまで王侯貴族だけが宮廷で楽しんでいた「美食」を担ってきたシェフやメートル・ドテルが主人を失い、街に出て開店したレストランには、革命の精神「自由・平等・博愛」とりわけ平等の精神が大切でした。

　　それは、誰でも、お金を払えば、そこで平等に楽しく美味しい食事ができるということです。

　ちなみにレストランという言葉は、restaurerという動詞（修復する、復興する）から派生した現在分詞restaurantが名詞化して「心身ともに修復する場」という意味を持っています。これこそが、レストランの存在意義の最も重要な部分ではないでしょうか。

≪料理≫

　一見さんお断りではなく、万民に開かれた場所であることが大切で、それゆえにレストランは、お客さまとの約束事として、メニューを店の外に出します。これは今のフランスのすべてのレストラン、たとえ３つ星レストランであっても踏襲されていることです。

　一方、日本の高級フランス料理レストランではこうした光景をあまり見ません。惜しまれながら2020年11月末に閉店した「タテルヨシノ銀座」では、お店が入っているビルの１階にメニューを出していましたが、本当に珍しい例と言えます。高級料亭では絶対出さないでしょう。

　最近はサイトでメニューを案内している店は多いのですが、メニュー公開に関する歴史的原点が異なるように思います。

≪サービス≫

　ベルサイユ宮殿では、客人は全て招待されていました。しかしレストランでは、お金を払ってもらいます。お金をもらうからには、全てのお客さまを公平にもてなさなければなりません。ですから、デクパージュは料理を公平に切り分ける技術でもあるのです。

　例えば今でもコンクールの課題になっている魚の４人取りは、骨を取るためだけでなく、部位を切り分けて公平に盛り付けるためでもあります。鶏肉も、腿肉と胸肉どちらがいいですか、と聞いて切り分け、公平に盛り付けます。

ロシア式サービス

　前述したように、ターブル・ドットでは決まった時間に定食を食べるだけでした。しかしレストランでは、お客さまは行きたい時間に行き、状況や目的によって自由に料理を注文できるようになりました。また、堅苦しくないプライベートな会食も楽しめます。

　それぞれのお客さまに応じたサービスを提供するレストランは、当然のことながら大革命によって主権者となったブルジョワジーに好意を持って迎え入れられ、レストランで食事をすることは新しいライフスタイルになっていきました。

　フランス式サービスでは、カテゴリー毎にたくさんの料理をテーブルに並べて、それを各自が自分で取って食べるというスタイルでした。当然、会食者間での不公平な料理の配分があったでしょう。

　けれどもレストラン客は基本的に「招待客」ではなく、全員が料理とサービスに対して対価を支払うのですから、提供される料理とサービスは公平・均等でなければなりません。そのレストランの使

命に適したサービススタイルが求められたのでした。

　ロシア式サービスでは、鶏のアンチエ/entier（丸ごと）や魚をいかに切り分けるかも、メートル・ドテルの重要な仕事となってきます。ベルサイユ宮殿でも、デクパージュの技術は求められていました。しかしレストランにおいては、まず大皿に盛り付けられた料理を丸ごと見せて、その後切り分ける華麗なプロセスも見せるというサービスと、それをみんなに等しく供する公平性が相まってより高度な技術が求められるようになったのです。

　レストランサービスの原点と言えるでしょう。

　ではなぜ、それをロシア式サービスと言うのでしょうか。それは、このようなサービスをフランスで初めて実践したのが、駐仏ロシア大使のアレクサンドル・クラキヌ（1752 - 1818：駐仏1808 - 1812）だったからです。クラキヌ大使は、自身が主催する昼餐や晩餐会で、お客さまの目の前に一皿一皿料理を供しました。ここで初めて、会食者全員が同じ料理を同時に食べることができ、「温かい料理を温かいうちに」食べることもできるようになったのです。このように一品ずつ食卓に運ばせるようにしたのは、寒冷なロシアで料理を冷まさず提供するためにフランス料理の料理人が考えた方法だと言われています。食卓の見た目よりも料理の味や会食者の公平性を重視したことは、大きな変化でしょう。

　とはいえ、きれいに盛られた大皿料理とその豪華さを求める人達も多く、フランス式を見直す気運も起きてきました。ですから当時でも格式を重んじる正賓では、見た目の豪華さを重んじるフランス式サービスも実践されていました。

〜カフェ・アングレ〜

『カフェ・アングレ/Café Anglais』（1802 – 1913）は19世紀を代表するパリの名店で、1867年のパリ万国博覧会当時は最盛期のトップレストランでした。上流階級やお金持ちが集う社交場となり、『マキシム/Maxim's』などの高級レストランとともに、歌劇「椿姫」に登場するような高級娼婦に愛されていました。

　シェフのアドルフ・デュグレレ/Adolphe Duglélé（1805 – 1884）は後述するアントナン・カレムの弟子で、レストランのシェフとして初めて料理史に名を残した人物です。彼のスペシャリテに「ポム・アンナ」というジャガイモ料理がありますが、そのアンナというのは第2帝政時代の有名な高級娼婦の名前です。偉い方々が彼女をお店にお連れになった時、彼女の名前を料理につけて捧げたというわけです。

　ですから、レストランは食事だけでなく社交場という意味が大きかったのです。それに伴い「見る・見られる」ということも、一層重要視されるようになっていきました。華かな女性を連れて行くのが、ある意味ステータスだったようです。

　この店で1867年6月4日に「三皇帝のディナー」をデュグレレが手がけました。万博を観た後に、ロシアからアレクサンドル2世、プロイセンからウィルヘルム1世、そして同国首相のビスマルクが集まったからです。この時のレシピは今でも『トゥール・ダルジャン』が「6月4日」という名前で、年に1回提供しています。なぜなら『カフェ・アングレ』は、『トゥール・ダルジャン』の前身だからです。日本の『トゥール・ダルジャン』（赤坂）でも、毎年「三皇帝のディナー」という特別メニューを提供していました。

美食文化の一般化

グリモ・ド・ラ・レニエール

　元貴族でフランス初の美食文化評論家であるグリモ・ド・ラ・レニエール/Grimod de la Reynière（1758 - 1837）が、「アンフィトリオンの手引書/Manuel des Amphitryons」を出版し、革命によって失われていく貴族のたしなみを書き残したことは特筆すべきでしょう。著者の母親は生まれながらの貴族で、父は仕事に成功して貴族の称号を得た成り上がりの人物だったので、彼は貴族と第三身分の両方の世界を見ていたことになります。そしてフランス革命で、貴族という社会階級は消えてしまいます。

　元々著者はかなりの美食家で、しばしば変わったテーマで、例えば「コーヒー尽くし」などといったパーティーをやっていたようです。ですから革命前の食文化への愛着が強く、それを継承すべく「アンフィトリオンの手引書」を発行したのです。
　アンフィトリオンとは、ギリシア神話に登場する人を招待してもてなすことが大好きな人物の名前ですが、現代のアンフィトリオンはレストランのメートル・ドテルということです。

　この本には子豚の丸焼きやイノシシの捌き方などが掲載されており、極めて実践的なデクパージュ技術の指導書となっています。また食事のメニューの組み方も、春の園遊会や冬のクリスマス会など、季節や行事に沿ったものが提案されています。
　実は、元々はプロ向けではなくて、上流階級の子弟のための教養

本でした。革命後は貴族に代わってブルジョワジーが上流階級の中心となったので、彼らが人を招待してもてなす機会が増大しました。そこで「もてなす側のホストとして、昔の王様や貴族の館付きのメートル・ドテルのようにこういう事を分かっていてほしい」という意図だったのです。

現在でも家のお父さんがクリスマスやホームパーティーではメイン料理の切り分けをしていますが、それはこの名残なのでしょう。

そして食通の彼は、ミシュランガイドに先立つこと約100年前の1803年から1812年の間にレストランガイド「食通年鑑」全8巻を出版しています。

本ではレストランだけでなく、テイクアウトのデリカテッセン（フォアグラのテリーヌ、鶏の丸焼きなど）も、評論しています。

その意味でも、フランス食文化史上無視できない一人です。

アントナン・カレム

アントナン・カレム/Antoin Carème（1784 - 1833）は、ナポレオンの外務大臣で大変な美食家であったタレイランのお抱えシェフです。1806年にタレイランに招待を受けたナポレオンが厨房を訪れて、カレムをねぎらった絵も残されています。ちなみにこのタレイランとカレムは後のウィーン会議（1814〜15年）で大活躍をすることとなります。

カレムはこうした上流階級の客人に提供する料理の参考にすると同時に、その素晴らしさを後世に残そうという意図もあったのでしょうか、絶対王政下のベルサイユ宮殿の料理と食卓をまとめ上げた本を残しています。

1815年「パリの王家のパティシエ」、1822年「パリのメートル・ドテル」、1828年「パリの料理人」、1833年「19世紀のフランス料理術」などがあります。ここで特筆すべきは、上流階級となったブルジョワジーだけでなく、中間層をなすブルジョワジーを対象とした内容も書かれていることです。食卓の充実は、様々な層に広がっていたのでしょう。

本の中で、ピエス・モンテ（ピエスはパーツ、モンテは「組み立てられた」という意味）という、建築的で装飾的な料理やお菓子を紹介しています。テーブルの上に芸術的なお城のようなデコレーションを築き上げ、テーブルの真ん中にシュルトゥのように飾って、それには最後まで手を付けず、そのまわりに配置された料理を食べたようです。ピエス・モンテは、マジパンなどを使って創作します。現代のパティシエがマジパンやチョコレートなどでピエス・モンテを製作するのは、この流れを受けたものです。

オーギュスト・エスコフィエ

現代フランス料理の父と言われるオーギュスト・エスコフィエ/Auguste Escoffier（1846 - 1935）は、アントナン・カレム以降の、レストランが発展した19世紀の料理と郷土料理を体系化して集大成し、現代フランス料理の礎を後世に残しました。

エスコフィエは、生まれたときはフランス人ではありませんでしたが、亡くなったときはフランス人でした。どういうことかというと、彼はフランス革命後の1846年にニースで生まれましたが、その頃のニースはまだサヴォア公国から発展したサルディニア王国領だったからです。

　サヴォア公国の発祥地はアルプスですが、チーズだけではなく文化度の高い独特の宮廷食文化を持っています。サヴォア人のギイ・マルタンシェフを日本に招聘してサヴォア宮廷料理の講習会を開催したことがありますが、各種の生地を使ったレシピの数々はイタリアの影響がみられると感じたものです。ですから、今はフランスの一都市になっているといえども、ニースも独特の食文化を持っています。言葉も違います。「ニース風サラダ/Salade Niçoise」などニース風という表現も多いですね。ちなみに日本人シェフの松島啓介さんは、ニースを極めていると言ってもいい稀少な日本人シェフで、地元の人達にも愛されている「ニース人」です。

セザール・リッツとの出会い

　当時の地中海沿岸は、避暑地ならぬ避寒地。寒い季節に暖かさを求めて、ヨーロッパのお金持ちや王族、貴族達がやってきました。

　その一つであるモナコで、エスコフィエとセザール・リッツ/César Ritz（1850‐1918）は出会います。その時エスコフィエはシェフ、そしてリッツはメートル・ドテル（後にはモナコのホテルで総支配人まで上り詰めます）でしたが、エスコフィエとの出会いがリッツの人生を大きく変えることになりました。

　意気投合した二人は、ロンドンで「ホテル・サヴォイ/Hotel Savoy」を作りました。ちなみにサヴォイとはエスコフィエの出身地サヴォア地方の英語読みです。ホテルのオーナーは劇場の小屋主です。ホテル・サヴォイは高級な料理とサービスで世界のVIPの評価を得ますが、訴訟問題をおこし経営は失敗してしまいました。

　そこで二人は、パリで「ホテル・リッツ/Hotel Ritz」を立ち上げました。今度は、セザール・リッツの名前を取りました。ここで、

これまでの高級ホテルですら行われていなかった初めてのことを2つ成し遂げました。

　一つは、リッツによるものです。彼には、当時の最高級の客のニーズを先取りできる才能がありました。各客室にトイレと浴室を付けたのです。それは今でこそ当たり前ですが、当時は高級ホテルといえども洗面所などは共同だったのです。

ブリガード

　そしてもう一つは、エスコフィエの厨房改革です。彼は、大人数のお客さまにも独立した高級レストランのような料理を提供できるように、軍隊の組織体制ブリガード/Brigadeを厨房に持ち込みました。連隊長に当たるのが、頂点にいるシェフ/chef de cuisine。その副官がスー・シェフ/sous -chefで2番手です。

　連隊長の指揮の下、部隊を指揮する部隊長にあたるのが部門シェフ/chef de partieで、それぞれの担当はソース/le chef saucier、冷製料理/le chef de garde-manger、ロースト/le chef de rôtisseur、魚/le chef poissonnier、アントルメ/le chef de l'entremétier、デザート/le chef pâtissierと呼ばれています。そしてシェフの穴を埋める交代シェフle chef tournantもいます。

　各部門シェフが指揮する兵隊が料理人/cuisinierあるいはパティシエ/patissierで、その下にコミ/commisが付きます。さらにその下にはアプランティ/apprentisと呼ばれる見習いがいます。

　現代のブリガードでは、アミューズや冷製前菜を担当するgarde-manger、魚/poisson、肉/viande 、デザート/patisserieとより簡略化されていますが、基本的な組織は変わりません。

　軍隊式のブリガードはサービス陣にも適用されています。

連隊長はディレクター /Directeur、あるいはプルミエ・メートル・ドテル/Premier Maitre d'hôtel。その下に部隊長メートル・ドテル/Maitre d'hôtelが付き、数人のシェフ・ド・ラン/Chef de Rangを統括します。ちなみに「ラン」とは客卓をいくつかまとめたグループのことです。

100卓あって、4人のメートル・ドテル、シェフ・ド・ランを抱えた大規模なレストランを例に挙げてみましょう。1人のシェフ・ド・ランが5卓を担当する場合、1人のメートル・ドテルは5人のシェフ・ド・ランを統括する、つまり25卓のサービス責任者となるわけです。メートル・ドテルは中隊長、シェフ・ド・ランは小隊長と言えるでしょうか。そして、シェフ・ド・ランの下にコミがついて皿の出し下げ、厨房との繋ぎ役をします。

基本的に客と直接コンタクトを取れるのはシェフ・ド・ラン以上で、オーダーを取るのはメートル・ドテルの役割とされています。

ミシュランガイド

現代のレストラン文化はミシュランガイドから始まったと言ってもいいでしょう。初版は1900年、35000部の小さな冊子で、最初は高級車を運転するお抱え運転手に配っていました。

当時、車はすぐパンクしたり故障したり。どこで修理できるのか、すぐに分からないと困ってしまいます。場合によっては、修理する間に食事をしたり、宿泊したりしなければならないかも。そこでお薦めの店やホテルを紹介するために無料で配布した本でした。

20世紀の初め、運転手付きの車で旅行していた富裕層が一定数いたことがうかがえます。

グランド・ツーリズム

　1930年代から始まり1950年代に頂点を迎えるグランド・ツーリズムの時代、名店が並ぶ国道７号線は「美食街道」と呼ばれ、セレブが運転手付きの自動車で旅をすることから、「３つ星/そのために旅行する価値のある卓越した料理」「２つ星/遠回りしてでも訪れる価値のある素晴らしい料理」「１つ星/近くに訪れたら行く価値のある優れた料理」という「ミシュランガイド」の格付け基準が、店名とともに広く喧伝されることにもなりました。当時のフランス料理の潮流はキュイジーヌ・ブルジョワーズ（市民による料理）で、レストランのロシア式サービスが頂点を極めた時代でもありました。

　美食ツアーはパリから始まって、ニースまで南下するルートです。この街道沿いで腕を振るった３人の有名シェフは、第二次世界大戦の戦中・戦後の美食を制した巨人達です。

コート・ドール

　アレクサンドル・デュメイン/Alexandre Dumaine（1895 - 1974）は、国道沿いに自動車で南下すること250km余り、1935年から30年にわたって３つ星を保持したグラン・シェフです。その店『コート・ドール』は、文豪ヘミングウェイや歌姫エディット・ピアフ、モーリス・シュヴァリエ、アメリカのスター俳優ゲーリー・クーパーら米仏の有名人が集う食の殿堂でした。

　デュメイン没後、しばらくの間は後継者問題に悩まされましたが、1981年に若手シェフのベルナール・ロワゾーが後継者に名乗りを上げます。油脂やアルコールを極力排した「水の料理」を標榜して、

フランス料理に新鮮な一歩を記して話題にはなったのですが、なかなか2つ星を超えられませんでした。そこで1990年に300万ドルをつぎ込み店舗を大改装し、1991年ついに3つ星を獲得して名実ともにデュメインの後継者の地位を確立したのです。ロワゾーは神戸にも出店（1995年阪神・淡路大震災で閉店）するなど、まさに世界のトップ・シェフとなりました。

　でも悲しいことに、彼は2003年に猟銃自殺をとげました。その原因は3つ星を失う重圧からだと取りざたされ、ガイドブックの功罪が世間の注目を集めたものでした。以後、ドミニク夫人がロワゾーの一番弟子をシェフに据えて店を支え、今日に至っています。

　私がロワゾーシェフに初めて会ったのは、1990年の改装中でした。まさに「正念場」という感じで、「ああこのシェフは、フランス料理の巨匠で歴史に残るデュメインの後継者、という意識がすごくあるんだな」と、強く感じました。

ラ・ピラミッド

　そこから南下したヴィエンヌでは、フェルナン・ポワン/Fernand Point（1897 - 1955）がマド夫人とともに『ラ・ピラミッド』を営業していました。

　ポワンもまた歴史に残る偉大なシェフで、「ヒラメのシャンパンソース」とか「マルジョレーヌ」など多くの代表作がありますが、これらはすべて大皿盛りのアンチエ料理。大規模なサービスのブリガードが、客前で華やかなゲリドンサービスを繰り広げていました。また、マダムのマド夫人のもてなしが最高のごちそうだった、とも言われています。

『ラ・ピラミッド』は、ポール・ボキューズ、アラン・シャペル、トロワグロ兄弟/Jean et Pierre Troigrosなど超有名シェフが修行し、巣立ったことでも知られているまさに歴史的名店でもあります。フランスのみならず、ヨーロッパやアメリカの有名人が多くここを訪れていますが、あの「王冠をかけた恋」の英国エドワード8世が恋人シンプソン夫人を連れてお忍びで訪れていたことでも有名です。エドワード8世は「恋」を選んで王位を捨てました。1936年のことです。

パトリック・アンリルーの冒険

1955年にフェルナン・ポワンが亡くなってもマド夫人がしっかりとその後を守り3つ星も維持してきたのですが、1986年に夫人が亡くなると、さあこれからどうする？ということになりました。ちょうどバブル期で景気のいい日本企業がここを買う話も出たそうです。しかしいろいろな反発もあって進まない、そんな中でフランスのある不動産会社が買収しました。そしてシェフを探しましたが、なにしろ錚々たる重鎮を輩出した店なので、候補者は皆恐れ多くて辞退したようです。

結局『ラ・ピラミッド』のシェフとして白羽の矢が立ったのは、第1章で紹介した当時30代前半の若手シェフ、パトリック・アンリルーさんでした。彼はコートダジュールの小さなレストランで雇われシェフをやっていて、そこで1つ星を獲っていました。この天から降ってきたようなオファーを受けることにして、サービスを担当していた奥さんと店のメートル・ドテルの三人で、ヴィエンヌに乗り込みます。

　私にとっては一番親しいシェフで、苦労話もたくさん聞いていますが、ボキューズはじめ、先輩シェフ達を呼んだ初めての食事会の話は手に汗握るものでした。

　当時の彼は全く無名で、それにフェルナン・ポワンの弟子だったわけでもありません。けれどもポワンの料理をやっていかなければいけないと、ポワンのかつてのお弟子さんを呼んで一生懸命教わったりもしたそうです。それでもやはり、かつての『ラ・ピラミッド』を知っている顧客の反応は当然ながら良くない、レストランの営業が成り立っていかない、業界の重鎮達のバックアップも得られないという四面楚歌状態でした。

　これまで何度も登場した「ローヌ・アルプ・オ・ジャポン」は、リヨンを中心としたローヌ・アルプ地方の食と観光を紹介するイベントで、主催はローヌ・アルプ商工会議所と観光局でした。ボキューズさんはじめ15星のシェフを集めた大イベントでしたが、1995年に開催された時、アンリルーシェフは呼ばれていませんでした。地元の大御所達にはまだ認められていなかったわけです。

　もう本当にどうしようかと悩んだ末、ある時「俺は自分の料理を作る！」と決めたそうです。

　ポワンの料理は、キュイジーヌ・ブルジョワーズだから生クリームたっぷり。戦争時には、裁判所で配給制に異を唱えて「もっとバターを！もっと生クリームを！」と叫んだというくらい、こってりコクのある料理だったはずです。

　一方アンリルーシェフは、コートダジュールでオリーブオイルやたくさんの野菜を使った料理を得意としていました。そしてピラミッドの料理を「アンリルーの料理」に切り替えたわけです。

これが成功しました。1990年に１つ星を獲り、1992年には２つ星を獲って、これを失うことなく現在まで守り続けています。そのうえ常に経営を上向きにして、レストランや宿泊客室の改装など新たな投資を重ね、時代の波に遅れないレストランの環境づくりに成功しています。

　何度も３つ星のうわさがありましたが、経営感覚があるオーナーシェフとして、３つ星で経営の苦労をするよりは２つ星で毎日満席のレストラン運営をする方を選んでいるのです。

　彼は若手の育成や業界の発展にも尽力していて、スタッフの中から３人のMOFを育てました。また、ルレ・エ・シェトー副会長時代の活動は、業界の活性化に貢献したと言われています。ですから近年ではボキューヌさんもアンリルーさんを大いに認め、大変親しくしていたそうです。

　ところが２つ星を獲るほど評価が上がっていた頃、アンリルーシェフはある朝オーナーが破産したことを新聞で知るという、驚愕の経験をしました。

　どうする？当時いた30数人のスタッフをどうしよう？

　そこで彼は自分で店を買うことを決心しますが、それは裁判続きという大変な道のりの始まりでした。フランスでは店を全面的に買い取ることがとても難しくて、上屋、土地、商権（商売する権利）の３つを買う必要があります。けれど諸般の事情から一度に入手できなかったので、まずは商権を手に入れて営業を続けました。それから上屋や土地を買うために、ややこしい問題を一つずつ解決して、1996年ようやく名実ともにオーナーシェフになったのです。

ピック

　ヴィエンヌからさらに国道7号線を南に下っていくと、ローヌ河沿いに名店『ピック/PIC』があります。今のオーナーシェフで女性唯一の3つ星シェフであるアンヌ・ソフィー・ピック/Anne Sophie Picのおじいさんにあたるアンドレ・ピック/André Pic（1893‐1984）がこの地にオーベルジュを構えたのは1934年のことです。

　アンドレ・ピックは「グラタン・エクリヴィス」やジビエ料理で名を成し、1939年には3つ星を獲得して、アレキサンドル・デュメイン、フェルナン・ポワンと並ぶ3大巨匠として歴史に残っています。アンドレの息子ジャック（1932‐1992）も見事に後継を果たし、レストラン『ピック』は押しも押されもしない3つ星レストランの名声を確立したのです。

　人望も高かったジャック没後、長男のアランが後を継ぎます。けれども1995年、父ジャックが亡くなってから3年後に3つ星を失ってしまうのです。実は、私自身が日本人料理人のグループと共に、1994年9月にフランスの3つ星レストランを食べ回る旅をした時、「ピックは外せない！」と考えて、ディナーを取ったことがあります。でも残念ですが、料理は「え？」というものでした。食事の後はどこのレストランでもシェフに厨房を見せてもらっていましたが『ピック』では厨房でシェフのオーラが感じられなかったことも事実です。ですから3つ星陥落のニュースにも驚きませんでした。

　その後、兄に代わって妹のアンヌ・ソフィーさんがシェフになり、見事に2007年に3つ星を奪還し今日に至るまで守り続けています。

彼女はビジネススクールで経営の勉強をしていた人ですが、急遽名店のシェフの座を引き継いだのです。

　彼女を日本に招聘し、仕事を身近で見る機会がありました。いい意味で女性らしくて、繊細な仕事ぶりが生み出す料理が彼女の個性になっているんだな、と感じました。「料理人の勉強をしていなかったのに、シェフは大変ではないの？」と率直に聞いたところ、「子どものころから、祖父（アンドレ）や父（ジャック）の仕事を見ていたし、味見はたくさんしていたのよ」と、語っていました。なによりスタッフが助けてくれるから、とも言っていました。

　シェフの資質は決して一色ではないのだなと思います。リーダーシップの在り方も一色ではありません。けれども「味覚」、つまり「舌」だけはシェフにとって必要不可欠な資質なんでしょう。アンヌ・ソフィーさんは繊細な味覚を武器に祖父と父の後継者となったのです。

オテル・ネグレスコ

　美食街道の終点地ニースには『オテル・ネグレスコ/Hôtel Negresco』という格式の高いグランドホテルが待っています。長い間フランス唯一最後の個人オーナーのホテルと言われ、オーナーは大金持ちのおばあちゃんでした。そこに辿り着くまでの旅が、まさにグランド・ツーリズムなのです。

ロシア式サービスとイギリス式サービス

　この名ホテルでは、レストラン『ル・シャントクレール/Le Chantecler』のサービスとホテルの宴会サービスの両方を味わうことができます。料理同様、サービスも食事の醍醐味であることはレ

ストランでも宴会でも同じですが、宴会の「イギリス式サービス」が普及したのはネグレスコのような高級ホテルでした。

　ポワン達が活躍していた頃のレストランは、厨房スタッフよりもサービススタッフの人数が多かったそうです。厨房が10数人としたら、サービスは30数人といった具合です。厨房は、食材を捌いて火入れをする、というような調理と大皿の盛り付け。それをサービス人がお客さまのテーブルまで運ぶだけでなく、ソースを仕上げ、デクパージュもする「ロシア式サービス」です。人数分を公平にかつ美しく切り分けて、お皿に盛って、はいどうぞ！という流れですからサービスの大ブリガードが必要だったわけです。

　宴会では、そうしたサービスができません。また、「フランス式サービス」もできません。スタッフが持って来た大皿からお客さまに自分の食べたいものだけを自分で取ってもらうというやり方では、とても時間がかかってしまうからです。

　そこで登場したのが、「イギリス式サービス」です。大皿に盛った料理をサービススタッフが持って来るまでは「フランス式」と同じですが、「イギリス式」ではスタッフが料理を取り分けて、お客さまの皿に盛り付けます。これなら、随分時間が短縮され、かつ料理の盛り付けもきれいに仕上がります。

　では、当時のイギリスの貴族の食事がこのようなスタイルだったかというと、そんなことはなくて、やっぱりフランス式だったと思われます。

　面白いですね。フランスでは、フランスと違うことはひっくるめてイギリス式と言っていたようですよ。例えば、パーティーで皆に挨拶せずに、こっそりと退出することも「イギリス式に消える」と言います。英仏戦争の名残なのでしょうか。

現代のフランス式サービス

　さて、ベルサイユ宮殿時代からずっと欧米での食事スタイルをリードしていたフランス式サービスは、今でも健在です。私がフランス大使館のディナーや、フランス商工会議所の会頭主催のこじんまりしたディナー、ボルドーやシャンパーニュ地方のシャトーに招かれての晩餐会などでは、やはりフランス式サービスでした。

　まずテーブルセッティングが違います。通常、皿の左右にセットされるナイフとフォークは、皿の上にクロスした状態でセットされています。これで招待客は「今日はフランス式だな」と知ることができます。着席し、乾杯等の後にこのナイフ、フォークを自分で皿の左右に置き直します。

　サービススタッフが大皿に盛った料理を左側から差し出します。大皿にはスプーンとフォークが１セット付いているので、右手にスプーン左手にフォークを持ち、自分で大皿の料理を自分の皿に取り分けます。ちなみにサービス人が用いるスプーンとフォークのセットを業界では「サービス用クーベール」と言いますが、これが取り分けの「菜箸」に当たります。こうして一人一人、順番に大皿が回っていくのがフランス式サービスです。

　ただ問題なのは、時間がかかることです。素人がサービス用クーベールを使って、サクサク取り分けるのはかなり難しく、温かい料理も冷めてしまいます。ですから大人数には合わないサービス方法です。また何人かが料理を取った後は、大皿が美しくなくなってしまいます。ですから途中で新しい大皿に取り替えることが必須。フードロスの多さはかなりのものでしょう。そのせいか、最近ではフランス大使公邸でも皿盛りになっています。しかしフランス式は自分が食べたい分だけ食べられるので、少食の私には助かります。

フランス式プロトコールとイギリス式プロトコール

ちなみに、席次もフランス式とイギリス式では違います。

フランス式は、男女交互に座って中央にはホストとホステスが向かい合って座ります。そしてホストの両隣には大切な女性ゲストを、ホステスの両隣には重要な男性ゲストを配置します。これはベルサイユ宮殿のプロトコールが原型で、招待者の王様王妃様があくまでも中心人物ですから、たくさんの大皿料理の中で特に美しくて立派な料理の目の前に座るのが当然という考え方です。

一方イギリス式は、テーブルの端と端にホストとホステスが座ります。それぞれの両脇に重要度の高いゲストが座りますが、テーブルの中央部は年齢の高いゲストを座らせるなど変化します。テーブルの両端に座ったホスト・ホステスが席を立ちやすいことから、フランスでもホームパーティーではこの座り方が一般的です。

さて、美食街道を楽しむ富裕層はイギリスとアメリカのお金持ちが多かったようですが、もちろんフランスにもお金持ちはたくさんいます。貴族制度はなくなっても、フランスに100家族という本当の上流階級が今も厳然とあって、その出身者が有名企業を牛耳っているという話を聞きました。そして今でもそういう層がシャトーを所有しているようです。

時々「100家族のためのディナー」もあるそうで、ある時担当するシェフから話を聞くと、「もう大変！大緊張！」なんだそうです。

あまり表には出ませんが、知る人ぞ知る存在です。本当の社交界は、そういう人達の集まりなんでしょうね。

ヌーベル・キュイジーヌ

1970年代のレストランを席巻^{せっけん}したのは「ヌーベル・キュイジーヌ /Nouvelle Cuisine（新しい料理）」でした。名高いポール・ボキューズやアラン・シャペルが台頭してきたのは、この頃です。

アンリ・ゴーとクリスチアン・ミヨが発行するレストランガイドブック「ゴ・エ・ミヨ」が、ヌーベル・キュイジーヌの旗振り役となりました。

1973年ゴ・エ・ミヨが「ヌーベル・キュイジーヌ宣言」を発表しましたが、内容を精査するとこの宣言は決して奇をてらったものではありませんでした。食材の尊重や繊細で印象的な盛り付け方に特徴があり、現代フランス料理はまさにこの宣言の流れの中にあることが納得できる内容です。

料理は、美食街道時代のキュイジーヌ・ブルジョワーズから大きく変わりました。大皿盛りのアンチエ（丸ごと）料理から、個人盛り（皿盛り）料理へと流れが変わったのです。シェフ達はデシャップ（フランス語ではパス）に皿を並べて「皿に絵を描くような」盛り付けを競うようになりました。

それまでのシェフは極端に言うと、料理の下ごしらえをしてメートル・ドテルに渡す日陰者のような立場です。しかし個人盛り（皿盛り）にすることで、メートルの手を借りずに、一皿を完結した自分の料理として提供できるようになりました。

当然その料理の評価はシェフのものとなりますから、シェフがスターになるきっかけとなりました。料理人のクリエイティビティが脚光を浴びることとなった、先駆けの時代だとも言えるでしょう。

最初のスターは当時まだ若手だったポール・ボキューズで、ヌー

ベル・キュイジーヌの旗手と言われていました。

　サービスも、大きな変化に見舞われます。ロシア式サービスが衰退したことにより、これまで大皿の料理を華麗なゲリドンサービスで客に供していたメートル・ドテルが活躍するシーンは激減しました。メートル・ドテルとシェフの給与や社会的立場が逆転していくことになります。これではサービス人のモチベーションも下がる一方です。でもそれをなんとかしないと、人は育たずサービスの質は下がるばかりです。フランスのサービス業界がサービスコンクールを開催し、技術の伝承に力を入れるようになったのはこの頃です。

ヌーベル・キュイジーヌの基準

1．皿盛により、シェフが最後まで盛り付けをする

　　そのために、デシャップ（パス）が登場しました。

2．少量、多様な食材の使用ときれいな盛り付け

　　光栄なことに、日本の会席料理の影響と言われています。ヌーベル・キュイジーヌ以降フランス料理でも盛り付けの美しさや斬新さを追求するようになり今日に至っています。

3．量が少ない

4．軽めのソース、ソースの多様化と生クリームや繋ぎを入れるなど古典的ソースの否定

　　ドゥミグラスソースもベシャメルソースもなくなりました。その後にカムバックしましたが、同じ味ではなく進化したものになっています。

5．火入れの多様化、ヴァプール（蒸し料理）が多くなる

　　魚や鳥肉をせいろで蒸すなど、中華の調理技術が取り入れ

られました。

6．ムースの多用

7．クーリ（果物や野菜をすり下ろすなどして、ソースに替える）、ジュ（焼き汁）の使用

8．食材の尊重　火を入れすぎない

9．ア・ラ・ミニット

　　ヌーベル・キュイジーヌは、オーダーを受けてから火を入れ、ソースを仕上げる等、サービス時の仕事量が増えました。

　　一方、下ごしらえ、仕込みの時間が以前に比べて随分短くなりました。

社会的背景

　1967年から70年代初頭、日本では学生運動がとても活発でした。あれは1967〜68年のパリの学生運動が飛び火したものです。その運動とその後の政府の政策転換は、フランスの社会を大きく変えました。例えばフェミニズム。それまでは、旦那さんが全面的に権利を持っていて、奥さんは小切手にサインする権利もなかったくらいです。しかし、今のフランスでは男女は全く対等で、政治家の数も男女拮抗しています。

　女性の社会的地位だけではありません。大学など教育システムなどの変化とともに、「変革は善だ」という社会的雰囲気が全ての社会層に広がりました。社会図が変わったのです。

　文学でも芸術でも前衛的なものがもてはやされて、それが料理人の世界にも及ぶようになったというのが、ヌーベル・キュイジーヌを生んだもう一つの社会的背景だったと思います。

ヌーベル・キュイジーヌの終焉

　ヌーベル・キュイジーヌが最も盛り上がったのは、1975年から80年代初頭でした。

　ヌーベル・キュイジーヌが終焉したのは、エキスプレス専属の料理評論家クロード・ルヴェイの記事がきっかけでした。手紙形式の連載で、「若きシェフ達へ」という題で訴えかけたのです。

　要約すると、「ヌーベル・キュイジーヌと言われる、例えば野菜の色とりどりのピューレはベビーフードに他ならない。またムースが主体のテリーヌは大人が食べるものではない。君に是非お願いしたい。魚料理だったらまず姿のまま料理してもらいたい。肉料理も骨付きで作って欲しい。こうした流行にとらわれず、フランス料理の原点をちゃんと見据えた、本来のフランス料理のうまみを実現してもらいたい」というような内容でした。

　けれども、なによりも大きかったのは「顧客の批判」でした。

　レストランは客なしには成り立ちません。舌の肥えた常連客もたくさんいます。ところが、前衛的であっても味覚的に破綻しているのではないか、という料理までが出現してきました。例えば魚にキウイのソースというとんでもない料理などが登場しました。

　量も全く足りませんでした。これはフランス人にとって、大問題です。『ピラミッド』のアンリルーシェフは、今でもア・ラ・カルトのオマール料理にはオマールエビ１匹を丸ごと提供します。私の胃袋ではとても食べきれるものではありませんでしたが、シェフによれば「これはオマールを食べたいというお客さまに対して『これがオマールだ！』という約束みたいなもの」だそうです。

料理のボリューム不足だとお客さまは、「ヌーベル・キュイジーヌなんてもういらないよ」となるわけです。

　また経済環境も影響しました。世界的にバブルが崩壊すると、人はより安心を求めるようになりました。すると料理が変わります。シェフ達ももう自分達をヌーベル・キュイジーヌ派だとは絶対言わなくなりました。私がフランス人シェフを日本へ呼び始めていた1980年代終わりから90年代には、フランス人シェフは誰一人としてその言葉を口にしませんでした。

　でもその頃フランスから帰ってきた日本人シェフ達を、日本のメディアはヌーベル・キュイジーヌと持ち上げました。三國清三シェフが帰国した時の料理は、今見ると大変クラッシックですが、当時の日本ではヌーベルと評価されていたものです。

　そもそもヌーベルは新しいという意味で、あのフェルナン・ポワンも当時はヌーベルだと言われていた、という記録があります。ヌーベルという言葉は、なかなか奥が深いと思います。

　とはいえ、ボキューズらのシェフ達が「ヌーベル・キュイジーヌはやめた」と言ったわけでも彼らが作る料理が昔に戻ったわけでもありません。基本はしっかり守りつつも、かつての料理よりもより軽く、食材を活かして火入れに工夫をするなどの進化があります。

　振り子のように揺り戻すのではなく、フランス料理の基礎の原点をベースに、過去の否定された「流行」で学んだことを上手に取り込み、次のフェーズに進化していく、言わばらせん状に（弁証法的に）進化していくのがフランス料理だと思います。

キュイジーヌ・ド・テロワール

　第1章でも述べましたが、1990年代、世界的にバブルが崩壊しました。そしてフランスでは、地方の時代が進行していました。それはミッテラン大統領が、地方分権を推し進めたからです。各地方でも商工会議所や地方議会が中心になって、予算を持ち、それぞれが地方振興するぞという気運が高まりました。

　その背景として、1967年にヨーロッパ共同体（EC）、そして1993年にヨーロッパ連合（EU）が成立したことがあります。

　EUになると、人や物の移動が自由になり、大学卒業資格や教員・医師・建築士などの資格が統一され、EU内での就職や会社設立の自由も認められるようになりました。まさに、国境がなくなったのです。

　そういう中で「何が残るか？地方は残る！」という考えが湧き上がってきました。例えばブルターニュ地方、サヴォア地方、アルザスの地方などです。そして、自分はフランス人である前にブルトンだ、サヴォア人だ、アルザス人だというのが自分の根っこと考えるようになったわけです。

　こうした帰属意識を、シェフも持つようになりました。自分はどこに立つのかということを大事にして、そこの風土に根差した自分の料理やレストランの在り方を考えるようになったのです。地産地消よりももっと深い概念です。ですから地方の食材を使う時も、他の店とアイデアを共有して、みんなで一緒にわが故郷を盛り上げていこうという流れが出てきたのです。

　「テロワールの料理/Cuisine de Terroir」を標榜するシェフ達が

各地で声を上げ始めました。地元の食材を活かし、お客さまが安心して楽しんでもらえるような料理に自分達のアイデンティティーを求め、皿の上だけではなく、料理と食材を生んだテロワール＝風土を発見してもらいたいというのが彼らの考えでした。

　単に、不景気になって社会が縮み志向になったから、客が安心感を求めるようになったから、という消極的な側面だけでは彼らの活動と料理は語れません。大きな世界観というか地方観を持ちながら、やるべくしてやっているわけです。それを私は1990年代に数多く見てきました。

料理分子学

　21世紀を目前にして、フランス料理業界で論争が起こりました。「正統的フランス料理とは何か？」が、論点です。

　一方は「フランス料理は、フランスの食材でなければ絶対にダメだ」と主張し、もう一方は「何処の食材であってもそれはフランス料理であり、国境を超えるフランス料理だ」と主張しました。

　20年経った現在を見ると、後者が正しかったことは歴然としています。

　その頃、フランスの物理化学者エルベ・ティス/Hervé Thisがパリのフェランディ校で「料理の科学」という公開授業を月１回開催していました。料理分子学/Cuisine Moléculaireをテーマにした講義で、プロでも学生でも誰でも参加できる授業でした。

　一番有名なのは、温泉卵です。黄身と白身の凝固する温度が違うことから「何度で何分間オーブンに入れておくと温泉卵ができますよ」という、誠に科学的な分析です。

　このようにタンパク質は何度で凝固し、野菜の繊維は何度で分解するなどの知見を得て、フランス料理界での火入れが変わっていきました。「料理の科学・化学」が普及したことによる、フランス料理の進歩は計り知れません。

　ただ、行き過ぎてしまった部分もありました。

　はっきり覚えているのは2012年、服部幸應先生が世界の食文化交流のために世界各地から多くのシェフを招聘したイベント「東京テイスト2012」で起こった、フランスから参加したティスさんとシェフ達の論争です。

　彼は1992年から「料理分子学国際学会」の中心メンバーで、様々な実験研究の成果を多くの有名シェフ達と共有し、新たなレシピ開発に貢献してきました。けれども、2012年当時ついに「食の未来に食材はいらない、全部化学的に合成してできる」と考え、そのための実験を発表するという突出したステージに入っていました。

　「最後の仕上げに酸味が欲しい時、みんなはレモンを絞るけどなぜだ？ レモンは雑味が入っていて、化学物質を使った方が本当に純粋なピュアな酸味が加わるのに」と、議論を持ち掛けたのです。シェフ達は「自然の食材がないと、料理のイマジネーションがわかない。レモンも、その雑味こそが大切なんだ」という意見で、そんなこんなでティスさんはシェフ達と袂を分かつことになってしまったのです。

　以前はあの天才3つ星シェフ、ピエール・ガニエール/Pierre Gagnièreと組んで、フォアグラを窒素ガスで瞬間冷凍し、それを粉末にして料理に使うなど、新しい料理の共同開発をして大いに注目を集めていました。けれども「自然食材は要らない」と言い始めた

あたりから、多くのシェフ達が離れていきました。

　一方、ティスさんの影響下でスペインの『エルブリ』、イギリスの『ファッツダック』らの一流レストランでは、「分子料理」を進化させていきました。そこでは「料理の科学」だけではなく、「食品化学」が活躍していたようです。

　もともと日本はこうした分野がとても進んでいて、例えば「偽いくら」はアルギン酸と塩化カルシウムで簡単にできますが、このノウハウは日本発だと言われています。料理分子学の代表的なノウハウとなったほど、多くのシェフが利用している技術です。

　ところが、深刻な問題が起きてしまいました。フランスの報道によるとスペインでもロンドンでも病人が出てしまったというのです。これは私の想像ですが、食品加工工場では専門スタッフが厳しい衛生基準に則り、化学薬品の量をミクロの単位で調整して、健康被害が起きないように細心の注意を払います。しかしそうした作業を厨房に持ってくると、料理スタッフは科学者ではありませんから、例えば「〇〇を入れても固まらないからもう少し入れようか」、ということになっても不思議ではないかもしれません。中毒の原因についてはノロウイルスだとも言われ、決して「分子料理」のせいだと特定されてはいないようですが、多数の患者が出てしまったことは残念ながら事実でした。

　フランス人のシェフ達も、最初の頃は「ティスさんの知見を参考にしたら面白いものができる」と言って、新しいレシピを開発したり料理を作ったりしていました。でもそのシェフ達も、ここ10年ほど前から「料理分子学」を口にしません。

　とはいえ、ヌーベル・キュイジーヌが衰退しても絵をかくような

きれいな盛り付けや、ムース、軽いソース、ア・ラ・ミニットで仕上げるなどの料理方法が残ったのと同様に、料理分子学が敬遠されるようになっても、確実に残ったものがいくつもあります。

ひとつは、火入れです。

今では、加熱による科学的作用を料理人が理解するようになりました。それまでの火の入れ方は経験値だったのですが、中心温度を測れば誰でもジャストの火入れをすることができるようになったのです。ミ・キュイ/mi-cuitのように中が半透明の火入れ加減の魚料理なども以前は敬遠されたものですが、今では調理法として普及しています。また、くたくたに火入れした野菜ではなく、生野菜でもなく、ちょうどいい火入れの野菜を食べることができるようになりました。

低温長時間調理も大いに発展し、例えば仔羊の腿肉を60度で40時間調理して素晴らしい仕上がりにすることも加熱の科学です。

増粘剤の多様化も進みました。動物由来の板ゼラチンだけだった時代から、寒天、葛など植物由来のものなど選択肢が広がったのです。この恩恵で、建築のような大変美しい盛り付けが可能になりました。一瞬で消えてしまうソースの泡エキューム/Ecumeも、増粘剤の作用でもちがよくなり、今では多く使われています。

その結果、こうした盛り付けが生きる真っ白の角皿も、多くの店で使われるようになりました。

そしてコンディマン。ソースのような液体ではなく、より固形に近い凝縮したテキスチャーの調味料を作ることができるようになりました。日本では鉄板焼きで、ワサビ、醤油、塩など好きなものをつけて食べてください、というスタイルが普通にありますが、フラ

ンス料理でも味のアクセントになるものをお客さまが選ぶ、という
スタイルが出てきたのです。

　このように、料理分子学は決して全否定されているわけではなく、
多くの調理技術や知見はしっかりと残り、フランス料理をさらに進
化させる大きな原動力となりました。
　そこがフランス料理の個性であり、強みでもあると思います。
　前衛的に進歩し、これに対する揺り戻しが来ても、決して元に戻
ることなく、良い部分を飲み込みながら次の段階へと進歩していく、
やはり、どんな時代でも常に「らせん状に発展する」のがフランス
料理だと、私は理解しています。

新キュイジーヌ・ド・テロワール

　新テロワール派という名称は私が便宜的に作ったものです。
　1990年代のテロワールの料理文化を振興させた世代を継承した彼
らは、国境を越えて多様な食材や技術、食文化を評価しようという
好奇心とともに、どこまでも自分のテロワールに固執する頑固さも
同時に持っているような気がします。

　賛否はありますが、「世界一のレストラン」とも言われたデンマ
ーク、コペンハーゲンの『ノーマ』レネ・ゼレピを筆頭に、フラン
スでは第3章で紹介したアレキサンドル・ゴチエなどが異彩を放っ
ています。

～アレキサンドル・ゴチエ～

アレキサンドル・ゴチエのレストラン『ラ・グルヌイエール』は、北フランスのモントルイユにあるオーベルジュです。パリからだと電車やタクシーを使って3時間ぐらいかかる小さな街で、昔は立地的にも観光資源がなく、野菜も地味な根菜が中心でさほど豊かではありませんでした。レストランは父がオーナーシェフとして経営していましたが、全く振るわず閉店するしかないという状況下で、修行中のアレキサンドルが帰郷してレストランを継承しました。何もない故郷、でも彼はそれを逆手にとって、「自分のレストランから半径何km以内の食材で料理を作る」をコンセプトに打ち出しました。

料理は「前衛的」と言ってもいいほどの"翔び方"で、なかなかミシュランでは認められなかったほどです。料理だけではありません。「フランス料理のコード」とも言うべき食事の作法も"破壊"。地元産のオマールを松葉でいぶし焼きしたものを、客には手づかみで食べさせました。「その方がおいしく味わえる」とシェフは力説しますが、多くの顧客にとって抵抗があることは否めませんでした。

けれども地元の伝統を自分の視点でかみ砕き、独自の世界、中世的な世界を作り上げる「新テロワール派」として目が離せない存在でした。今はミシュランガイドで2つ星を獲るなど、フランスのみならず全世界でも評価されるようになっています。

また、料理だけではなく建築やアートへの嗜好が強く、客室は猟師が隠れて獲物を待つ地元の伝統的な「狩り小屋」をイメージした個性的なしつらえです。生え放題といった趣の自然そのままの庭の中心になるリンゴの木には、「雨露」を集める不思議な装置が付い

ていて、多くの野鳥の水飲み場になっています。

　まさにゴチエシェフの世界「新テロワール」の面目躍如ですが、私は彼の世界はモダン料理ではなく、むしろ中世への回帰にあるのではないかと思っています。彼の新しさに「温故知新」、歴史の中に分け入って、取り出したものを新しく提起していくような感性を感じるからです。

　こんなトップレストランを支えるのは、生き生きと活躍する若いチームです。日本人料理人も活躍しており、前述したように広島県がフランスに送り出す若手料理人を毎年受け入れています。

　一つ、心に残るエピソードがあります。中村勝宏シェフとご一緒した時、中村シェフが大変彼の料理を評価されたのです。がっちりと古典に根差した本格派のフランス料理を得意とされる中村シェフが、自分とは考え方の違う息子ほども若いフランス人が作る新規な料理を認め、そこから自らも何かを学ぼうとする真摯な姿勢に「真の料理人」とはこうなんだなと感じ入りました。そしてその姿勢は若いゴチエシェフにも十分に伝わっていたのでした。

　また「フランス食文化」が持つ太い幹の部分、中世も現在も取り込んで未来に向かってたくましく枝を張り巡らしていく底力にも改めて感じ入ったものでした。

　「フランス料理」の未来は地球環境への配慮、次世代への配慮など、より社会性を求められるようになることでしょう。

　そしてそこではきっと今まで以上に積み重ねてきた歴史の知恵が求められると思います。

おわりに

　この本のきっかけは「メートル・ド・セルヴィスの会」副会長の田中優二さんが作ってくれました。2019年に出版された彼の本『奇跡を呼ぶレストランサービス』の対談に呼ばれたのです。コンクールでの田中君との出会い、フランスのコンクール参加のエピソードなど語り合っているうちに、30年の様々な情景や思いが湧き上がってきて、話は尽きませんでした。

　そのご縁で、その出版社から「今までの活動を本にまとめませんか」というお話をいただきました。田中君、ありがとう！

　私がフランスを通じて食の世界に身を置くようになって35年が経っています。ただその時その時の「今、求められていること」に応えようと懸命に働いてきた年月は、「フランス料理文化を広める」という目的が、「フランスレストラン文化を通じた日本の食文化の振興」へと深化するために必要な時間だったのかもしれません。

　まずは「対談」にお時間を割いてくださった中村勝宏シェフ、下野隆祥先生、そして中村裕さん、青柳義幸シェフ、山本正弘さんに心より御礼申し上げます。

　私をパリ商工会議所へと繋げてくれたダニエル・ドゥセさん、1980年代の半ばから講習会という場を積極的に作ってくださり常にご支援をいただいている服部幸應先生、故田中幸雄先生と田中誠二理事長（京都調理師専門学校）にも深く感謝申し上げます。

　「フランス料理文化センター（FFCC）」開設にあたりご尽力いただいた岡本光生さんのほかFFCCを長年にわたって支えていただいた東京ガス株式会社の皆様、共に長年働いてきた大町良子さんはじめ事務方スタッフ、厨房を支えてきた清水郁夫シェフ、古屋伸行シ

ェフ、レストランサービスの伝道師となった福岡敏和さんなどの存在なくして、私の活動はあり得ませんでした。また1988年から続くフェランディ校留学生の皆さんと共に過ごしたパリの時間は、私の全ての活動の糧となっています。

　フランスからは、アントワーヌ・シェフェールさんやアンドレ・ソレールさんなどフェランディ校の皆さん、メートル・キュイジニエ・ド・フランスのクリスチャン・テットドア他歴代会長、クープ・ジョルジュ・バティストのビラカンパ元会長、フランク・ランギーユ会長、多くのシェフとメートル・ドテルの皆さんが来日してくださいました。またアンドレ・パッションさんはじめ在日フランス人シェフの皆さん、日本人シェフの皆さんにはいつもお力を貸していただいています。故人となられた嶋村光夫シェフと中村徳宏シェフへの感謝は特別な思いがあります。皆さんには優しくて丁寧なアドバイスと応援を、惜しみなくいただきました。共に分かち合った時間が、この本を書きながら鮮やかによみがえってきました。

　そして今、それがフランスレストラン文化振興協会（APGF）という新たな旅の仲間と共に次のステージに進んでいく原動力となっています。本当にありがとうございました。

　食文化史（中世、近世）を監修してくれた大澤隆はフランスでの出会いから今日まで、常に私の背中を押してくれる公私にわたるパートナーです。協力をありがとう。

　最後に温かくも力強い励ましで、この本の完成にこぎつけてくれた、キクロス出版の山口晴之さんとコーディネーター遠山詳胡子さんに心より御礼申し上げます。お二人のお力なくしてこの仕事は成し遂げられませんでした。

大 沢 晴 美

大沢 晴美（おおさわ はるみ）

㈱オフィス・オオサワ取締役、一般社団法人フランスレストラン文化振興協会（APGF）代表、日本シャルキトリ協会（ACFJ）副会長、カナルディエ協会日本支部長、ラリストの会（LLC）Fonder,Evangelist
1990年フランス料理文化センター開設、事務局長に就任。1994年「メートル・キュイジニエ・ド・フランス杯」（料理）「メートル・ド・セルヴィス杯」（サービス）を創設。料理、サービスともに世界コンクールで優勝者を輩出。2017年4月に「フランスレストラン文化振興協会」（APGF）代表に就任。日仏の食文化交流とレストラン文化の振興をライフワークに。
2001年フランス農事功労章シュヴァリエ、2010年同オフィシエ、2015年フランス国家功労章シュヴァリエ、2015年フランス農事功労章コマンドゥール、2021年レジオン・ドヌール勲章シュヴァリエ受章。

遠山 詳胡子（とおやま しょうこ）

㈱エムシイエス代表取締役、東洋大学国際観光学部非常勤講師
東洋大学大学院国際地域研究科国際観光学専攻博士前期修了
「業界の常識は世間の非常識」という観点で、全国の企業や団体から研修や講演を求められ各階層を対象に指導する傍ら、東洋大学などで教壇に立つ。『宴会サービスの教科書』『骨太サービスを創るメンタルマネジメント』『「できる部下」を育てるマネージャーは教えない』など、ホスピタリティ産業に向けた著書多数。

「フランスレストラン」に魅せられて

2021年4月27日　初版発行

著者　大沢晴美
発行　株式会社 キクロス出版
　　　〒112-0012　東京都文京区大塚6-37-17-401
　　　TEL. 03-3945-4148　FAX. 03-3945-4149
発売　株式会社 星雲社（共同出版社・流通責任出版社）
　　　〒112-0005　東京都文京区水道1-3-30
　　　TEL. 03-3868-3275　FAX. 03-3868-6588
印刷・製本　株式会社 厚徳社
プロデューサー　山口晴之　　コーディネーター　遠山詳胡子

ISBN978-4-434-28817-3　C0063

おもてなしの現場はここにもあります

スタッフを育て、売上げを伸ばす
日本料理の支配人

NPO法人 日本ホテルレストラン経営研究所
理事長 大谷 晃／日本料理サービス研究会 監修

A5判 並製・本文336頁／定価3,520円（税込）

本書には日本料理の特徴である、四季の変化に応じたおもてなしの違いや、食材から読み取るメッセージ（走り、旬、名残）など、日本の食文化を理解するポイントをたくさん盛り込みました。基礎知識やマナーだけでなく、日本料理店や料亭の役割、和室の構成、立ち居振る舞いや着物の着こなしに至るまで、通り一遍ではない、「おもてなしの現場」に役立つ情報も積極的に取り入れました。支配人や料理長、調理場、サービススタッフ、それぞれの役割についても解説します。　（はじめにより）

第1章・日本料理の基本を理解する／第2章・日本料理と飲み物（日本酒・日本茶）／第3章・日本料理の作法を知る／第4章・日本料理の接遇／第5章・支配人の役割／第6章・メニュー戦略と予算管理／第7章・おもてなしの現場／第8章・本当の顧客管理／第9章・食品衛生と安全管理／第10章・お身体の不自由なお客様への対応

スタッフを育て、売上げを伸ばす

中国料理サービス研究家　ICC認定国際コーチ

中島　將耀・遠山詳胡子 共著

A5判 並製・本文 292 頁／定価 3,080 円（税込）

今、あなたのお店は満席です。入口の外側まで、お客様が並んで、席が空く
のを待っています。そんな混雑状況こそ、マネージャーの腕の見せ所です。
まさに嬉しい悲鳴、の状態ではありますが、むしろそのパニックを楽しむぐ
らいの、心のゆとりが欲しいものです。では、そんな心のゆとりはどこから
生まれるか。それには十分な知識と、多彩な経験が必要になります。経験ば
かりは、教えて差し上げることはできませんが、知識と考え方なら、私の
歩んできた道の中から、お伝えできることもあるでしょう。そんな気持ちで、
この本を作りました。　　　　　　　　　　　　　　　　　（はじめにより）

●中国料理の常識・非常識／●素材と調味料の特徴／●調理法を知る／
●飲み物を知る／●宴会料理とマナー／●料理の盛り付けと演出／●中
国料理のサービス／●マネージャーの役割／●メニュー戦略と予算管理／
●調理場との連携／●サービスの現場で／●本当の顧客管理／●商品衛
生と安全管理／●マネージャーの人材育成／●信頼関係を構築する法則／
●コーチングマネージャー／●目標設定 7 つのルール／●メンタルヘルス／
●職場のいじめ／●ユニバーサルマナー

西洋料理・日本料理・中国料理・パーティーの知識を凝縮

大人のための
「テーブルマナー」の教科書
NPO法人 日本ホテルレストラン経営研究所
理事長 大谷 晃 著

NPO法人 日本ホテルレストラン経営研究所

理事長 大谷 晃 著

四六判 並製・本文 280 頁／定価 1,980 円（税込）

レストランの世界は変化しています。にもかかわらず、テーブルマナーに関しては、今も、フォーク&ナイフや箸の使い方、コース料理の食べ方などに終始しているのが現実です。それらはテーブルマナーのごく一部です。根本的に重要なものが他にもたくさんあることから、「店選びの決め手は下見」「クレームにもマナーがある」「正しい化粧室の使い方」「お店のチェックポイント」「カメラのマナー」「身体の不自由なお客様へ」など、現実の場面で重要と思える話題にフォーカスし、細部にわたって解説しています。目からうろこのことも多いはずです。　　　（はじめにより）

第1章 「テーブルマナー」の基本はマナーから／第2章 西洋料理編
第3章 ソムリエとワイン／第4章 日本料理編
第5章 中国料理編／第6章 パーティー編
サービスのプロフェッショナル　レストランサービス技能士
**　チーズコーディネーター/ソムリエ/バーテンダー/レセプタント**
**　サービスクリエーター**

心から追悼や追想を巡らす「メモリアル・バンケット」を提唱

日本葬祭アカデミー教務研究室
代表 **二村　祐輔** 著
コーディネーター 遠山　詳胡子
A5判 並製・本文 192 頁／定価 3,080 円（税込）

本書は、新しい生活様式に合わせながら、そこに参集する人に心から哀悼や追想を巡らしていただくための場として、飲食を交えた「宴会」を考察するものです。
「メモリアル・バンケット」はこれからの葬祭ビジネスの中で、大きな位置づけをなすものです。特に「おもてなし」のサービスに精通したホテル・会館・バンケットの関係者にはそれを十分に担う実力があり、社会的にも新たな業務役割が果たせると信じています。　　　（はじめにより）

第1章　「葬祭サービス」の基礎知識／第2章　メモリアル・バンケット
第3章　「葬祭」に求められる飲食／第4章　生前葬・慰霊式典
第5章　お別れの会／第6章　施行当日／第7章　クレーム対応
第8章これからの課題と提案／附章　来場者のマナー

女将とスタッフたちが創り出す唯一無二の「日本の宿」

サービスを超える極意
「旅館ホテル」の
おもてなし

NPO法人「日本ホテルレストラン経営研究所」
理事長 大谷 晃／上席研究員 鈴木はるみ 監修
「旅館ホテル」おもてなし研究会

NPO法人 日本ホテルレストラン経営研究所
理事長 大谷　晃／上席研究員 鈴木はるみ 監修
「旅館ホテル」おもてなし研究会
A5判 並製　本文192頁／定価3,080円（税込）

旅館ホテルの役割は「お客様を幸せ」にすることです。特別な場所で幸せな気分を心ゆくまで味わっていただくことです。お客様が旅館ホテルに求めるものは日に日に高くなっています。「おもてなし」に磨きをかけていく旅館ホテルだけが、この先、生き残るものと思われます。基本を理解した上で、自館なりの「おもてなし」を実施することが、他館との差別化にもつながると確信しています。同時に、スタッフを大切にする職場づくりもますます重要になってきます。スタッフが心地良く働いてこその旅館ホテルです。
（はじめにより）

第1章　女将の仕事、スタッフの仕事／第2章　おもてなしの極意
第3章　お身体の不自由なお客様へ／第4章　和室の作法
第5章　日本の酒と茶の基礎知識／第6章　日本料理の基本とマナー
第7章　アレルギーと宗教上の食べ物／第8章　地震、火災、食中毒からお守りする／第9章　旅館ホテルのこれからの役割／コラム：温泉

日本で働きたいと考えている留学生にお勧めの教科書です

総ルビで読みやすい

初心者にやさしい
旅館ホテル・観光 の 教科書
Ryokan Hotel Tourism

NPO法人 日本ホテルレストラン経営研究所
理事長 大谷 晃／上席研究員 鈴木はるみ 編

NPO法人 日本ホテルレストラン経営研究所
理事長 **大谷　晃**／上席研究員 **鈴木はるみ** 編

A4判 並製　本文184頁／定価3,080円（税込）

これから「観光大国」となる日本では、日本に来る外国人旅行者に日本らしい旅行を楽しんでもらい、また日本人にも素敵な国内旅行を体験してもらうための幅広い知識が求められている時代です。またゲストが外国人というだけでなく、一緒に働く仲間や上司が外国人というのも、珍しくない時代です。

この教科書では、日本の旅館・ホテルの代表的な特徴を学び、「日本の観光ビジネス・日本のおもてなし」を理解していくことを目的としています。日本特有のおもてなし文化を理解し、シーンに合わせた心づかいの大切さや、文化や風習の違う海外からのお客様をおもてなしする知識を身に付けます。

(はじめにより)

一般・婚礼・葬祭に求められる「知識と技能」

NPO法人 日本ホテルレストラン経営研究所　理事長　**大 谷　晃**
BIAブライダルマスター　**遠山詳胡子**
日本葬祭アカデミー教務研究室　**二 村 祐 輔**　共著

A4判 並製・本文240頁／定価3,630円（税込）

レストランや宴会でのサービスは、スタッフと共に、お客様と向き合いながらこなす仕事です。決して一人で黙々とこなせる仕事ではありません。ゆえに、一緒に仕事をする上司やスタッフと連携するための人間関係がもとめられます。お客様に十分に満足していただくための技能ももとめられます。宴会サービスは、会場設営のプラン作りから後片付けに至るまで料飲以外の業務が多く、また一度に多数のお客様のサービスを担当するので、レストランとは全く違ったスキルが加わります。お客様にとって宴会は特別な時間であるゆえに、失敗が許されないという厳しさもあります。そこでいつも感じるのは、宴会サービスの幅広さと奥深さ、そして重要性です。知識や技能を習得し、それを多くの仲間たちと共有しながらお客様に感動を与えるこの仕事ほど、人間力を高める機会に溢れた職種はないと感じます。　　（はじめにより）

第1章・サービスの基本／第2章・宴会サービス／第3章・婚礼サービス／第4章・結婚式の基礎知識／第5章・葬祭サービス

「企業宴会や婚礼宴会の創り方」がここにあります

(一社)日本ホテル・レストランサービス技能協会
テーブルマナー委員会委員長

石井啓二 著

四六判 並製・本文224頁／定価1,980円（税込）

宴会セールスは、施設がおかれた場所や状況によって、ノウハウは異なります。また、地域によってローカルルールや風習による違いもあります。しかしながら細かい所は違っても、大切にすべき根幹は変わらないはずです。営業である以上、最も大きく優先されるのは売り上げを作ることです。それも持続できることが大切であって、そのためには品質の保持、向上、顧客の満足度に応じた展開、他社との差別化など、さまざまな課題が待ち受けています。本書はその問題に応えたマニュアル書で、すべての宴会関係者が、長い間待ち望んだものです。　　　　　（はじめにより）

「サービス人」ができる事をぜひ知ってもらいたい！

メートル・ドテルが創る
**奇跡を呼ぶ
レストランサービス**
レストラン タテル ヨシノ 総支配人
田中優二 著
コーディネーター 遠山洋明子

元レストラン タテル ヨシノ総支配人
田中優二 著
コーディネーター 遠山 詳胡子
A5判 並製・本文200頁／定価2,200円（税込）

レストランのサービスは、奥が深い。
オーダー一つとっても、お客様の様子を感じ取り、お客様の要望を
伺い、満足していただけるメニューを提案することが、求められる。
そのためには、当日のメニューの把握と、それを的確に伝えるため
の膨大な知識とコミュニケーション能力、ワインとの組み合わせ、
当然語学力も必要となる。料理を提供する時には、無駄なく美しい
所作と、時には目の前で料理を仕上げる技術が必要となる。顧客と
もなれば、お客様の好みや体調などを鑑みて接客するのは、当たり
前のことである。　　　　　　　　　　　　　　　　（はじめにより）